# Y BEIBL FESUL LLYFR

# Y BEIBL FESUL LLYFR

## TAITH TRWY EI BOBL, EI LEOLIADAU A'I THEMÂU

### Cris Rogers

**Addasiad Cymraeg gan Eleri Huws**

CYHOEDDIADAU'R
GAIR

Testun gwreiddiol: © Cris Rogers 2011
Teitl gwreiddiol: The Bible Book by Book © 2011
Cyhoeddwyd gan Monarch Books, adran o Lion Hudson plc, Wilkinson House, Jordan Hill Road,
Rhydychen OX2 8DR ac Elevation, Memralife Group, 14 Horsted Square, Uckfield TN22 1QG.


Argraffiad Cymraeg cyntaf © 2012
Addasiad Cymraeg: Eleri Huws
Cysodi: Ynyr Roberts
Golygydd Cyffredinol: Aled Davies

Mae'r cyhoeddwr yn cydnabod cymorth adrannau golygyddol ac ariannol Cyngor Llyfrau Cymru.

Dyfyniadau Beiblaidd allan o'r Beibl Cymraeg Newydd Diwygiedig 2004,
trwy garedigrwydd Cymdeithas y Beibl.

ISBN 978 1 85994 657 2
Argraffwyd yn Singapore.

Cyhoeddwyd gan
Cyhoeddiadau'r Gair, Cyngor Ysgolion Sul Cymru,
Ael y Bryn, Chwilog, Pwllheli, Gwynedd LL53 6SH.

www.ysgolsul.com

# Cynnwys

# Cyflwyniad

I lawer o bobl, dydy'r ysgrythurau'n ddim mwy na hen lyfr diflas yn cynnwys delweddau rhyfedd ac annealladwy. Ond beth os gallai'r llyfr hwn apelio at ddychymyg pobl, gan ddadlennu byd newydd sbon yng nghanol ein byd ni heddiw? Beth petai hwn yn llyfr oedd nid yn unig yn herio pobl, ond yn eu hysbrydoli i weld pethau o bersbectif newydd?

Pan o'n i'n 19 oed, fe es i goleg diwinyddol ar ôl methu arholiad Saesneg a sylweddoli mod i'n ddyslecsig. Doedd ond ychydig flynyddoedd ers i mi ddod yn un o ddilynwyr Iesu. Roedd yr Hen Destament yn fy llenwi ag arswyd, a'r Testament Newydd yn gwneud i mi deimlo'n ansicr ynghylch sut roedd y rabi hwn o'r Dwyrain Canol yn disgwyl i ni fyw. Yn y coleg, fe ddois i'n rhan o fyd lle roedd yr ieithoedd Groeg a Hebraeg yn cynnig antur oedd yn apelio ata i, a dod yn ymwybodol o fyd cwbl wahanol i'n byd ni.

Dywedodd ein darlithydd ar yr Hen Destament y byddai'n rhaid i mi dreulio llawer o amser yn ei gwmni e os am lwyddo yn fy ngradd, a gyda'i help fe ddechreuais ddysgu ffordd newydd o ddarllen yr ysgrythurau. Yn hytrach na gofyn 'Ydy hyn yn wir?', 'Oedd hyn wedi digwydd go iawn?' ac 'Ydy hyn yn hanesyddol?', dechreuais ofyn cwestiynau heriol megis:

- Beth mae'r testun hwn yn ei ofyn gen i?
- Sut alla i dreiddio i mewn i'r stori?
- Pam mae'r awdur wedi dewis adrodd y stori hon?
- Pam mae'r awdur wedi dewis y dull hwn o adrodd ei stori?
- Pam mae'r awdur wedi dewis y gair arbennig hwn yn hytrach nag un arall?

Mae'r Iddewon yn darllen yr Hen Destament mewn dull arbennig. Yn hytrach nag ystyried pob llyfr fel stori ar wahân, maen nhw'n gweld y cyfan fel un stori gyflawn am Dduw a'i bobl: stori priodferch a phriodfab yn gweithio ar eu perthynas er bod y briodferch byth a hefyd yn cael ei denu oddi wrth ei gŵr.

Ar sail yr hyn a ddysgais am yr ysgrythurau yn y coleg, dechreuais ar antur fawr newydd yn fy mywyd. Sut gallwn ni drosglwyddo'r llyfr lliwgar a phwerus hwn i fyd sydd wedi colli pob awydd i ddarllen stori o'r fath? Ar ôl treulio amser yn y Wlad Sanctaidd, ac ymweld â'r mannau lle cerddai cymeriadau'r stori, ro'n i ar dân eisiau dod o hyd i ffyrdd newydd o'i chyflwyno.

Taith ydy'r llyfr hwn drwy themâu, cymeriadau, lleoliadau a diwylliant yr Iddewon. Os gallwn ni ddeall bod y Deg Gorchymyn yn rhan o briodas, ac mai Iesu ydy'r Moses newydd, yna efallai y gwelwn rywbeth mwy radical neu brydferth yn digwydd o dan yr wyneb. Y broblem gyda llawer ohonon ni ydy nad ydyn ni'n gwybod sut i ddarllen yr ysgrythurau; rydyn ni'n gweld yr haen uchaf yn unig, ac yn aml yn colli'r patrwm gwych oddi tanodd.

Iddew oedd Iesu; rabi o'r Dwyrain Canol a fagwyd yn ei ffydd o'i blentyndod. Roedd yn gyfarwydd nid yn unig â'r Torah a'r Proffwydi ond hefyd â'r Talmud, sef gweddill y Gyfraith lafar ac ysgrifenedig. Pan aeth un o'r Phariseaid ato – ac roedden nhw'n fwy cyfarwydd â'r Gyfraith na neb – gallai Iesu ymateb gydag awdurdod, nid am fod ganddo adnod ar gyfer pob achlysur, ond oherwydd ei fod yn deall sut roedd y llyfr yn gweithio fel cyfanwaith. Pe gallech ddarllen y Bregeth ar y Mynydd o safbwynt Iddew, neu fel rhywun oedd yn gyfarwydd iawn â'r Gyfraith a'r Proffwydi, byddech yn sylweddoli ar unwaith bod Iesu'n dyfynnu o rannau o'r Hen Destament, gan gysylltu rhannau o'r Salmau â rhannau o Deuteronomium, Diarhebion a Genesis. Ni phregethodd Iesu erioed ar thema allweddol heb gynnwys darnau o'r Hen Destament.

Roedd rabiniaid yn nyddiau Iesu'n dysgu ffurf o bregethu o'r enw 'cadwyno perlau', gan ddod â dwy adnod neu ragor o'r Ysgrythurau Hebraeg at ei gilydd i lunio adnod newydd. Byddai'r pregethwr yn disgwyl i'r gynulleidfa fod yn ymwybodol o hyn, heb iddo orfod ei esbonio'n fanwl. Pwrpas y dechneg hon oedd esbonio rhywbeth a fyddai, o bosib, yn cael ei golli fel arall.

Y disgyblion oedd grŵp ieuenctid Iesu; doedd Ioan ond tua 14 oed, ac mae'n debyg fod Pedr, yr hynaf, tua 25. Roedd yn rhaid i Iesu gymryd hen lyfr oedd wedi dyddio – ac wedi'i ysgrifennu ar gyfer trigolion yr anialwch, nid y ddinas – a'i ail-lunio ar gyfer ei ddilynwyr ifanc. Mae gweithwyr ieuenctid, pregethwyr, athrawon ac arweinwyr grwpiau ein dyddiau ni yn gwneud hyn yn gyson – ailddychmygu'r ysgrythur ar gyfer cenhedlaeth newydd sydd heb sylweddoli cyn lleied maen nhw'n ei wybod amdani.

Lluniwyd y gyfrol hon ar gyfer pobl sy'n awyddus i deimlo'n angerddol dros yr ysgrythurau. Os na allwn ni eu darllen gydag angerdd, sut gallwn ni fyth ysbrydoli eraill? Bwriad y llyfr ydy helpu i'ch ysbrydoli, i greu cysylltiadau, ac i ddarllen y llyfr nid yn unig trwy edrych ar y darlun cyflawn ond hefyd trwy graffu ar y manylion.

Mae'r gyfrol yn cynnig gwybodaeth gefndirol am bob llyfr yn y Beibl. Bydd yn eich helpu i greu cysylltiadau lle bo rhai i'w cael, a deall cefndir yr awdur. Nid llyfr i'w ddarllen o glawr i glawr mo hwn, ond deunydd i bori ynddo er mwyn dysgu mwy am y llyfr rydych yn ei astudio ar y pryd. Mae'n ddefnyddiol i bwrpas addoliad personol neu weithgaredd grŵp, a'r cyfan wedi'i osod mewn dull hwylus.

Yn yr adran 'Y Manylion' byddwch yn dod o hyd i'r perlau diwylliannol sy'n rhan o'r ysgrythurau; gadewch iddyn nhw dreiddio i mewn i'ch dychymyg a'ch galluogi i weld byd yr ysgrythurau â llygaid

newydd. Mae'r Beibl yn gyfrol hardd sy'n adrodd stori Duw a'i bobl, ac mae angen cael profiad personol ohoni yn hytrach na'i gadael yn ddim namyn geiriau ar dudalen.

Ar ddiwedd pob adran mae rhestr fer o lyfrau eraill i'w darllen – llyfrau fu'n ddefnyddiol i mi dros y blynyddoedd – yn cynnwys teitlau academaidd a rhai mwy syml.

Dyma rai awgrymiadau ynghylch defnyddio'r llyfr hwn:

Defnyddiwch e i lunio eich antur eich hun. Beth am chwilio i weld ble mae'r geiriau 'coeden' neu 'gardd' yn ymddangos yn yr ysgrythurau? Neu ganolbwyntio ar adran o ddysgeidiaeth Iesu a gweld o ble y cafodd ei eiriau? Wrth astudio rhan o'r Beibl, nodwch y gair allweddol mewn testun a chwilio pryd y defnyddiwyd e gyntaf. Er enghraifft, wyddech chi pan ddywedir yn Ioan 3:16 *Carodd Duw y byd*', mai'r tro cyntaf y defnyddiwyd y gair 'cariad' oedd pan ddywedwyd wrth Abraham am aberthu ei fab annwyl? Mae'r syniad yma o 'ddefnydd cyntaf' weithiau'n cyflwyno mwy o ddyfnder i'r testun.

Fy ngobaith a 'ngweddi ydy y bydd *Y Beibl Fesul Llyfr* yn rhoi dealltwriaeth a rhyfeddod newydd i chi wrth ddarllen y Beibl, ac y cewch chi fywyd newydd wrth ei rannu ag eraill.

Gras a heddwch
Cris

# Yn y dechreuad

**Awdur:** Moses, ynghyd ag amryw o rai eraill
**Dyddiad ei ysgrifennu:** 1400 CC
**Math o lyfr:** Llyfr lloffion o gerddi, straeon a hanes
**Prif gymeriadau:** Adda, Efa, Noa, Abraham, Sara, Lot, Jacob a Joseff
**Prif themâu:** Tarddiad pobl Dduw; nid ar hap a damwain mae pethau'n digwydd i bobl, ond mae'r sefyllfa'n mynd allan o reolaeth; cyfamod a bendith Duw ar ei bobl; Duw'n cosbi drygioni

## Teitl ac Arddull

Mae'r teitl 'Genesis' yn dod o'r cyfieithiad Groeg o'r Hebraeg, iaith y testun gwreiddiol. Roedd y darllenwyr cynnar yn dewis naill ai'r cymal agoriadol, neu air oedd yn codi'n aml yn y testun, fel teitl i'r llyfr. Y gair *geneois* oedd dewis y Groegiaid – gair sy'n ymddangos 13 gwaith yn Genesis, a'i ystyr llythrennol ydy 'genedigaeth' neu 'tarddiad'. Mae'r enw Hebraeg, *bereishit*, yn fwy diddorol o lawer a'i ystyr ydy 'yn y dechreuad' – sef cymal agoriadol y llyfr. Nid esbonio sut y digwyddodd pethau oedd pwrpas llyfr Genesis, ond yn hytrach esbonio pam eu bod nhw wedi digwydd. I'r Iddewon, llyfr o darddiadau oedd Genesis, yn sôn am eu natur a'u pwrpas nhw fel pobl Dduw; eu prif nod oedd ceisio deall pam fod Duw wedi eu dewis.

Ysgrifennwyd y llyfr mewn nifer o ffurfiau gwahanol: barddoniaeth, caneuon, stori ac

Ail-greu gardd Eden yn Dan.

ychydig o hanes. Mae llawer o ysgolheigion yn awgrymu mai casgliad o ddarnau a luniwyd dros gyfnod o amser ydy Genesis. Credir nad oedd y llyfr yn ei ffurf derfynol tan tua'r bumed ganrif Cyn Crist – cyn hynny, roedd y testun yn fwy hyblyg. Byddai hyn yn esbonio pam fod Genesis yn aml yn ei ail-ddweud ei hun, neu'n ailadrodd yr un digwyddiadau. Gwelir esiampl dda yn y penodau agoriadol. Y tro cyntaf yr adroddir stori'r creu yn Genesis 1, caiff ei hysgrifennu fel barddoniaeth, tra bod yr ail adroddiad, yn Genesis 2, yn debycach i stori naratif. Rhaid mynd cyn belled â hanes Joseff cyn gweld naratif cydlynol, di-dor yn ffurfio; hyd hynny, mae'n debycach i gyfres o straeon byrion am bobl Dduw. Yn wahanol i nifer o lyfrau beiblaidd eraill, dydy'r llyfr hwn ddim yn enwi awdur ond, yn draddodiadol, caiff ei barchu fel gwaith Moses, sy'n rhoi llais i Iawe, yr Arglwydd.

## Cefndir

Stori ganolog Iddewiaeth ydy naratif yr exodus – stori'r dianc o'r Aifft. Nid ar gyfer rhai oedd ag angen prawf o Dduw fel creawdwr y lluniwyd llyfr Genesis – adran gyntaf y Torah (pum llyfr Moses); i'r Iddewon cynnar, roedd hynny'n gwbl amlwg. Yr hyn roedden nhw am ei wybod oedd sut roedden nhw wedi cyrraedd y cyflwr o fod ag angen eu hachub, a pham fod gan Dduw gymaint o ddiddordeb ynddyn nhw. Ar ôl iddyn nhw adael yr Aifft roedd yn bwysig eu bod yn cofio'u hanes, a sut a pham y cawson nhw eu gwneud yn gaethweision. Pwrpas Genesis – llyfr lloffion o ddigwyddiadau – oedd esbonio i bobl Israel pam fod pethau wedi mynd dros ben llestri, a pham fod Duw wedi eu hachub nhw.

## Lleoliad

Mae lleoliad llyfr Genesis yn cwmpasu'r Dwyrain Canol cyfan, a'r stori'n cychwyn

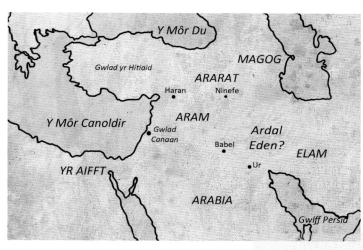

mewn 'gardd' yn ardal Eden. Yn Eseciel 28:13 cyfeirir at Eden fel 'gardd Duw', ac yn Eseia 51:3 sonnir am 'ardd yr Arglwydd'. Nid gardd oedd Eden, o angenrheidrwydd, ond yn hytrach ardal lle llifai pedair afonig i mewn i un brif afon, rywle yn ne Mesopotamia. I'r Iddewon, nid union leoliad yr 'ardd' oedd yn bwysig, ond yn hytrach ei phwrpas fel achlysur pan gerddai Duw yn rhydd gyda'i bobl, a'r ddynoliaeth yn byw'n gytûn mewn heddwch.

Yn Genesis 4:16, ar ôl i Cain ladd ei frawd, cafodd ei felltithio gan Dduw a bu raid iddo fynd i fyw 'yn nhir Nod, i'r dwyrain o Eden'; ystyr y gair Hebraeg *nod* ydy 'crwydro'. Roedd yn rhaid i Cain grwydro o amgylch y wlad am weddill ei fywyd. Mae'r ffaith ei fod, yn Genesis 4, wedi symud i gyfeiriad y dwyrain yn bwysicach fyth. I'r darllenwyr cynnar, roedd hyn yn arwyddocaol iawn, gan fod symud i'r dwyrain yn arwydd o gilio oddi wrth Dduw. Mae llyfr Genesis yn defnyddio'r ddelwedd hon yn aml: dangosir yn Genesis 11:2–9 fod pethau'n mynd o ddrwg i waeth wrth i bobl symud yn bellach i'r dwyrain; yn Genesis 25:6, anfonodd Abraham ei feibion eraill i ffwrdd oddi wrth Isaac trwy eu hanfon i'r dwyrain – yr awgrym hefyd ydy eu bod yn cael eu hanfon oddi wrth Dduw; yn Genesis 29:1 mae Jacob yn teithio at bobl y dwyrain.

# Y Manylion

- Lluniwyd Genesis 1 mewn rhythm ailadroddus fyddai'n helpu dilynwyr cynnar Iawe i gofio'r testun, ar waetha'r ffaith nad oedd cofnod ysgrifenedig ar gael. Mae 'Dywedodd Duw' yn ymddangos naw gwaith yn y 31 adnod gyntaf, 'Bydded' bedair gwaith, a 'gwelodd Duw fod hyn yn dda' saith gwaith. Ymhlith y geiriau a'r cymalau eraill sy'n cael eu hailadrodd mae 'Galwodd Duw', 'gwahanu', 'a bu hwyr a bu bore', 'y [rhif] dydd'. Mae adran 1 yn cynnwys y tri diwrnod cyntaf, a'r ail adran yn cynnwys y tri diwrnod olaf, gyda digwyddiadau dyddiau 1–3 yn cyrraedd penllanw yn nyddiau 3–6.

- Gellir rhannu Genesis yn bedair adran. Yn gyntaf, mae Genesis 1:1 – 11:26, 'y stori gynoesol', yn adrodd hanes y creu a chwymp dynoliaeth, gyda'r teimlad cynyddol fod popeth yn mynd allan o reolaeth. Yn yr ail adran, Genesis 11:27 – 25:18, gwelwn yr Arglwydd yn cysylltu ag Abraham ac yn ymrwymo'i bobl i gyfnod newydd. Yn y drydedd adran, Genesis 25:19 – 36:43, ceir stori Jacob a sut y daeth i dderbyn bendith y teulu. Mae'r bedwaredd adran, Genesis 37:1 – 50:26, yn adrodd hanes yr exodus. Prif thema'r llyfr ydy dynoliaeth yn gwrthod cadw mewn cysylltiad â Duw a dilyn ei ffyrdd ef; o ganlyniad, maen nhw byth a hefyd yn wynebu rhyw drychineb. Mae'n drawiadol hefyd fod Duw yn siarad llai a llai wrth i'r stori fynd yn ei blaen –

Ffigysbren – er ein bod fel arfer yn cysylltu Adda ac Efa ag afal, mae llawer yn credu ei bod yn fwy tebygol mai ffigysen oedd y ffrwyth y cyfeirir ato.

o Genesis 2, lle gwelir ef yn siarad ag Adda yn yr ardd, hyd stori Joseff, lle clywir ei lais trwy freuddwydion yn unig.

- Cyfeirir yn aml at Adda ac Efa'n bwyta 'afal' yn yr ardd, ond am 'ffrwyth' mae'r Beibl yn sôn. Un ddamcaniaeth ydy mai ffigysen oedd y ffrwyth hwn, yn hytrach nag afal, gan mai dyna sy'n fwyaf cyffredin i'r ardal. Yn ôl yr ysgolheigion, pe bai hyn yn wir, byddai'n rhoi arwyddocâd pellach i ddefnydd Iesu yn yr Efengylau o'r ffigysbren fel symbol o fywyd a marwolaeth.

- Yn Genesis, mae cysylltiad amlwg â mytholeg yr ardal. Mae'r *Enuma Elish*, epig o Fabilon, yn debyg i'r testun Iddewig, ond ynddo caiff y byd ei greu allan o ryfel; yn Genesis ar y llaw arall mae'r Arglwydd yn ei greu allan o gariad. Mae tebygrwydd rhwng pechod Adda ac Efa yng ngardd Eden a'r *Epic of Gilgamesh*, cerdd o'r Hen Fesopotamia. Mae stori Noa, yn Genesis 6:5 – 9:17, yn eithaf tebyg i *Atrahasis*, stori o Fesopotamia am y duwiau'n anfon dilyw mawr i ddinistrio'r ddynoliaeth gyfan, gan adael dim ond un dyn i'w hailsefydlu unwaith yn rhagor.

- Yn Genesis 4 cawn ein cyflwyno i air Hebraeg, sef *chatta't* – rhywbeth sy'n dod â dinistr llwyr, a marwolaeth ddi-droi'n-ôl; mae'n dinistrio unigoliaeth, gan wneud popeth yn unffurf a diflas. Rhywbeth sy'n dod â marwolaeth ydy *chatta't*: nid gwahanu oddi wrth fywyd yn unig, ond gwahanu'n llwyr oddi wrth Dduw; mae'n rhwystro rhywun rhag gweld teyrnas Dduw ac yn tanseilio popeth sy'n dda yn y byd. Mae *chatta't* yn tanseilio delfryd Duw o gyfiawnder i'r tlodion, ac yn adeiladu ei deyrnas ei hun. Mae'n gysylltiedig â threfniant cyfreithiol gyda rhywun rydych mewn dyled iddo. Os mai cariad ydy Duw, a bod y byd wedi'i greu o'r cariad hwnnw, yna *chatta't* ydy'r twll du sy'n llyncu'r cariad hwnnw a'i ddinistrio. Mae *chatta't* yn gwbl groes i gariad a bywyd, a defnyddiwn y gair 'pechod' i gyfleu'r cysyniad cymhleth hwn.

- Mae Genesis 11 yn stori am dechnoleg a chynnydd, ac am Dŵr Babel, yr adeilad aml-lawr anferth a godwyd ym Mabilon. Ar y pryd, byddai'r brics a ddefnyddiwyd – technoleg arloesol yr adeg honno – wedi syfrdanu'r bobl. Cyn hyn, cerrig anwastad a ddefnyddid, wedi'u glynu at ei gilydd â mwd neu gymysgedd o wair a thail. Defnyddiodd pobl Babilon y dechnoleg newydd i adeiladu dinas iddyn nhw'u hunain gyda thŵr yn ymestyn i fyny i'r nefoedd, er mwyn bod yn enwog – cystal â Duw ei hun, hyd yn oed.

- Y gair Hebraeg am 'arch' a ddefnyddir yn stori Noa ydy *tevat*, sydd hefyd yn golygu 'blwch'. Adeiladodd Noa flwch oedd yn

Enghraifft o adeilad aml-lawr – byddai Tŵr Babel wedi edrych rhywbeth yn debyg i hyn.

arnofio – doedd dim angen rhagor o fanylion. Gan mai Duw oedd wrth y llyw, yr unig beth pwysig oedd gofalu nad oedd yn suddo!

- Mae'n debyg mai mantell lac wedi'i haddurno â brodwaith oedd côt amryliw enwog Joseff, y sonnir amdani yn Genesis 37. Y geiriau Hebraeg a ddefnyddir i'w disgrifio yw *ketonet passim*, sef tiwnig lac wedi'i haddurno neu ei brodweithio'n lliwgar – gyda glain aur ac arian, mae'n fwyaf tebyg.

- Mae ymgiprys rhwng brodyr yn elfen na sylwir arni'n aml yn Genesis. Cain ac Abel, Ishmael ac Isaac, Esau a Jacob, Joseff a'i frodyr. Mae'r elfen hon yn tanlinellu'r effaith roedd pechod yn ei gael ar yr uned deuluol, a oedd mor bwysig i'r darllenwyr Iddewig.

*Epic of Gilgamesh*, un o'r gweithiau ffuglen lenyddol cyntaf y gwyddom amdano, yn cynnwys rhai straeon tebyg i'r rhai a geir yn Genesis.

### Llyfrau eraill i'w darllen

*Genesis: The Beginning of Desire*, gan Avivah Gottlieb Zornberg
*Babylon: Myth and Reality*, gan I. L. Finkel ac M. J. Seymour
*The Five Books of Moses*, gan Everett Fox

# Dywedwch mai fy enw i yw...

**Awdur:** Moses, ynghyd ag amryw o rai eraill
**Dyddiad ei ysgrifennu:** 1400 cc
**Math o lyfr:** Hanesyddol
**Prif gymeriadau:** Moses, Aaron, Pharo, Miriam, Jethro a Josua
**Prif themâu:** O gaethwasiaeth i ryddid; ymddiriedaeth ac ymrwymiad

## Teitl ac Arddull

Daw teitl ail lyfr y Torah nid o'r Hebraeg ond o air cyntaf y cymal Groegaidd *Exodos Aigyptou*, sef 'gadael yr Aifft'. Y teitl Hebraeg oedd *Sefer ve'eleh shemot* – 'a dyma'r enwau' – gan mai'r traddodiad Iddewig oedd enwi llyfrau yn ôl eu geiriau agoriadol. Bydden ni'n disgrifio'r llyfr hwn fel hanes, wedi'i ysgrifennu yn y dull Iddewig – sef adrodd stori, nid er mwyn cofnodi ffeithiau hanesyddol ond i fynd â'r darllenydd ar daith. Mae hyn yn nodweddiadol o hanesyddiaeth Iddewig; nid yr union hanes sy'n bwysig, ond yn hytrach ei arwyddocâd. Er enghraifft,

Afon Nîl, oedd yn ganolog i fywyd yr Aifft.

nid llunio coeden deulu yn unig ydy pwrpas hel achau; mae hefyd yn ffordd o atgoffa'r darllenydd o'r gorffennol, ac o holl deimladau ac emosiynau ei hanes.

## Cefndir

Ar ôl atgoffa'r darllenydd sut y tyfodd Israel o fod yn dylwyth i fod yn genedl, mae Exodus yn agor gyda geni Moses ac yn diweddu ar ddiwrnod cyntaf y flwyddyn newydd yn dilyn yr ymadawiad o'r Aifft. Exodus ydy llyfr pwysicaf y Beibl Hebraeg, gan ei fod yn adrodd y stori sy'n diffinio cenedl Israel. Oddi mewn iddo ceir caethwasiaeth, Moses, proffwydoliaeth, enw Duw'n cael ei ddadlennu fel Iawe, plâu, y Pasg Iddewig, croesi'r môr, manna, Sinai, y Deg Gorchymyn, a'r llo aur. Dyma i chi stori liwgar, lawn antur, sy'n cydio yn nychymyg y darllenwyr. Mae'r naratif yn tynnu sylw'r darllenydd at arwyddocâd y digwyddiadau, a'r angen am i Israel eu cofio a'u dathlu rhag iddi ei chael ei hun yn yr un sefyllfa eto.

## Lleoliad

Ymestynnai'r Hen Aifft ar hyd glannau afon Nîl, gyda threfi llewyrchus ar y ddwy lan. Roedd y ffaith fod afon Nîl yn gorlifo bob blwyddyn gan ffrwythloni'r tir, a bod modd ei defnyddio i gludo a gwerthu cynnyrch, yn gwneud yr Aifft yn un o wledydd cyfoethocaf y byd yr adeg honno.

Roedd yr Aifft yn wahanol iawn i wlad Canaan, lle ganed Jacob a'i deulu. O'i chymharu â dyffrynnoedd gwyrdd a bryniau Canaan, ei phentrefi bach cymdogol a'i bywyd cymharol dawel, roedd yr Aifft yn wastad, yn sych ac yn llawer iawn mwy o faint. Roedd pobl yr Aifft yn meddu ar bob math o sgiliau, ac yn gwneud defnydd o'r technolegau diweddaraf; yn ogystal, roedd ei chymdeithas yn llawer mwy soffistigedig – er enghraifft, doedd dynion yr Aifft, yn wahanol i ddynion Canaan, ddim yn tyfu barf, ond yn hytrach yn eillio'n lân. Byddent yn gweithio fel crefftwyr, ysgrifenwyr a gweinyddwyr, yn hytrach na gofalu am anifeiliaid – y math o waith bôn braich, budr, roedd pobl Canaan yn ei wneud. Roedd yr Aifft yn enwog am ei phrosiectau adeiladu rhyfeddol, ei chelf a'i cherddoriaeth a ddefnyddid fel adloniant, ond gwell gan yr Hebreaid oedd cymdeithasu o gwmpas eu pebyll. Roedd bywyd teuluol hefyd yn wahanol iawn yn y ddwy wlad. Yn yr Aifft, câi merched fod yn berchen ar eiddo, a mynd gyda'u gwŷr i ddigwyddiadau cyhoeddus a chymdeithasol. Yn wahanol i fechgyn Canaan, roedd llawer o fechgyn yr Aifft yn mynd i'r ysgol yn bedair oed i gael gwersi mathemateg, darllen ac ysgrifennu, a dysgu sut i ganu offerynnau. Byddai plant y teuluoedd tlawd yn dysgu crefft eu tad o oedran ifanc iawn. Pobl wledig oedd y Canaaneaid, tra oedd pobl yr Aifft yn hoff iawn o wisgo'n ffasiynol.

Basged frwyn yn dyddio o'r pumed mileniwm CC. Mewn basged debyg i hon y byddai Moses wedi'i osod.

mwclis, breichledau a modrwyau o aur y Môr Coch. Nid arwydd o statws a chyfoeth yn unig oedd y gemwaith, ond ffordd hefyd o ddod â lwc dda, ac ymlid ysbrydion drwg. Poenai'r Eifftiaid yn fawr am y byd ysbrydol – i'r fath raddau nes bod pobl yn cael eu claddu wedi'u hamgylchynu â'u holl eiddo rhag ofn y byddai arnynt ei angen ar ôl marw.

Murlun o'r Aifft yn dangos pobl gyfoethog yn ymlacio yng nghanol y brwyn.

Defnyddiai'r dynion golur ar eu llygaid a'u bochau, a minlliw ar eu gwefusau. Mae archaeolegwyr wedi dod o hyd i foddion, jariau o golur ac eli, drychau a wigiau – a'r cyfan yn eiddo i ddynion. Roedd dynion a merched yn hoff o wisgo gemwaith megis

Roedd yr Aifft, felly, yn genedl gyfoethog a soffistigedig; pryder mawr Pharo oedd y byddai ei bobl yn colli'r cyfan i'r Hebreaid, ac oherwydd hynny gorfododd pobl Dduw i fod yn gaethweision.

## Y Manylion

- Ni chrybwyllir manylion y bydden ni'n debygol o'u hystyried yn bwysig, e.e. enw'r Pharo, ac eto nodir manylion dibwys megis enwau'r bydwragedd Hebreaidd (Exodus 1:15) – arwydd, efallai, fod yr awdur yn poeni mwy am gofio gweision Duw nag am nodi enwau llywodraethwyr.

- Yn Exodus 3, mae Duw'n gofyn i Moses ei helpu i ryddhau ei bobl. Mae Moses yn gofyn am enw Duw, er mwyn gallu profi'i awdurdod i bobl Dduw. Ateb Duw i Moses ydy, '*Ehyeh-asher-ehyeh*' (Exodus 3:14), cymal wedi'i lunio o'r llythrennau Hebraeg *Yod, Hey, Vav a Hey*. Caiff ei ysgrifennu fel YHVH a'i ynganu fel Iawe. Bu llawer o drafod ynghylch ystyr yr enw, gyda rhai'n awgrymu mai '*Y fi yw y fi*' ydy'r ystyr, neu '*fe fyddaf yr hyn a fyddaf*', eraill yn dweud na ellir ei gyfieithu, ac eraill eto fyth yn credu ei fod yn cynrychioli sŵn anadlu.

Cerfiad yn dangos Amon-Ra, un o dduwiau'r Aifft.

- Gwaith y meistri oedd gorfodi'r caethweision i weithio mor galed â phosib, a byddent yn chwipio a churo'r bobl yn greulon i dorri eu hysbryd. Roedd Pharo hyd yn oed wedi rhoi caniatâd i'r meistri ladd yr Hebreaid, pe bai angen. Rhan arall o waith y meistri oedd sicrhau bod poblogaeth yr Hebreaid yn cael ei chadw mor isel â phosib i wneud yn siŵr na fyddai'r Iddewon yn cychwyn gwrthryfel yn erbyn yr Aifft.

- Yn y cyfnod hwn roedd yr Eifftiaid yn addoli pob math o dduwiau gwahanol. Duw'r Nîl oedd Hapi, a gâi ei addoli am ffrwythloni'r wlad. Duwies a chanddi ben broga oedd Hekt, a chredid ei bod wedi chwarae rhan yn y creu. Geb oedd Duw'r ddaear, am ei fod yn gallu creu pethau allan o lwch y llawr. Cysylltid Khephera, y pryf-dduw, â dewrder. Cariad a rhamant oedd arbenigedd Hathor, y dduwies a chanddi ben buwch, a chredid bod Im-Hotep yn dduw iacháu. Amon-Ra oedd duw'r haul, ac ef oedd prif dduw'r Eifftiaid. Mam Ra, duw'r haul, oedd Nut, a gelwid hi'n dduwies yr awyr. Duw ac iddo ben locust oedd Senehem, a chysylltid ef â dicter. Credid mai Pharo, y llywodraethwr, oedd goruchaf dduw yr Aifft, a'i fab fyddai yn y safle hwnnw yn y dyfodol.

- Nid codi ofn ar yr Eifftiaid oedd unig fwriad y plâu, ond yn hytrach dangos bod Iawe goruwch y duwiau Eifftaidd. Mae Iawe'n anfon y plâu fesul un er mwyn dangos pwy ydy'r bòs. Mae'n troi'r Nîl yn waed, ac yn anfon miloedd o frogaod, gwybed a phryfed i boenydio'r trigolion. Yna mae Duw'n lladd yr anifeiliaid i gyd, i ddangos mai ef sy'n eu rheoli, ac yn anfon pla o gornwydydd. Bryd hynny, byddai'r bobl wedi mynd i deml Im-Hotep, ond heb gael eu hiacháu. Yna mae Duw'n gorchuddio'r haul ac yn gwneud i'r awyr fwrw locustiaid; yn y diwedd mae'n dangos ei fod yn hollalluog trwy dorri cadwyn deulu'r Pharoaid, gan ladd mab y Pharo a dangos mai bodau dynol ydy'r Pharoaid, nid rhai dwyfol.

- Yn Exodus 12:38 dywedir fod llawer o bobl eraill wedi gadael gyda'r Israeliaid, a mynd o Rameses; 'criw cymysg', yn ôl rhai cyfieithiadau. Byddai rhai'n eu galw'n ymfudwyr, ac eraill yn cyfeirio atynt fel 'criw brith'.

- Mae'r traddodiad fod Moses wedi hollti a chroesi'r Môr Coch yn dod o'r geiriau Hebraeg *Yam Suph* (Exodus 13:18), y gellid eu cyfieithu fel 'môr o frwyn' yn hytrach na 'Môr Coch'. Dydy brwyn ddim yn tyfu mewn dŵr hallt, felly mae'n rhaid mai llyn oedd y 'môr o frwyn', ac mae nifer o'r llynnoedd yn yr ardal yn debycach i fôr na llyn. Wyddon ni ddim pa lwybr yn union a ddilynwyd gan Moses, ond mae'n amlwg nad oedd wedi dewis y prif lwybrau masnach. Erbyn heddiw, mae enwau llawer o'r lleoliadau wedi newid ac mae'n anodd gwybod at ble yn union y cyfeirir – ond fe wyddom fod yno ddigon o ddŵr i foddi'r Eifftiaid.

- Yn y gwasanaeth priodasol Iddewig byddai'r briodferch a'r priodfab yn arwyddo copi o ddogfen gyfreithiol a elwid yn *ketubah*. Roedd dwy adran i'r ddogfen – un bob un ar gyfer y pâr. Yn draddodiadol, nodai'r ddogfen sut roedd y ddau wedi cwrdd, yr ymrwymiad y bydden nhw'n ei wneud, a'r ffaith na fyddai'r naill na'r llall yn gwawdio'i gilydd yn gyhoeddus. Roedden nhw'n sefydlu teulu newydd, ac yn y teulu hwnnw byddent yn anrhydeddu eu rhieni. Byddai'r ddau yn hapus i fyw gyda'i gilydd, beth bynnag fyddai'n eu hwynebu yn y dyfodol o ran iechyd a sefyllfa ariannol. Yn draddodiadol, roedd y *ketubah* hefyd yn nodi a oedd y briodferch yn wyryf ai peidio. Ymrwymiad i wneud llwyddiant o'u perthynas oedd y ddogfen, yn debyg i'r hyn a geid yn y Deg Gorchymyn (Exodus 20). Mae'r adran gyfan yn Exodus 19–20 yn frith o iaith briodasol, gyda Duw'n galw ei bobl yn '*eiddo arbennig*' (Exodus 19:5). Aiff y bobl i ymolchi a pharatoi (Exodus 19:10), fel y byddent yn ei wneud ar ddydd priodas, ac ar fore'r digwyddiad ar Fynydd Sinai ceir caniad uchel ar y trwmped (Exodus 19:16). Atgyfnerthir y ddelwedd

hon o briodas gan y ffaith fod y deddfau a roddir gan Dduw'n cael eu galw'n 'Decalog', neu 'ddeg datganiad', yr un term ag a ddefnyddid yn aml i gyfeirio at gynnwys y *ketubah*: y datganiadau priodasol.

- Erbyn i'r criw crwydrol hwn adael yr Aifft roedden nhw'n llwgu ac yn awchu am fwyd, felly addawodd Duw roi bara iddyn nhw bob bore, ar ffurf *manna*. Yn Exodus 16 roedd y manna'n gorwedd ar y ddaear, a phan ddaeth y bobl allan o'u pebyll a'i weld roedden nhw mewn penbleth. Ystyr y gair Hebraeg manna ydy 'beth?' neu 'beth yn y byd ydy e?' – a daeth eu hymateb dryslyd yn enw ar y bara hwn o'r nefoedd.

Enghraifft o *ketubah*, tystysgrif briodas Iddewig.

## Llyfrau eraill i'w darllen

*His Name is One*, gan Jeff A. Benner
*The Five Books of Moses*, gan Everett Fox
*The Lion Atlas of Bible History*, gan Paul Lawrence

# Ac fe alwodd?

**Awdur:** Moses, ynghyd ag amryw o rai eraill
**Dyddiad ei ysgrifennu:** 1400 cc
**Math o lyfr:** Cyfraith
**Prif gymeriadau:** Moses, Aaron a'r offeiriaid
**Prif themâu:** Mae'r Duw sanctaidd yn awyddus i fyw gyda'i bobl, felly rhaid i'w bobl hefyd fod yn sanctaidd; mae Duw'n dadlennu ei faniffesto ynghylch y tlodion a byw mewn cymuned

## Teitl ac Arddull

Lefiticus ydy trydydd llyfr y Beibl, a thrydydd llyfr y Torah hefyd. Gair cyntaf y llyfr, a'i deitl yn yr Hebraeg wreiddiol, ydy *Vayikra*, sef 'ac fe alwodd'. Mae Lefiticus, y teitl rydyn ni'n ei ddefnyddio, wedi'i seilio ar brif thema'r llyfr, sef gweinidogaeth arbennig y Lefiaid. Yn y llyfr ceir diffiniadau o ddefodau ac aberthau pwysicaf yr Hen Israel, gan amlinellu'r calendr Iddewig a rhoi allwedd i'n galluogi i ddeall holl system gwerthoedd y gymdeithas Iddewig. Mae'r brawddegau byr, bachog a'r rhestrau niferus yn gweddu'n dda i bwrpas y llyfr, sef cyflwyno deddfau ar gyfer Israel.

## Lleoliad

Mae pobl Dduw wrth droed Mynydd Sinai, yn fuan wedi iddyn nhw groesi'r Môr Coch a derbyn y Deg Gorchymyn. Ar ôl i Dduw eu harwain allan o gaethwasiaeth ac i mewn i'r anialwch, yn sydyn roedd pobl Moses mewn byd heb ffiniau, heb ormes Pharo, heb neb yn rhoi gorchmynion iddyn nhw, a heb unrhyw bolisïau'n cael eu gorfodi arnyn nhw. Oherwydd hynny, roedd arnyn nhw angen hunaniaeth newydd, a'u grym milwrol eu hunain, a dysgu sut i reoli'r berthynas gyda chenhedloedd cyfagos. Roedd angen iddyn nhw ddysgu sut i fyw a sut i wneud y gorau o'u hadnoddau, a dysgu hefyd am foesoldeb Duw a'u cyfrifoldeb am ei gilydd. Roedd arnynt angen ymwybyddiaeth o werthoedd Duw er mwyn gwybod sut i ofalu am y tlawd, y newynog a'r gwael eu hiechyd. Mewn gair, roedd angen iddyn nhw ailgysylltu â sancteiddrwydd Duw.

## Cefndir

Mae'r llyfr yn canolbwyntio ar dri pheth. Yn gyntaf, gofod cysegredig y Tabernacl; yn ail, statws cysegredig yr Israeliaid, pobl Dduw; ac yn drydydd yr amser cysegredig a geir ar y Saboth a gwyliau arbennig. Bwriad y tri pheth yma ydy cynnal sancteiddrwydd y bobl fel bod Duw'n gallu bod yn bresennol gyda nhw – rhywbeth sy'n ganolog i ddealltwriaeth yr Iddewon o'r hyn ydyn nhw. Gellir crynhoi cynnwys y llyfr gyda'r adnod hon: '*Yr ydych i fod yn sanctaidd i mi, oherwydd yr wyf i, yr Arglwydd, yn sanctaidd; yr wyf wedi eich gosod ar wahân i'r bobloedd, i fod yn eiddo i mi.*' (Lefiticus 20:26). Mae Duw'n awyddus i'w bobl fod yn ddelwedd weledol o'r hyn mae'n ei olygu i fod mewn perthynas â'r Duw byw, a dylai'r ddelwedd hon adlewyrchu natur sanctaidd Duw.

Wrth ddarllen Lefiticus mae'n hawdd iawn ymgolli yn y manylion, ond gwell fyddai canolbwyntio ar y darlun cyflawn. Felly, yn hytrach nag edrych ar yr hyn fyddai'n cael ei gynnig i Dduw, dylid ceisio dyfalu pam fod Duw'n gofyn amdano ac at beth yn y Testament Newydd mae'r aberthau hyn yn cyfeirio.

Canolbwynt yr aberthau, a chanolbwynt Lefiticus, ydy pwy rydyn ni'n ei addoli, a sut rydyn ni'n closio ato. Neges y llyfr ydy rhoi'n ôl i Dduw y cread a roddodd ef i'w bobl, a dangos trwy hynny nad ydy'r cread fyth yn bwysicach na'r un a'i creodd. Roedd y system aberthau hefyd yn rhoi cyfle i bobl Dduw weld bod pechod yn arwain at ganlyniadau difrifol.

## Y Manylion

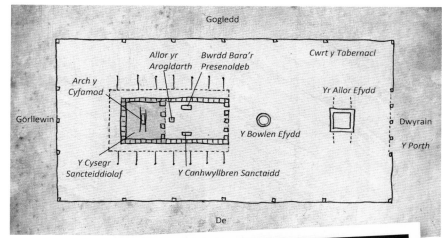

- Yn wreiddiol, y Torah oedd yr enw ar bum llyfr cyntaf y Beibl, sef Genesis, Exodus, Lefiticus, Numeri a Deuteronomium. Roedd safle Lefiticus, fel y llyfr canol yn y grŵp hwn, yn adlewyrchu ei bwysigrwydd; dangosai fod pobl Moses yn ei ystyried yn ganolog i'w ffydd, er ei fod yn torri ar draws llif naratif y pedwar llyfr arall.

- Mae yna sawl cysylltiad rhwng y system aberthau a ddatblygwyd yn Lefiticus a marwolaeth Iesu – yn enwedig y ddelwedd ohono fel yr oen dilychwin. Er enghraifft, dywedir am yr aberth yn Lefiticus 19:6, '*Y mae i'w fwyta ar y diwrnod y byddwch yn ei offrymu, neu drannoeth; y mae unrhyw beth a fydd yn weddill ar y trydydd dydd i'w losgi yn y tân*'. Ar ôl yr ail ddiwrnod, credid fod yr aberth wedi marw ers gormod o amser, ac na allai bellach gyflawni ei bwrpas. Arhosodd Iesu nes bod ei aberth yn ddi-werth i Dduw, cyn dangos mai ei aberth ef oedd y fwyaf o'r cyfan trwy atgyfodi ar y dydd y byddai'r aberth yn draddodiadol yn cael ei ddinistrio.

- Mae Lefiticus 8:8 yn cyfeirio at yr 'Wrim a'r Twmim', sef 'athrawiaeth a'r gwirionedd' mewn Hebraeg. Wyddon ni ddim beth yn union oedd y rhain, ac mae rhai cyfieithwyr yn eu galw'n syml yn 'ddau wrthrych bychan'. Credir eu bod yn debyg i ddwy ddis a bod Aaron wedi cael siars i'w cadw o dan ei fantell, yn agos at ei galon, i'w defnyddio wrth wneud penderfyniadau fel

Model o'r tabernacl, y babell lle roedd Duw'n byw gydag Israel yn yr anialwch.

*Uchod:* Cynllun y tabernacl.

ffordd o ddeall ewyllys Duw. Mae'r 'Wrim a'r Twmim' i'w gweld hefyd yn Exodus 28:30 a Numeri 27:21. Credid fod Duw'n defnyddio gwrthrychau tebyg i roi cyfarwyddiadau, ond bod yr arfer wedi dod i ben wrth i'r bobl ddod yn fwy ymwybodol o ewyllys Duw trwy'r Torah.

- Yn Lefiticus 13:47–59 sonnir am lwydni ar ddillad ac ar bebyll. Mewn ffordd hynod ymarferol, mae Lefiticus yn trafod problemau byw mewn pebyll. Mae llwydni'n ffynnu mewn llefydd twym, tamp – yn enwedig os nad yw pethau wedi cael eu golchi – ac yn lledaenu'n hawdd ac yn gyflym. Mae'r adnodau'n trafod effaith y llwydni, a allai ddifetha pebyll a dillad y bobl, a'r offer lledr a ddefnyddid i gario bwyd a dŵr. Ond maen nhw hefyd yn

Pyllau ymdrochi yn Qumran, lle byddai ymolchi defodol yn digwydd.

cyfeirio at sancteiddrwydd: byddai'r rheolau oedd yn berthnasol i gadw pethau'n lân hefyd yn atgoffa pobl Israel bod angen iddynt gadw'u calonnau'n bur a dilychwin.

- Yn Lefiticus 16:21–22, dywedir wrth Aaron am weddïo bod pechod yr Israeliaid yn cael ei drosglwyddo i afr. Byddai'r afr yn cario'r pechod i mewn i'r anialwch, a neb yn ei weld byth eto. Nid er mwyn Duw roedd hyn yn cael ei wneud, ond er mwyn dangos i'w bobl pa mor ddifrifol oedd pechod, a sut brofiad oedd derbyn maddeuant. Wrth iddyn nhw gyffesu eu pechod, roedd yn cael ei gludo i ryw le anial, pell i ffwrdd, a neb yn ei weld byth eto.
- Dywedir wrth y darllenydd yn Lefiticus 19:9–10 am beidio â medi corneli eu meysydd, ond yn hytrach eu gadael ar gyfer y tlodion. Disgwylid i ffermwyr ofalu am y tlodion, a gadael iddyn nhw gasglu'r cnwd o amgylch ymylon y maes. Mae'r syniad yma – y dylid gofalu am y gymuned gyfan, nid dim ond y rhai sy'n gallu tyfu neu brynu cnydau – yn nodwedd o Lefiticus a Numeri.
- Yn Lefiticus 19:19 ceir deddf ynghylch pa ddefnydd y dylid gwneud dillad ohono.

Roedd gwisgo dillad wedi'u gwneud o ffibrau cymysg yn cynrychioli gwisgo rhywbeth wedi'i lygru. Disgwylid i bobl Dduw ddangos i'r cenhedloedd eu bod yn bur; roedd gwisgo dillad wedi'u gwneud o ffibrau cymysg yn arwydd o Dduw amhûr.

- Mae Lefiticus 19:28 yn dweud wrth bobl Dduw am beidio â thorri'u croen, na chael tatŵ. Yn Brenhinoedd 18:28 ceir enghraifft o addolwyr Baal yn torri'u croen er mwyn tynnu sylw eu duw. Mae Duw'n dweud wrth ei bobl nad oes angen iddyn nhw wneud hynny i gael ei sylw.
- Mae Lefiticus 25 yn ganolog i neges wleidyddol gref y llyfr. Dywed Duw wrth bobl Israel nad y nhw sy'n berchen y tir; tir Duw ydy e. Roedd hyn yn golygu na allai'r tir byth gael ei werthu'n barhaol, gan mai tenantiaid oedden nhw; les-ddeiliaid, nid rhydd-ddeiliaid. Roedd y tir wedi'i rannu'n gyfartal rhwng llwythau Jacob, ond mae Lefiticus 25 yn datgan yn glir y gellid masnachu'r tir rhwng blynyddoedd y Jiwbilî. Gallai pobl werthu eu tir neu eu hetifeddiaeth gan wybod, bob hanner can mlynedd, y byddai pob dyled yn cael ei chlirio a'r tir yn cael ei roi'n ôl iddyn nhw. Mae pawb yn gyfartal unwaith eto: neb yn gyfoethog, neb yn dlawd, a phawb yr un fath.
- Roedd deddfau'r Jiwbilî yn gwarchod cymdeithas trwy sicrhau bod pawb yn gyfartal oherwydd, mewn cymuned ffermio, roedd tir yn gyfystyr â chyfoeth. Yn bwysicach na dim, roedden nhw'n sicrhau bod gan bob cenhedlaeth fynediad cyfartal at dir, a thrwy hynny ceid cyfuniad o foeseg amgylcheddol, cydraddoldeb, a chyfran dda o fudd cymdeithasol.

### Llyfrau eraill i'w darllen

*The Jewish Study Bible*, gan Adele Berlin, Marc Zvi Brettler a Michael Fishbane
*The Five Books of Moses*, gan Everett Fox
*Ritual and Rhetoric in Leviticus: From Sacrifice to Scripture*, gan James W. Watts

# Ydyn ni bron yna eto?

**Awdur:** Moses, gydag ychwanegiadau diweddarach gan ysgrifenwyr crefyddol
**Dyddiad ei ysgrifennu:** Credir ei fod wedi'i ysgrifennu tua 1400 cc
**Math o lyfr:** Hanes
**Prif gymeriadau:** Moses, Aaron, Miriam, Josua, Balaam a'i asyn
**Prif themâu:** Rhaid i bob cenhedlaeth wneud ei safiad ei hun gyda Duw; mae rhai cenedlaethau'n methu, ond mae Duw'n ffyddlon ac yn cynnig cyfleoedd newydd i ailgysylltu

## Teitl

Mae llyfrau'r Torah wedi'u henwi ar ôl un o eiriau Hebraeg cyntaf y sgrôl. Y teitl Hebraeg ar y llyfr rydyn ni'n ei alw'n Numeri ydy *Bernidbar*, sef 'yn yr anialwch'. Ond yn y testun Groeg, sef y cyfieithiad sy'n rhoi'r teitlau i ni, y gair ydy *Arithmoi*, sef 'rhifau', gan ei fod yn cynnwys cofnod o'r nifer o Israeliaid fu'n crwydro yn yr anialwch gyda Moses. Mae'r Hebraeg yn rhoi gwell dealltwriaeth o brif thema'r llyfr, sef Duw sy'n gweld ei bobl yn chwilio am gyfeiriad, ac yntau'n eu harwain.

## Lleoliad

Casgliad o destunau amrywiol ydy llyfr Numeri, ac mae'n cynnwys hanes, dogfennau cyfreithiol, disgrifiadau o ddefodau, a thraddodiadau gwerin ar ffurf barddoniaeth. Mae'r testunau hyn yn ffurfio hanes sy'n cwmpasu taith 38 mlynedd Israel, o'r cyfamod a wnaed rhyngddyn nhw a'r Arglwydd yn Sinai, i Moab. Ar y cychwyn, grŵp o bobl heb fawr ddim ydy'r Israeliaid – yn wahanol iawn i'r hyn oedden nhw ar ôl llyfrau Samuel, sef grym milwrol cyfoethog. Mewn gwirionedd, pobl ddiddiwylliant, di-ddysg oedd y genedl hon, a chanddi adnoddau cyntefig iawn fel sail i adeiladu gwareiddiad arnyn nhw. Doedd ganddyn nhw ddim cyfoeth, a doedden nhw'n ddim mwy na ffermwyr a bugeiliaid tlawd, wedi cael eu rhyddhau'n ddiweddar o gaethwasiaeth. A hwythau wedi gorfod ffoi o'r Aifft gyda dim ond yr ychydig eiddo y gallent ei gario, grŵp gwan o bobl oedd yr Israeliaid heb na byddin nac unrhyw dechnoleg filwrol. Pe bai grwpiau eraill wedi codi yn eu herbyn, ni fyddai ganddynt fawr mwy i'w hamddiffyn na'r hyn roedd yr Arglwydd yn gallu ei gynnig.

## Cefndir

Roedd yr Israeliaid wedi gweld Duw'n cysylltu â nhw ar Fynydd Sinai, ond roedden nhw bellach wedi ymlâdd yn llwyr ar ôl yr holl deithio. Yn fuan iawn roedden nhw'n achwyn wrth Moses am y bwyd roedd yr Arglwydd yn ei ddarparu. Disgrifir y bwyd hwn – manna

Gwersyll llwyth y Bedowin yn anialwch Jwda. Fel yr Israeliaid yn Numeri, llwyth crwydrol ydy'r Bedowiniaid.

– yn Numeri fel hadau coriander, rhywbeth a edrychai'n debyg i resin. Yn Numeri 11:4 dywedir fod yr Israeliaid yn anfodlon ar y manna, a dechreuodd rai fynnu'r bwydydd roedden nhw'n arfer eu bwyta yn yr Aifft – gan anghofio mai dyna oedd pris eu rhyddid. Roedd cof yr Israeliaid yn fyr iawn; o fewn un genhedlaeth roedden nhw'n awyddus i fynd yn ôl i gaethiwed er mwyn adennill yr ychydig eiddo oedd ganddyn nhw erstalwm. Mae ymateb yr Arglwydd a Moses yn llawn dicter a chonsýrn.

Yna mae ffrindiau agosaf Moses yn troi yn ei erbyn. Ar ddechrau Numeri 12 mae Miriam ac Aaron yn siarad amdano, gan gwyno nad ydy'r Arglwydd yn gwneud defnydd ohonyn nhw. Unwaith eto, mae Duw'n llawn dicter, ac yn ymateb i Israel trwy eu gadael. Yn aml, mae darllenwyr yn gweld hyn fel cadarnhad bod Duw yr Hen Destament yn llawn dicter a digofaint. Ond mewn gwirionedd, mae'n well dehongli'r dicter hwn fel ffordd o ymateb i'r ffaith bod Israel yn anfodlon dangos unrhyw ymrwymiad, a'i bod yn awyddus i fod yn annibynnol – yn debyg iawn i rai pobl ifanc yn eu harddegau heddiw. Mae'r Torah yn adrodd stori Israel – ei genedigaeth, ei phlentyndod a'i hieuenctid. Bu Duw'n rhoi cyfarwyddyd ac arweiniad i'r Israeliaid i'w harwain i aeddfedrwydd drwy'r pum llyfr, a hynny trwy roi canllawiau iddyn nhw ac ennill eu hymddiriedaeth.

Yn Numeri 9:15 disgrifir sut mae'r Arglwydd yn arwain Israel, gan ddefnyddio dim mwy na chwmwl i wneud hynny. Yn yr Hebraeg defnyddir y gair *Shekinah* – cartref neu bresenoldeb yr Arglwydd – i ddisgrifio'r cwmwl. Roedd y rabiniaid yn dehongli hyn fel 'troed yr Arglwydd'; yn yr anialwch mae dafad nid yn unig yn adnabod llais y bugail ac yn ei ddilyn, ond mae hi hefyd yn adnabod ei draed. Pan fydd defaid yn dilyn y bugail byddant yn codi'u golygon yn ddigon uchel i allu gweld ei draed. Credai'r rabiniaid fod yn rhaid i Israel ddysgu sut i ddilyn cyfarwyddyd ac arweiniad Duw wrth ddilyn ei droed.

Yr unig ffordd y gallai Israel dyfu oedd trwy ymddiried yng nghyfarwyddyd Duw – doedd ganddyn nhw ddim byd arall. Pan symudai'r cwmwl, symudent hwythau hefyd; pan safai'r cwmwl yn llonydd, gwnaent hwythau yr un fath. Doedd ganddyn nhw ddim cynllun arall heblaw dilyn traed eu Bugail. Yn llyfr Numeri, felly, ceir hanes criw o bobl anystywallt yn cael eu hyfforddi a'u haddysgu, ac yna'n aeddfedu i fod y math o bobl roedd Duw'n dymuno iddyn nhw fod.

## Y Manylion

• Yn Numeri 21:1–9, mae pobl Dduw unwaith eto'n dechrau cwyno am y diffyg bara a dŵr, felly y tro hwn mae Duw'n dysgu gwers iddyn nhw am ymddiriedaeth. Mae'n anfon seirff gwenwynig i'w plith; mae'r seirff yn brathu'r bobl a llawer ohonyn nhw'n marw.

Anialwch Jwda, lle bu'r Israeliaid yn crwydro am ddeugain mlynedd.

Dydy Duw ddim yn gadael llonydd iddyn nhw, ond yn hytrach mae'n anfon ateb i'r broblem – ateb sy'n ymddangos braidd yn od. Mae'n gwneud mwy o synnwyr os meddyliwn ni am y delweddau a ddefnyddir. Sarff wenwynig oedd symbol yr Aifft, ac anfonodd Duw seirff i Israel fel ffordd o atgoffa'r bobl mai marwolaeth oedd yr Aifft iddyn nhw, ac na ddaeth unrhyw ddaioni o'u gormes. Ond, unwaith eto, mae Duw'n cynnig ffordd o ddianc. Yn Numeri 21:8, dywedodd yr Arglwydd wrth Moses, *'Gwna sarff a'i gosod ar bolyn, a bydd pawb a frathwyd, o edrych arni, yn cael byw'*. Mae'n ymddangos yn rhyfedd bod Duw am i Moses wneud delw o'r union beth oedd yn achosi marwolaeth i'w bobl er mwyn adfer eu hiechyd, ond onid dyna'n union mae'n ei wneud gyda Iesu ar y groes? Dywedir yn Ioan 3:14–15, *'Ac fel y dyrchafodd Moses y sarff yn yr anialwch, felly y mae'n rhaid i Fab y Dyn gael ei ddyrchafu, er mwyn i bob un sy'n credu gael bywyd tragwyddol ynddo ef.'* Mae hon eto'n enghraifft arall o'r cysylltiad rhwng straeon yr Hen Destament a bywyd Iesu; mae pob stori'n gwbl wahanol, ac eto'n cyfeirio at Iesu. Erbyn 2 Brenhinoedd 18:4 roedd yn rhaid dinistrio'r sarff oherwydd ei bod bellach yn cael ei heilunaddoli gan bobl Israel.

- Cyfeirir yn Numeri 21:14 at *'Lyfr Rhyfeloedd yr Arglwydd'*. Mewn trafodaethau manwl ynghylch beth yn union oedd y testun neu'r llyfr hwn, gwnaed dau brif awgrym. Mae rhai'n dadlau mai gwaith yr Amoriaid oedd e, yn cynnwys caneuon yn clodfori buddugoliaethau eu brenin, Sihon, ac yn nodi rhai o'i frwydrau llwyddiannus. Os felly, mae Moses yn dyfynnu o destun arall, yn union fel mae Paul yn dyfynnu o destunau

Roedd yr Israeliaid yn adnabod llais Duw, yn union fel mae dafad yn adnabod llais y bugail.

nad oedden nhw'n rhai Cristnogol yn Actau 17:28 a Titus 1:12. Ar y llaw arall, mae ysgolheigion Iddewig yn dadlau mai cyfeiriad sydd yma at gasgliad hynafol o gerddi epig yn disgrifio brwydrau Israel – llyfr nad yw bellach yn bod, fel llyfr Jasar y cyfeirir ato yn 2 Samuel 1:18.

- Mae'r stori am Balaam a'i asyn, a adroddir yn Numeri 22, hefyd i'w gweld y tu allan i'r Torah. Mae hi'n rhan o chwedloniaeth yr Hebreaid, a cheir cyfeiriadau ati mewn testunau eraill o bryd i'w gilydd. Roedd anifeiliaid oedd yn gallu siarad yn gyffredin mewn llên gwerin, er mai stori'r sarff yn Eden ydy'r unig un arall yn y Beibl. Yn y stori hon mae Balaam yn taro'r asyn dair gwaith am anufuddhau iddo, a chaiff Israel ei bendithio dair gwaith. Mae rhai awduron wedi dadlau'n betrus mai adlais ydy hyn o Pedr yn gwadu Iesu dair gwaith, gydag Israel yn cael ei bendithio â'r atgyfodiad dridiau'n ddiweddarach. Mewn stori Iddewig arall, un o dri chynghorydd Pharo oedd Balaam, oedd yn mynd i'w helpu i rwystro gwrthryfel Iddewig.

## Llyfrau eraill i'w darllen

*The Jewish Study Bible*, gan Adele Berlin, Marc Zvi Brettler a Michael Fishbane
*Numbers (Word Biblical Commentary)*, gan Philip Budd
*The Five Books of Moses*, gan Everett Fox

# Geiriau Moses

**Awdur:** Moses, gydag ychwanegiadau diweddarach gan awduron anhysbys
**Dyddiad ei ysgrifennu:** 1400 cc, yn ôl traddodiad, ond ychwanegwyd ato yn 700 cc
**Math o lyfr:** Cofnod o dair pregeth
**Prif gymeriadau:** Moses, Josua
**Prif themâu:** Mae Duw wedi achub ei bobl am ei fod yn Dduw cariad, a nawr mae'n awyddus i'w bobl ddangos eu gwerthfawrogiad trwy fod yn ufudd iddo a'i garu

## Teitl ac Arddull

Yn wreiddiol, cafodd pumed llyfr y Torah ei enw o'r teitl Hebraeg *devarim*, sy'n golygu 'geiriau' neu, yn fwy penodol, 'geiriau a lefarir'. Mae'n tarddu o'r agoriad Hebraeg, *Eleh-ha-devarim*, sef 'Dyma'r geiriau'. Daeth y teitl diweddarach, Deuteronomium, o'r Groeg, sef 'yr ail ddeddf'. Mae'r teitl gwreiddiol yn fwy priodol i naws y llyfr, gan iddo gael ei ysgrifennu fel tair pregeth a draddodwyd gan Moses.

Mae'r farn ynghylch pwy oedd awdur gwreiddiol Deuteronomium wedi newid dros y can mlynedd diwethaf. Yn ôl traddodiad, lluniwyd y testun gan Moses rywbryd yn ystod yr ail fileniwm cc, ond y ddamcaniaeth ddiweddaraf ydy mai'r archoffeiriaid Hilkiah ddaeth o hyd i'r testun (gweler 2 Brenhinoedd 22:8–20) a mynd ag ef at y brenin Joseia. Ychwanegwyd ato a'i newid dros y blynyddoedd nes ffurfio'r testun a welir heddiw. Roedd yr ail argraffiad yn diweddu gyda marwolaeth Moses, ac yn cynnwys adnodau ychwanegol drwyddo draw.

## Lleoliad

Credid mai ar wastadeddau Moab – y tir mynyddig ar ochr ddwyreiniol y Môr Marw – roedd Moses pan siaradodd â'i bobl. Yno hefyd roedd cartref y Moabiaid – llwyth roedd Israel byth a hefyd yn brwydro yn ei erbyn. Yn ôl y stori feiblaidd, roedd y Moabiaid yn tarddu o losgach a ddeilliodd o rwystredigaeth dwy ferch i nai Abraham (Genesis 19:30–38). Pan oedd Lot yn cuddio mewn ogof, rhoddodd ei ddwy ferch ddiod iddo i'w feddwi, yna cawsant gyfathrach â'u tad i'w galluogi i feichiogi. Rhoddodd y ferch hynaf enedigaeth i Moab, a rhoddodd y ferch ieuengaf enedigaeth i Ban-Ammi – ei ddisgynyddion ef oedd yr Ammoniaid. Defnyddiwyd y stori hon am genedlaethau i ddangos bod y Moabiaid a'r Ammoniaid yn israddol i genedl Israel, gydag Israel yn rhoi statws uwch iddi'i hun o fewn y rhanbarth.

Golygfa dros y Môr Marw tuag at fynyddoedd Moab.

Ychydig a wyddom am union gredoau crefyddol y Moabiaid, ond roedden nhw'n addoli nifer o dduwiau. Chemosh, a elwid hefyd yn Molech, oedd eu prif dduw, a byddai pobl yn aberthu plant byw iddo'n rheolaidd. Defodau erchyll i blesio'r duw oedd yr aberthau hyn, yn y gobaith o gael ei sylw neu ei orfodi i wneud rhyw ffafr â'r bobl. Digwyddiadau cymunedol oedd y rhain, i gyfeiliant drymiau swnllyd a chanu. Byddai'r mamau'n sgrechian ac yn wylo wrth i'w plant gael eu cymryd oddi arnynt, a'r tadau'n sefyll yn ôl, yn llawn balchder.

Yn Deuteronomium 12:31 mae Moses yn siarad yn erbyn yr aberthau hyn: *'Nid yn ôl eu dull hwy y gwnei i'r Arglwydd dy Dduw, oherwydd yr oedd y cwbl a wnaent hwy i'w duwiau yn ffieidd-dra atgas dan yr Arglwydd; yr oeddent hyd yn oed yn llosgi eu meibion a'u merched yn y tân i'w duwiau.'*

## Cefndir

Yn Deuteronomium ceir tair pregeth a draddodwyd gan Moses, yn ôl y sôn. Mae pob un ohonynt yn dechrau â geiriau tebyg am Moses yn siarad ag Israel gyfan, ar ôl iddo eu galw i gyd at ei gilydd. Yn y pregethau mae Moses yn rhoi enghreifftiau i'r bobl sut y dylid dilyn y Gyfraith a amlinellwyd yn Lefiticus tra oedden nhw yn yr anialwch. Trwy'r deddfau hyn, roedd Duw'n helpu ei bobl i ddeall sut i fyw yn eu cymuned newydd. Ar ôl cael eu caethiwo yn yr Aifft, a'u gorfodi i weithio a byw fel Eifftiaid, roedd ar bobl Dduw angen deddfau fyddai'n eu helpu i roi trefn ar eu cymdeithas newydd, grwydrol.

**Y bregeth gyntaf** – Deuteronomium 1–4 – ydy'r un agoriadol; mae'n beio anufudd-dod Israel am y ffaith bod y genedl yn dal i grwydro yn yr anialwch yn hytrach na chyrraedd Gwlad yr Addewid. Mae Moses yn awyddus i annog y bobl i ufuddhau i orchmynion Duw fel y gallant anrhydeddu'r Duw a'u harweiniodd allan o'r Aifft.

Geiriau'r *Shema*, gweddi ganolog ffydd yr Iddewon.

**Yr ail bregeth** – Deuteronomium 5–26; yma ceir adran hir y gellir ei rhannu'n ddwy ran fyrrach, 5–11 a 12–26. Mae'r rhan gyntaf yn cyflwyno darlun estynedig o'r Deg Gorchymyn a roddwyd i Moses ar Fynydd Sinai, gan gynnwys y Shema – gweddi bwysicaf y ffydd Iddewig. Yn yr ail ran edrychir ar y Gyfraith trwy gyfres o *mitzvoth*, sef gorchmynion; mae Moses yn dehongli'r cyfreithiau helaeth hyn trwy rybuddion a chyfarwyddiadau sy'n dweud wrth yr Israeliaid sut i ymddwyn. Enw'r Iddewon ar yr adran hon ydy 'Cod Deuteronomig Moses'.

**Y drydedd bregeth** – Deuteronomium 29–33; dyma'r foment pan mae Moses yn bendithio'i bobl gan eu hatgoffa i fod yn ufudd i'r Arglwydd ac ymwrthod â'u harferion gwrthryfelgar. Yn Deuteronomium 31, mae Moses yn dweud wrth ei bobl na all eu harwain bellach, ac yntau'n 120 oed – felly bydd rhywun arall yn cymryd ei le. Daw Josua, prif gynorthwyydd Moses, yn arweinydd; ef fydd yn arwain y bobl, o'r diwedd, i Wlad yr Addewid.

## Y Manylion

- Yn Deuteronomium 6:4–5 dywedir, *'Gwrando, O Israel: Y mae'r Arglwydd ein Duw yn un Arglwydd. Câr di yr Arglwydd dy Dduw â'th holl galon ac â'th holl enaid ac â'th holl nerth.'* Mae'r weddi hon – *y Shema* – bellach yn ganolog i'r ffydd Iddewig, yn orchymyn sylfaenol a adroddir ddwywaith y dydd; weithiau gwelir Iddewon â'r geiriau wedi'u glynu ar eu talcen. Mae'r weddi fer hon yn llawn diwinyddiaeth, a'r ffaith bod yr Arglwydd ein Duw yn 'un' yn allweddol wrth ddeall pwy ydy Duw, a sut un ydy e. Y cyfieithiad Hebraeg o 'un' ydy *echad*, y gellir ei ddehongli fel undod cymhleth.

  Os ydy Duw yn un, does dim rhaniad ynddo, a does dim byd wedi'i ychwanegu ato. Mae Duw yn gyflawn ac yn bur ym mhob ffordd bosibl, felly does dim un o'i nodweddion yn anghyflawn. Er enghraifft, os mai cariad ydy Duw, yna mae'n llawn cariad ym mhob ffordd. Pan fo rhywbeth yn berffaith yna mae'n ddi-fai, yn gyflawn ac yn gywir; does dim byd amherffaith yn perthyn iddo. Mae Duw yn ddilychwin ac yn berffaith, ac ni ellir gwella arno mewn unrhyw ffordd.

  Wrth dderbyn y cysyniad bod Duw yn 'un', rydyn ni'n dechrau deall mwy am ei natur. Er enghraifft, mae'n golygu nad oes unrhyw dduwiau eraill yn bod; ef ydy'r un. Roedd hyn yn hynod bwysig i'r Iddewon, gan eu bod wedi'u hamgylchynu gan grefyddau eraill oedd yn honni bod eu duwiau hwy'n drech na'r Arglwydd. Mae'r *Shema* yn datgan yn glir nad oes unrhyw dduwiau eraill yn gallu ychwanegu at yr hyn ydy Duw, na thynnu unrhyw beth oddi wrtho. Does neb na dim all fychanu Duw – ef ydy'r 'un'.

- Mae'r cymal *'Cofia iti fod yn gaethwas yng ngwlad yr Aifft, ac i'r Arglwydd dy Dduw dy arwain allan oddi yno'*, a ddefnyddir am y tro cyntaf yn Deuteronomium 5:15, yn cael ei ailadrodd un ar bymtheg o weithiau yng ngweddill y testun. Cafodd ei ysgrifennu i atgoffa pobl o eiriau Moses, ac wrth iddo gael ei ddarllen byddai pobl yn clywed y gair 'Cofia' drosodd a throsodd. Roedd Moses yn awyddus i'r bobl gofio pwy oedden nhw, a beth oedd Duw wedi'i wneud drostyn nhw. Daeth y cofio hwn yn bwysig i'r Iddewon, ac mae'n parhau i fod yn rhan o'u haddoliad.

- Yn Deuteronomium 21:18–21 mae Moses yn dweud: *'Os bydd gan rywun fab gwrthnysig ac anufudd sy'n gwrthod gwrando ar ei dad na'i fam, hyd yn oed pan fyddant yn ei geryddu'*, yna dylid mynd ag e i borth y ddinas a'i labyddio i farwolaeth. Byddai'r bobl gyntaf i glywed dameg y mab afradlon yn gwybod y byddai'r hyn roedd y mab yn gofyn amdano yn arwain at ei farwolaeth. Ni ddylai'r tad fyth fod wedi rhoi rhyddid i'w fab adael cartref gyda'i etifeddiaeth. Wrth roi'r arian i'w fab, roedd y tad yn dangos gras ac yn cynnig bywyd iddo, yn hytrach na'i gondemnio i gael ei labyddio.

- Yn Mathew 5:40 mae Iesu'n dweud, *'Ac os bydd rhywun am fynd â thi i gyfraith a chymryd dy grys, gad iddo gael dy fantell hefyd'*. O ganlyniad, byddai person tlawd yn cael ei adael yn noeth. Yn Deuteronomium 24:12–13 mae Moses, wrth sôn am fenthyciadau, yn dweud, *'Os yw'n dlawd, paid â chysgu yn y dilledyn a roddodd yn wystl; gofala ei roi'n ôl iddo cyn machlud haul, er mwyn iddo gysgu yn ei fantell a'th fendithio. Cyfrifir hyn iti'n gyfiawnder gerbron yr Arglwydd dy Dduw.'* Mae'r esboniad am rai o'r pethau ymddangosiadol ryfedd mae Iesu'n eu dweud i'w gweld yn llyfr Deuteronomium.

- Yn Deuteronomium 21:22–23 sonnir am y deddf yn ymwneud â'r gosb eithaf. *'Os bydd rhywun wedi ei gael yn euog o*

Mynydd Nebo, o ble'r edrychodd Moses ar Wlad yr Addewid.

*gamwedd sy'n dwyn cosb marwolaeth, ac wedi ei ddienyddio trwy ei grogi ar bren, nid yw ei gorff i aros dros nos ar y pren; rhaid iti ei gladdu'r un diwrnod, oherwydd y mae un a grogwyd ar bren dan felltith Duw.'* Roedd y modd y bu Iesu farw'n ei osod dan y felltith hon; roedd ei ddilynwyr wedi ei gladdu mor gyflym nid yn unig oherwydd bod y Saboth ar y diwrnod canlynol, ond oherwydd eu bod yn gwybod am ddysgeidiaeth Moses – sef mai melltith oedd marwolaeth mewn gwirionedd.

- Mae'r darlun o Dduw yn Deuteronomium yn pwysleisio'i gariad a'i ofal tyner yn fwy nag mewn rhannau eraill o'r Torah, sy'n tanlinellu rhyddid a phŵer Duw. Mae hwn yn Dduw sy'n addysgu ei bobl ac yn eu helpu i dyfu trwy eu trafferthion.

## Llyfrau eraill i'w darllen

*The Jewish Study Bible*, gan Adele Berlin, Marc Zvi Brettler a Michael Fishbane
*The Source*, (nofel) gan James Michener

# Duw gyda ni

**Awdur:** Anhysbys
**Dyddiad ei ysgrifennu:** Anhysbys
**Math o lyfr:** Hanes
**Prif gymeriadau:** Josua, Rahab, Achan a Caleb
**Prif themâu:** Yn y pen draw, Duw sy'n gofalu am bopeth

## Teitl ac Arddull

Llyfr Josua ydy'r llyfr cyntaf ar ôl y Torah. Mae'n ailgydio yn y stori wedi marwolaeth Moses, a hynny mewn arddull debyg i un Deuteronomium, gydag amryw o'r adrannau'n ddyfyniadau o'r testun cynharach. Daw teitl y llyfr o'r gair Hebraeg *Y'hoshua*, sef 'Iachawdwriaeth ydy'r Arglwydd'. Yn y stori sy'n datblygu ceir hanes pobl Dduw yn derbyn iachawdwriaeth trwy ei law nerthol ef. Yr hyn sy'n fwyaf nodedig am destun Josua ydy'r ffordd mae'r awdur yn adlewyrchu stori Moses. Fel yr arweiniodd Moses ei bobl ar draws y Môr Coch, felly hefyd yr arweiniodd Josua ei bobl yn wyrthiol ar draws yr Iorddonen. Mae'r awdur yn cymryd gofal i ddarlunio Josua fel ail Foses.

## Lleoliad

Roedd dwy filiwn o Israeliaid wedi bod yn crwydro anialwch Sinai am ddeugain mlynedd ar ôl iddyn nhw adael yr Aifft. Yn ystod y cyfnod hwn roedd Duw wedi dangos i'r bobl sut y byddai'n darparu bwyd a diod (Exodus 16:4), ac yn Lefiticus roedd wedi dangos iddyn nhw sut i drefnu eu cymdeithas. Roedd gwlad Canaan yn gwbl wahanol i'r anialwch – gwerddon anferth oedd hi, a ddisgrifir yn Deuteronomium 8:8 fel gwlad lle roedd digonedd o wenith a haidd, gwinwydd, ffigys a phomgranadau, olewydd a mêl. Pan setlodd yr Israeliaid i fyw yng Nghanaan o'r diwedd, daethant yn gymuned amaethyddol sefydlog, yn wahanol iawn i'w ffordd grwydrol o fyw yn yr anialwch. Roedd Jericho yn lle perffaith i'r Israeliaid fyw, gan fod y cyflenwad dŵr wedi ei wneud yn werddon ffrwythlon am filoedd o flynyddoedd. Yn y Beibl, gelwir Jericho yn 'ddinas y palmwydd' gan ei bod yn enwog am ei llystyfiant toreithiog, ac yn ôl traddodiad Iddewig dywedir fod *'doethineb yn tyfu fel coed rhosod Jericho'*.

Cyn i'r Israeliaid gyrraedd, roedd arferion crefyddol Canaan yn gymysglyd ac weithiau'n anhrefnus. Roedd y bobl yn addoli nifer o wahanol dduwiau, yn cynnwys Yam, duw'r môr a Mot, duw marwolaeth a'r isfyd. Fodd bynnag, Hadad (neu Baal) – sef duw'r glaw, taranau, ffrwythlondeb ac amaethyddiaeth – sy'n hawlio'r lle blaenllaw yn y rhan fwyaf o'r straeon. Y duw hwn sydd, yn nes ymlaen, yn troi'n Beelzebub ac yn cael ei gysylltu â phopeth sy'n hedfan – pryf neu wybedyn ydy'r ddelwedd ohono.

## Cefndir

Prif thema'r llyfr ydy'r modd y mae Josua – yr arweinydd milwrol a chrefyddol – a'i bobl yn ymosod ar wlad Canaan a'i meddiannu. Mae'r digwyddiadau a gofnodir yn cyflawni'r addewid a roddodd yr Arglwydd i Abraham yn Genesis 15:18–21, ac oherwydd hynny mae'n llyfr gwaedlyd a graffig iawn. Byddai'n hawdd ei ystyried fel adroddiad o 'lanhau ethnig' yn hytrach na disgrifiad o Dduw Cariad yn brwydro i sicrhau gwlad ar gyfer ei bobl. Dywedir wrthym fod dinasoedd cyfan yn cael

Afon Iorddonen.

eu dinistrio'n fwriadol, ynghyd â'u tiroedd, eu hanifeiliaid a'u pobl.

Yn y cyfnod hwn, doedd cenhedloedd ddim yn cael eu hystyried fel pwerau milwrol neu endidau gwleidyddol, ond yn hytrach fel mynegiant ac estyniad o fraich eu duw – safbwynt sy'n wahanol iawn i'n sefyllfa ni heddiw. Bryd hynny, pan oedd pobl yn mynd i ryfel, y bwriad oedd amddiffyn eu duw, a thrwy eu grym milwrol byddai eu duw hwy'n ei brofi ei hun fel yr un mwyaf pwerus. Byddai colli rhyfel yn bwrw gwarth ar eu duw ac yn peri iddo gael ei ystyried fel duw israddol. Mae llyfr Josua, fel plâu'r Aifft, yn dangos bod teyrnasiad yr Arglwydd ben ac ysgwydd uwchben holl bwerau ysbrydol eraill y cyfnod, a'i fod yn brwydro dros y bobl oherwydd ei gariad tuag atyn nhw. Rhaid i ni sylweddoli bod dulliau'r Arglwydd yn newid yn ôl syniadau gwahanol gyfnodau am ryfel. Mae pobl Dduw yn dal i gael eu galw i orchfygu'r duwiau eraill sydd o'n cwmpas, ond i ni heddiw mae'n ymwneud â sefydlu teyrnas yng nghalonnau unigolion.

Hanfod Josua ydy cyflwyno pŵer, grym, sancteiddrwydd a thrugaredd yr Arglwydd. Mae naratif y Beibl yn ei gyfanrwydd yn un o Dduw'n closio at ei bobl, a dydy'r llyfr hwn ddim yn eithriad; y bwriad ydy cyfleu teyrnas Dduw yn dod i'r ddaear, ac yn y cyfnod arbennig yma rhyfel oedd yr unig ddewis. Roedd dinas Jericho'n addoli Hadad/Baal, felly byddai rhai'n dweud mai stori am Dduw sanctaidd yn gorchfygu ffurf gynnar ar Beelzebub ydy hon. Duw sanctaidd yn

gorchfygu un sy'n dod i dwyllo pobl trwy ymddwyn fel petai e'n Dduw sanctaidd. Mae'r llyfr cyfan hwn, felly, yn ymwneud â threchu pob duw ffug.

## Y Manylion

- Roedd yr Israeliaid cynnar yn aml yn cael eu galw'n Hebreaid, er mwyn gwahaniaethu rhyngddyn nhw a'r estroniaid (Exodus 1:19).

- Yn Josua 24:23 dywedir, *'bwriwch allan y duwiau estron sydd yn eich mysg, a throwch eich calon at yr Arglwydd, Duw Israel'*. Roedd eilunod yn dal i fodoli yn Israel, er bod Duw wedi gwneud cymaint dros ei bobl – roedden nhw'n cael trafferth i anghofio'r bywyd roedden nhw wedi'i fyw yn y gorffennol.

- Gellir rhannu'r llyfr yn bedair adran. I ddechrau, y daith o'r Iorddonen i Jericho (Josua 1–8); yn ail, rhyfeloedd y de (Josua 9–10); yn drydydd, rhyfeloedd y gogledd (Josua 11), ac yn bedwerydd, rhannu tiroedd Duw (Josua 12–24).

- Yn yr Hebraeg, Josua ydy *Y'hoshua*, sef 'Iachawdwriaeth ydy'r Arglwydd' a thrwy'r gair Groeg cawsom yr enw 'Iesu'. Arglwydd y Josua cyntaf ydy Arglwydd yr ail Josua (Iesu) hefyd. Yn y Josua cyntaf, mae Duw'n defnyddio trais i orchfygu trais, ond yn yr ail Josua mae Duw'n tanseilio trais ag addfwynder.

- Mae rhai archaeolegwyr o'r farn bod yr Eifftiaid eisoes wedi gorchfygu Jericho 150 mlynedd cyn i Josua gyrraedd, ac mai'r hyn a welodd yr Israeliaid oedd tref lai o faint ar safle'r ddinas wreiddiol. Byddai hyn yn esbonio pam fod y trigolion yn addoli rhai o'r duwiau Eifftaidd, yn cynnwys Hadad/Baal.

Archoffeiriad yn chwythu corn hwrdd – dyma a ddigwyddodd cyn cwymp Jericho.

### Llyfrau eraill i'w darllen

*Josua (Word Biblical Commentary)*, gan Trent C. Butler
*A Biblical History of Israel*, gan Iain Provan

# Arweinwyr y llwythau

**Awdur:** Samuel, yn ôl traddodiad, ond does dim cadarnhad o hyn

**Dyddiad ei ysgrifennu:** Mae'r llyfr wedi'i osod yn 1300 cc, ond mae'n debygol iddo gael ei ysgrifennu tua 900 cc

**Math o lyfr:** Hanes

**Prif gymeriadau:** Othniel, Ehud, Shamgar, Debora, Gideon, Jefftha a Samson

**Prif themâu:** Wrth i bobl Dduw setlo yng Ngwlad yr Addewid, mae Duw o bryd i'w gilydd yn dewis arweinwyr arbennig – y Barnwyr

## Teitl ac Arddull

Teitl Hebraeg y llyfr ydy *Shofetim*, sef 'barnwyr' neu 'benaethiaid'. Fel arfer, caiff y ferf gyfatebol, *shafat*, ei chyfieithu fel 'rheoli' neu 'arwain'. Arweinydd grŵp oedd y pennaeth, yn enwedig yng nghyd-destun tylwyth neu lwyth; mae'n bosib fod ei rôl yn cynnwys dedfrydu neu ddyfarnu, ond tueddai i fod yn fwy o arweinydd milwrol. Enwir y llyfr ar ôl y prif gymeriadau, sef y barnwyr oedd yn arwain Israel yn dilyn marwolaeth Josua.

Ni cheir hanes llawn y cyfnod yn llyfr y Barnwyr, a dydy e ddim wedi'i ysgrifennu mewn trefn gronolegol. Mae'r diweddglo'n ymdrin â gorchfygu Dan a'r rhyfel yn erbyn Gibea – dau ddigwyddiad a welir ar ddechrau cyfnod y Barnwyr. Bwriad yr awdur oedd nid yn unig disgrifio'r digwyddiadau a'u cofnodi, ond hefyd dysgu gwersi ohonynt ynghylch pechod, cosb ac achubiaeth Duw. Mae'r testun wedi'i ysgrifennu mewn arddull naratif sy'n cynnwys gwersi ysbrydol, a defnyddir straeon llwythol ac iddynt arwyddocâd cenedlaethol.

## Lleoliad

Mae llyfr y Barnwyr yn cwmpasu cyfnod o 400 mlynedd. Bu'r Israeliaid yn crwydro yn yr anialwch am ddeugain mlynedd, a bellach roedd y crwydriaid hyn yn setlo i lawr ac yn sefydlu eu cymdeithas eu hunain. Roedd yr holl grwydro a'r ymdrech wedi magu ynddyn nhw synnwyr o hunaniaeth genedlaethol ac iddi elfen o etifeddiaeth ddiwylliannol a chrefyddol.

I'r Israeliaid, roedd arwyddocâd arbennig i'r term 'Gwlad yr Addewid'. Disgrifiad Duw o'r tir hwn – Canaan, a oedd rhwng y Môr Canoldir a'r Iorddonen – ydy 'gwlad yn llifeirio o laeth a mêl' (Exodus 3:8). Mae'r geiriau hyn yn drosiad Iddewig nodweddiadol ac yn disgrifio'r wlad fel un llawn cyfoeth ac adnoddau, yn cynnig pob math o bethau da. Roedd y tir yn ffrwythlon iawn, ac felly wedi'i fendithio. Er ei bod yn amlwg bod y ddelwedd hon wedi'i gwreiddio'n ddwfn yn anghenion sylfaenol bywyd, roedd llaeth a mêl hefyd yn symbolau o ffrwythlondeb mewn nifer o destunau hynafol, yn enwedig felly yn addoliad y Canaaneaid.

## Cefndir

Roedd y bobl wedi cyrraedd Gwlad yr Addewid, a bellach yn dod o hyd i ardaloedd lle gallent ymsefydlu a ffermio'r tir. Buan iawn y sylweddolwyd na fyddai meddiannu Gwlad yr Addewid mor rhwydd ag yr oedden nhw wedi'i obeithio. Roedd gwahanol garfanau'r Canaaneaid yn gwneud bywyd yn anodd iawn i'r Israeliaid wrth iddyn nhw ymdrechu i setlo yn y wlad. Wrth i amser fynd heibio, dechreuodd yr Israeliaid dynhau eu gafael ar eu hardal hwy, a'i hymestyn, ond roedd y Philistiaid ar y gwastadeddau arfordirol yn gwrthwynebu'n gryf.

Roedd dau dduw poblogaidd yng ngwlad y Canaaneaid – Baal, duw'r glaw a'r cynhaeaf, ac Ashtoreth, duwies ffrwythlondeb – ond roedd y Philistiaid ar yr arfordir yn addoli Dagon. Roedd allorau carreg i'r duwiau hyn yn britho'r ardal, ac arogldarth yn cael ei losgi'n ddyddiol i'r duwiau, yn aml ar doeau neu fannau uchel; credai'r addolwyr na allai'r duwiau glywed eu gweddïau os nad oedd y mwg yn cyrraedd i fyny atynt. Gellid gweld pileri o fwg yn y pellter – roedd hynny nid yn unig yn arwydd bod rhai'n addoli Baal, ond hefyd yn atgoffa'r bobl nad eu gwlad nhw oedd hon.

## Y Manylion

- Yng ngolygfa agoriadol llyfr y Barnwyr, ceir yr argraff fod pobl Israel yn debycach i haid o wylliaid nag i ddilynwyr yr Arglwydd. Dywedir yn Barnwyr 1:6 fod Adoni Besec wedi cael ei gipio, a'u bod wedi torri bodiau ei ddwylo a'i draed i ffwrdd – yr union beth roedd ef ei hun wedi'i wneud i 70 o frenhinoedd eraill. I ni heddiw, mae'n olygfa erchyll.

- O edrych yn ofalus arno, gwelir fod gogwydd gwleidyddol i'r llyfr. Mae'r awdur, sy'n ysgrifennu ar ôl cyfnod y barnwyr, am dynnu sylw at y ffaith bod yr arweinwyr hyn yn cael trafferth i gyflawni eu gwaith, ac felly bod oes y brenhinoedd yn rhagori. Yn wahanol i destunau diweddarach, mae'r llyfr yn fwy cadarnhaol yn ei ddisgwyliadau o'r frenhiniaeth. Mae'r awdur yn datgan bedair gwaith, '*Yn y dyddiau hynny nid oedd brenin yn Israel*' (Barnwyr 17:6, 18:1, 19:1, 21:25), gan awgrymu bod pobl Israel ar goll heb frenhiniaeth.

- Mae'n bur debyg fod y deuddeg barnwr yn y llyfr yn cyfateb i ddeuddeg llwyth Israel. 'Mân farnwyr' y gelwir y barnwyr lleiaf adnabyddus – Tola, Hair, Ibzan, Elon ac Abdon – ond mae'n debyg eu bod yn bwysicach na hynny gan eu bod yn farnwyr ar Israel gyfan. Arweinwyr llwythau oedd y barnwyr eraill, y rhai mae eu henwau'n fwy cyfarwydd; roedden nhw'n ymladd

Model yn dangos allor baganaidd ac anifail yn cael ei aberthu.

brwydrau penodol, ac er eu bod yn fwy adnabyddus i ni, ar y pryd doedden nhw'n ddim amgenach nag arwyr lleol oedd yn cael eu cofio mewn straeon a adroddid gan y gwahanol lwythau o gwmpas tân y gwersyll.

- Yn llyfr y Barnwyr, roedd merched yn dal i gael eu hystyried fel eiddo y gellid ei fasnachu mewn priodas (Barnwyr 11–15), ond ceir yma argraff ddyfnach o benderfyniad merched. Caiff Debora ei disgrifio fel proffwydes ac fel barnwr. Arweinydd carismataidd oedd hi, yn dangos pwrpas a gair yr Arglwydd i'w phobl; er na allai hi ei hun arwain mewn brwydr roedd Barac, ei chadfridog, yn gweithredu ar ei gorchmynion. Debora ydy un o'r ychydig ferched cryf, yn groes i'r traddodiad diwylliannol, mewn llyfr sy'n cael ei ystyried yn bennaf fel un patriarchaidd.

- Brwydr waedlyd Megido ydy un o uchafbwyntiau stori Debora (Barnwyr 4–5). Bu raid i'r llwythau ymladd yn galed i ddal eu tir, ac roedd yr Israeliaid dros y canrifoedd yn dal i gofio am y cyfnod hwn fel yr un mwyaf gwaedlyd yn eu hanes. Yn ôl Barnwyr 5:19–20, '*fe ymladdodd brenhinoedd Canaan yn Taanach ger dyfroedd Megido, ond heb gymryd ysbail*

Gwastatir Megido, lle brwydrodd Israel dan arweiniad Debora i amddiffyn eu tiroedd.

Ffynnon Harod, lle roedd gwŷr Gideon yn yfed.

o arian. O'r nef ymladdodd y sêr'; er bod yr Israeliaid wedi ennill, roedd hi'n frwydr agos iawn, ac roedd y nefoedd o'u plaid. Yn ddiweddarach, gelwid Megido yn Tel Megido, ac yna Har Megido. Yn Datguddiad 16:16 lleolir y frwydr olaf yn Har Megido, neu Armagedon. Mae brwydr Debora yn llyfr y Barnwyr yn allweddol i ddeall brwydr Armagedon, gydag awdur llyfr y Datguddiad yn mynd â phobl yn ôl at frwydr Debora i'w hatgoffa mai brwydr hir a chaled fydd hon. Ar adegau byddant yn credu eu bod ar fin colli; bydd yn frwydr waedlyd a chaiff llawer eu lladd – ond byddant yn fuddugol yn y diwedd!

- Yn Barnwyr 6–8 dywedodd Duw wrth Gideon y byddai'r lluoedd arfog yn cael eu dewis yn ôl y ffordd roedd y dynion yn yfed dŵr. Roedd rhai'n penlinio, ac eraill yn llepian dŵr o'u dwylo cwpanog. Trwy yfed o'u dwylo roedd y milwyr yn gallu cadw llygad allan am y gelyn; roedd y dewis, felly, wedi'i seilio nid ar gwrteisi ond ar ddoethineb milwrol.

- Yn Lefiticus 18:21 mae Duw'n datgan yn glir nad yw'n derbyn aberth ddynol. Un o arferion addoliad y Canaaneaid oedd aberthu plentyn i'r duw Dagon. Mae'r Arglwydd yn ei gwneud yn glir i Moses nad dyma'r ffordd roedd e am i'w bobl ei addoli. Roedd yr aberthau hyn hefyd yn ymwneud â cheisio darbwyllo'r duw i wneud rhywbeth dros y bobl, i ddenu ei sylw. Yn Barnwyr 11:30–31 mae Jefftha'n addunedu, os bydd yr Arglwydd yn caniatáu iddo ennill y frwydr yn erbyn yr Ammoniaid, y bydd yn aberthu'r person cyntaf ddaw i gwrdd ag e pan fydd yn cyrraedd adref. Doedd hyn ddim yn rhywbeth roedd Duw wedi gofyn amdano, ac roedd wedi siarad yn erbyn yr arferiad, ond roedd Jefftha wedi'i lygru gan y diwylliant o'i gwmpas ac yn ymddwyn yn union fel roedd y Canaaneaid yn ei wneud gyda'u duw hwy.

- Mae'n bur debyg mai llên gwerin ydy stori Samson, yn hytrach na hanes go iawn. Dydy llên gwerin yr Iddewon ddim yn debyg i straeon modern, gan ei bod yn aml wedi'i seilio ar ffeithiau hanesyddol. Yn y stori hon mae yna elfennau cyffredin o'r traddodiad Iddewig – gwraig ddiffrwyth a mab arbennig ac iddo nerth eithriadol, ond gwendid marwol hefyd. Mae straeon Iddewig tebyg i hon yn aml yn cynnwys posau a gweithredoedd arwrol y gellir eu defnyddio i esbonio'r digwyddiadau. I ddarllenydd Iddewig, stori am achubiaeth ydy hi, yn cynnwys dyn dewr sy'n fodlon marw er mwyn arbed ei bobl rhag ymerodraeth sy'n eu gormesu. Mae'r stori, yn y pen draw, yn arwain at Iesu.

- Yn Barnwyr 16 caiff Samson ei orfodi i weithio fel caethwas, yn malu grawn. Fel arfer, gwaith i ferched oedd hwn – os oedd y felin yn un fechan – neu fel arall byddai anifail yn troi'r peiriant. Yma, mae Samson, yr arwr mawr, yn cael ei orfodi i wneud gwaith caethferch neu anifail. Cosb oedd hon, ond roedd hefyd yn ddull o dynnu dynoliaeth rhywun oddi arno. Yn ogystal, tynnwyd llygaid Samson o'i ben – arfer cyffredin yn y diwylliant barbaraidd hwn, gyda'r bwriad nid yn unig o sicrhau na fyddai'r carcharor bellach yn drafferth i

Cofgolofn yn dangos Samson yn dymchwel pileri'r deml.

neb, ond hefyd fel dull pellach o ddiraddio rhywun o statws uchel gan y byddai'n rhaid ei arwain o gwmpas fel hen ŵr llesg o hynny ymlaen.

- Roedd Samson yn Iddew a dyngodd lw Nasareaidd penodol o dlodi ac ymrwymiad i Dduw (Numeri 6:1–21). Roedd y llw'n cynnwys ymwrthod â diod feddwol, peidio â thorri'r gwallt, a pheidio â chyffwrdd â chorff marw. Mater o gadw rheolaeth oedd ymwrthod â diod feddwol, ac roedd tyfu'r gwallt yn arwydd o sancteiddrwydd. Doedd dynion ddim i fod i dyfu eu gwallt – rhywbeth i ferched oedd hynny (1 Corinthiaid 11:14) – felly roedd y llw'n dangos gostyngeiddrwydd o flaen Duw. Roedd osgoi cyrff marw yn arwydd o gadw'r meddwl ar batrwm bywyd Duw yn y byd, nid ar batrwm Satan o farwolaeth. Yn ogystal, roedd yn golygu eich bod bob amser yn barod i addoli, ar bob achlysur ac ym mhob man.

## Llyfrau eraill i'w darllen

*The Jewish Study Bible*, gan Adele Berlin, Marc Zvi Brettler a Michael Fishbane
*The Source*, (nofel) gan James Michener

# O farwolaeth i fywyd, o newyn i ddigonedd

**Awdur:** Anhysbys, ond Samuel yn ôl traddodiad

**Dyddiad ei ysgrifennu:** Anhysbys, ond credir iddo gael ei ysgrifennu rywbryd yn ystod y frenhiniaeth, rhwng 1100 a 1000 cc

**Math o lyfr:** Hanes/stori fer

**Prif gymeriadau:** Naomi, Orpa, Ruth, a Boas

**Prif themâu:** Thema ganolog y llyfr ydy o farwolaeth i fywyd, ac o newyn i ddigonedd

## Teitl ac Arddull

Mae'r stori fer Iddewig, hyfryd hon yn plethu ynghyd elfennau o fywyd go iawn merched oedd yn byw yn Israel tua 1000 cc. Ystyr enw'r llyfr, a'i brif gymeriad – Ruth – ydy 'cyfaill' neu 'gydymaith', ac mae'n cyfleu gwir gyflwr calonnau'r Israeliaid o fewn fframwaith stori o gyfeillgarwch, cwmnïaeth ac ymrwymiad. Mae'r stori hefyd yn dangos sut y gellid defnyddio cyfraith Lefiticus mewn dull ymarferol er lles y tlawd, gweddwon a'r digartref.

## Lleoliad

Gosodir llyfr Ruth 'Yn ystod y cyfnod pan oedd y barnwyr yn llywodraethu' (Ruth 1:1). Cyfnod oedd hwn pan oedd cymdeithas wedi cefnu ar arweiniad Duw – cyfnod o lygredigaeth grefyddol ac anfoesoldeb. Oherwydd bod Israel yn cael ei gormesu gan rymoedd estron, roedd duwiau eraill yn dylanwadu ar bob agwedd o'r diwylliant Iddewig gan arwain at anarchiaeth, anfoesoldeb a diffyg cyfraith a threfn. Y canlyniad oedd anhrefn llwyr, a cheir awgrym o hynny ar ddechrau llyfr Ruth pan ddywed yr awdur, 'bu newyn yn y wlad', gan awgrymu nid yn unig ddiffyg bwyd ond diffyg ysbrydol hefyd. Roedd pobl Dduw yn llythrennol yn llwgu i farwolaeth am nad oedd Duw gyda nhw.

Lleolir dechrau'r stori ym Moab (Ruth 1:1), sef yr enw hanesyddol ar y striped o fynyddoedd a thir gwastad sy'n ymestyn drwy Wlad Iorddonen ein dyddiau ni ac ar hyd glannau'r Môr Marw. Yng nghyfnod Ruth, roedd yr Israeliaid a'r Moabiaid yn gwrthdaro yn erbyn ei gilydd yn aml.

Mae'r llyfr yn dechrau trwy ddweud wrthym bod Israel ar goll, ac yna cawn hanes Elimelech a'i deulu'n symud i Moab. Bryd hynny, credid bod gwahanol dduwiau'n 'berchen' ar wahanol ddarnau o dir, neu'n eu

Moab, y cartref y penderfynodd Ruth ei adael er mwyn aros gyda Naomi.

goruchwylio, felly roedd symud i ardal arall yn dangos bod Elimelech yn cefnu ar ofal ei dduw ac yn bwriadu rhoi cynnig ar fyw dan ofal duw arall. Roedd yn hanu o Fethlehem – sef 'tŷ bara' mewn Hebraeg; hon oedd dinas darpariaeth Duw, a hyd yn oed yn y cyfnod hwnnw mewn hanes credid mai dyma'r lle y byddai Duw'n ei ddefnyddio i ddarparu holl anghenion Israel. Roedd Elimelech, fodd bynnag, yn gadael oherwydd diffyg bwyd.

Mae'r awdur hefyd yn enwi meibion Elimelech, sef Mahlon a Chilion, ac mae'r enwau hyn hefyd yn tanlinellu natur golledig a thywyll Israel. Ystyr Mahlon ydy 'sâl' neu 'afiach', ac mae Chilion yn golygu 'methu'; yr awgrym ydy bod Israel yn afiach ac yn fethiant, ac oherwydd hynny mae Elimelech yn teithio i wlad duw arall i dderbyn darpariaeth.

## Cefndir

Mae llyfr Ruth yn debycach i 'opera sebon' nag i lyfr hanes go iawn. Cawn ynddo gipolwg ar fywydau personol y rhai oedd yn credu yn yr Arglwydd ac yn ei ddilyn, gan ddangos agweddau anniben ac anhrefnus ar natur bywyd teuluol – symud cartref, chwalu teuluoedd, a marwolaeth. Ond mae'r llyfr hefyd yn cynnwys neges gref o ffyddlondeb, mewn gwrthgyferbyniad ag anffyddlondeb Israel yn y cyfnod hwn. Mae stori Ruth yn dangos sut y gall ffyddlondeb un crediniwr sy'n ymrwymo i berson arall ysgogi ffyddlondeb Duw – er mai un o'r cenedl-ddynion oedd Ruth mewn gwirionedd, ac nad oedd hi'n dod dan gyfraith Duw.

Yn ôl y dehongliad Iddewig o'r llyfr hwn, gwelir Ruth fel y person delfrydol i droi at Iddewiaeth – rhywun sy'n derbyn y Gyfraith, yn union fel y gwnaeth Israel ar Fynydd Sinai. Mae'r ddealltwriaeth Iddewig yn tynnu thema ganolog gyffrous iawn o'r llyfr, sef y daith o wacter i lawnder. Y thema ganolog yn y Torah ydy'r symudiad o dywyllwch i oleuni,

Porth y ddinas yn Dan, lle byddai dynion yn cwrdd i drafod materion o bwys.

ac o orthrwm i ryddid, ac mae'r testun yn cyfleu hyn mewn cyd-destun amaethyddol a phersonol. Mae newyn Israel yn rhagflaenu marwolaeth Elimelech, gŵr Naomi, ond yna mae'r cynhaeaf yn rhagflaenu genedigaeth Obed, mab Ruth – o newyn i ddigonedd, o farwolaeth i fywyd. Bendith Duw ar Ruth a Boas ddaw â bendith i Israel gyfan, ac yn y pen draw i'r byd i gyd trwy Iesu (Mathew 1:5).

Mae Boas yn ffigur allweddol yn llyfr Ruth – dyn sy'n byw bywyd gonest yn ôl Cyfraith y Torah. Yn y stori, cyflwynir gwraig ifanc iddo – gwraig oedd yn briod, ond yn ddi-blant. Mae Boas yn gofalu am ei dylwyth, ac yn gyfrifol am eu lles a'u heiddo. Byddai rhywun yn ei safle e'n trefnu i ryddhau rhai oedd yn gaeth neu mewn dyled, a hawlio'n ôl unrhyw dir a gollwyd. Mae Lefiticus 25 yn rhoi gorchymyn i berthynas brynu'n ôl y tir a werthwyd gan rywun oedd mewn dyled; y ddeddf hon sy'n sail i lyfr Ruth. Mae'r Gyfraith yn Deuteronomium 25:5–10 yn ymdrin ag achos dyn sy'n marw'n ddi-blant. Rhaid i frawd y dyn a fu farw naill ai briodi ei weddw a chenhedlu plentyn ar ei ran, neu rhaid iddo ryddhau'r weddw i briodi dyn arall. Mae Boas yn dilyn y Gyfraith, yn priodi Ruth ac yn ei

Gadawyd rhan o'r maes hwn ar gyfer lloffa, fel roedd yr Israeliaid yn cael eu dysgu i'w wneud (Lefiticus 23:22).

hachub. Diolch i gariad Ruth, ac ymrwymiad a gofal Boas, mae Naomi bellach wedi'i hachub a gall edrych ymlaen at y dyfodol gyda'i hŵyr.

## Y Manylion

- Ystyr yr enw Ruth mewn Hebraeg ydy 'cyfaill neu gydymaith'; ystyr Naomi ydy 'dymunol', er ei bod hi'n awyddus i gael ei galw'n Mara, sy'n golygu 'chwerw' (Ruth 1:20).

- Neges Ruth ydy dangos bod daioni Duw yn ymestyn y tu hwnt i bobl y cyfamod at berson estron.

- Mae hanes Ruth yn lloffa yn y meysydd yn deillio o ddeddf a geir yn Lefiticus. Yn Lefiticus 23:22 dywedir wrth y gweithwyr yn y maes, *'Pan fyddi'n medi cynhaeaf dy dir, paid â medi at ymylon dy faes, a phaid â lloffa dy gynhaeaf; gad hwy i'r tlawd a'r estron.'* Mae Boas yn gwneud hyn, gyda Ruth mewn golwg, gan ddweud wrthi am loffa mewn mannau diogel.

- Mae rhai ysgolheigion o'r farn bod y geiriau 'gorwedd wrth ei draed', a welir yn Ruth 3, yn cyfeirio at weithred rywiol rhwng y ddau, ond cred eraill mai ystyr y cymal ydy bod Ruth yn gofyn i Boas ei hamddiffyn.

- Ym mhennod 4 mae perthynas i Boas yn rhoi ei esgid iddo, sef y ffordd arferol o ddangos eu bod wedi dod i gytundeb. Yn ôl Deuteronomium 25, os bydd brawd-yng-nghyfraith gwraig weddw'n gwrthod ei phriodi, dylai hi fynd ato yng ngŵydd yr henuriaid, tynnu un o'i sandalau oddi ar ei droed a phoeri yn ei wyneb.

**Llyfrau eraill i'w darllen**

*The Jewish Study Bible*, gan Adele Berlin, Marc Zvi Brettler a Michael Fishbane
*Ruth/Esther (Word Biblical Commentary)*, gan Frederic Bush

# Byd technolegol

**Awdur:** Cymysgedd o destunau o waith nifer o awduron anhysbys ydy'r llyfr hwn
**Dyddiad ei ysgrifennu:** Anhysbys
**Math o lyfr:** Hanes/naratif
**Prif gymeriadau:** Samuel, Saul, Dafydd, Jonathan a Goliath
**Prif themâu:** Nid o'r dwrn na grym milwrol y daw nerth, ond o'r Duw byw

## Teitl ac Arddull

Daw'r teitl Samuel o'r hen enw Hebraeg *Shemu'el*, sy'n golygu naill ai 'enw Duw' neu 'mae Duw wedi clywed'. Credir yn aml fod llyfrau Samuel wedi'u henwi ar ôl y cymeriad hwnnw oherwydd ei fod wedi clywed llais yr Arglwydd ond, mewn gwirionedd, stori ydy hon am Dduw a glywodd gri ei bobl – hyd yn oed os mai dim ond cri Hanna, mam Samuel, oedd honno.

## Cefndir

Rydyn ni'n tueddu i feddwl am yr Israeliaid, pobl Dduw, yn straeon y brenhinoedd fel byddin gref oedd wedi'i bendithio â'r gallu i oresgyn unrhyw dir neu fyddin. Yn llyfr Samuel, sylweddolwn nad dyna oedd realiti'r sefyllfa. Nid cenedl ddiwylliedig oedd Israel, yn byw mewn steil, ond yn hytrach gwareiddiad cyntefig yn byw mewn pebyll; ychydig iawn o gyfoeth oedd ganddi, roedd ei byddin yn wan ac annigonol, a doedd ganddi ddim technoleg filwrol. Ffermwyr a bugeiliaid barbaraidd oedd ei phobl, a'r rheiny wedi cael eu harwain yn ddiweddar o gaethwasiaeth. Doedd Duw erioed wedi bwriadu i'w bobl guddio yn y mynyddoedd, o olwg pawb – roedd am iddyn nhw allu dylanwadu ar y byd mewn ffordd gadarnhaol.

Un o'r prif elynion yn 1 Samuel ydy byddin y Philistiaid. Roedd honno wedi gorchfygu Israel flynyddoedd lawer yn ôl, pan anghofiodd Samson ei lw Nasareaidd, a bellach roedd Goliath ymhlith ei milwyr. Yn wahanol i'r Israeliaid, roedd y Philistiaid yn byw ar y tir gwastad ger yr arfordir, a byddai tramorwyr diwylliedig yn ymweld â'u porthladdoedd. Roedd eu diwylliant wedi datblygu i gynnwys cerddoriaeth, theatrau, a bwyd a gwin o safon – a dyna oedd wedi denu rhai fel Samson oddi wrth Dduw (Barnwyr 14:1, 16:1).

Deuai cyfoeth y Philistiaid o'r olew olewydd a gynhyrchid yno a'i allforio i Fesopotamia, yr Aifft a gwlad Groeg. Cynhyrchu haearn oedd un o'u prif ddiwydiannau, a defnyddid ef i greu arfau;

Ogofâu En-gedi, lle cuddiodd Dafydd oddi wrth Saul.

Geifr gwyllt yn y mynyddoedd (1 Samuel 24:2).

felly, roedd pawb yn ofni eu byddin. Mae'r disgrifiad a geir yn 1 Samuel 13:22 o arfau annigonol yr Israeliaid yn dra gwahanol: *'Felly, yn nydd rhyfel, nid oedd gan neb o'r bobl oedd gyda Saul a Jonathan gleddyf na gwaywffon, ond yr oedd rhai gan Saul a'i fab Jonathan.'* Mae'r geiriau hyn yn ein helpu i ddeall pam fod Saul yn cynnig ei arfwisg i Dafydd, a pham fod Dafydd yn gwrthod. Doedd gan Israel ddim arfwisg nac offer arall i'w gynnig iddo.

## Lleoliad

Mae lleoliad pobl Israel ar ddechrau 1 Samuel yn allweddol i'n dealltwriaeth o'r hyn oedd yn digwydd ar y pryd. Roedd Duw wedi dewis yr ardal hon i'w bobl fyw ynddi oherwydd ei bod ar groesffordd o ran cynnyrch a masnach byd-eang. Gyda'r Philistiaid yn byw ar yr arfordir, a phobl Mesopotamia yn y dwyrain (ychydig y tu draw i'r mynyddoedd), âi'r prif lwybr masnachu drwy ganol Dyffryn Elah, lle gwelwn Dafydd a Goliath yn ymladd. Roedd angen i Israel ennill y tir hwn er mwyn gwireddu bwriad Duw ar gyfer y genedl, sef bod yn llysgennad ar ran y byd. Pe baen nhw wedi methu, byddent hefyd wedi colli'r tir mynyddig lle'r adeiladwyd Jerwsalem yn ddiweddarach, ac a ddaeth yn fan canolog gweinidogaeth Iesu.

Dewisodd Duw y lleoliad delfrydol hwn filoedd o flynyddoedd cyn dyfodiad Iesu: oddi yma gellid yn hawdd gludo cynnyrch bwyd a 'chynnyrch ysbrydol' i'r arfordir, gan groesi'r môr i wlad Groeg, ac ymlaen i'r Eidal, Sbaen a gweddill Ewrop. Pe bai pobl Dduw'n byw yn y fan hon, gallent ddylanwadu ar y byd i gyd.

## Y Manylion

- Dywedir fod Goliath yn gwisgo arfwisg a ddisgrifir fel 'llurig emog o bres'. Byddai'r disgrifiad hwn wedi atgoffa'r darllenydd Iddewig o'r sarff yn hanes y creu, oedd yn cynrychioli drygioni. Yr hyn mae'r awdur yn ei ddweud ydy: Gofala gadw llygad ar y dyn yma – mae e'n ddrwg, fel y temtiwr (1 Samuel 17:5).

- Yn y cyfnod rhwng ymladd yn erbyn Goliath a chael ei ddyrchafu'n frenin, dihangodd Dafydd i wlad y Philistiaid, lle daeth i gysylltiad â'r Brenin Maoch a dysgu am eu technoleg. Penderfynodd Dafydd wneud defnydd o'r dechnoleg wrth lunio dyfodol pobl Dduw. Yn ddiweddarach yn y stori gwelwn y Brenin Solomon yn defnyddio'r dechnoleg hon a'r pŵer a grëwyd gan Dafydd i adeiladu teyrnas fydol, ac yna'n ddiweddarach i ormesu pobl a gwneud caethweision ohonynt. Gwelwn y bobl roedd Duw wedi'u rhyddhau o gaethwasiaeth yn defnyddio caethweision i adeiladu temlau ar gyfer yr un Duw.

Ffon dafl wedi'i gwehyddu, fel yr un y byddai Dafydd y bugail wedi'i defnyddio.

### Llyfrau eraill i'w darllen

*The Jewish Study Bible*, gan Adele Berlin, Marc Zvi Brettler a Michael Fishbane
*1 Samuel (Word Biblical Commentary)*, gan Ralph W. Klein
*Jewish Literacy*, gan Rabbi Joseph Telushkin

# Methiant a maddeuant

**Awdur:** Cymysgedd o destunau o waith nifer o awduron anhysbys ydy'r llyfr hwn
**Dyddiad ei ysgrifennu:** Anhysbys
**Math o lyfr:** Hanes/naratif
**Prif gymeriadau:** Dafydd, y gwŷr nerthol, Joab, Bathseba a Nathan
**Prif themâu:** Jerwsalem fel canolfan addoli newydd yr Arglwydd; llwyddiant cenedlaethol a methiant personol y Brenin Dafydd

## Teitl ac Arddull

Un llyfr a rannwyd yn ddau yn dilyn marwolaeth Saul ydy llyfr cyntaf ac ail lyfr Samuel, gan y credid ei fod yn rhy hir. Yn aml yn y cyfnod hwn roedd llyfrau'n cael eu rhannu ar ôl marwolaeth y prif gymeriad, er mwyn iddynt gael eu seilio ar stori'r cymeriad hwnnw. Lluniwyd llyfr o gymysgedd o ddigwyddiadau hanesyddol wedi'u cofnodi ar ffurf naratif. Mae penodau diweddarach 2 Samuel yn llai strwythuredig.

## Lleoliad

Ar ddechrau 1 Samuel gwelwn fod pobl Israel yn ddiddiwylliant ac yn gyntefig iawn ym mhob agwedd o'u bywydau. Erbyn diwedd 1 Samuel, mae'r Brenin Saul wedi dechrau adeiladu teyrnas a defnyddio offer milwrol i ehangu'r gwareiddiad hwn; fodd bynnag, rhaid aros tan 2 Samuel cyn gweld Israel dan arweiniad Dafydd yn datblygu'n rym milwrol cryf oedd yn codi ofn ar eraill. O ddechrau 2 Samuel, gyda gwŷr nerthol Dafydd yn cipio Jerwsalem, gwelwn deyrnas a fyddai'n ffynnu'n fuan.

Lleoliad Jerwsalem ydy'r allwedd i'r digwyddiadau a welwn yn datblygu erbyn diwedd y llyfr. Mae'n debyg fod y ddinas wedi'i sefydlu a'i hadeiladu ym mlynyddoedd cynnar yr ail fileniwm cc; *Urushalim* oedd yr enw arni, sef gair y Canaaneaid yn golygu 'sylfaen Duw Salem'. Byddai hyn yn ei gwneud yn un o ddinasoedd hynaf y byd. Mae'n bosib mai hi oedd dinas sanctaidd y Jebusiaid am sawl cenhedlaeth; os felly, byddai'n ei gwneud yn enghraifft arall o Dduw yn hawlio ac adfer lleoliad paganaidd ar gyfer ei addoliad ei hun.

Siafft twnnel Heseceia, a ddefnyddiwyd gan ddynion Dafydd i fynd i mewn i Jerwsalem.

Roedd lleoliad Jerwsalem yn rhoi bri iddi fel dinas gref yn filwrol ac yn wleidyddol, a chredai ei thrigolion (y Jebusiaid) na ellid ei gorchfygu. Oherwydd ei chyflenwad naturiol o ddŵr gallai'r trigolion fod yn hunangynhaliol o fewn muriau'r ddinas am flynyddoedd lawer, ac roedd ochrau serth y dyffrynnoedd yn ei gwneud yn anodd iawn i elynion ymosod yn llwyddiannus arni. Dros y blynyddoedd, roedd y Jebusiaid wedi mwynhau gwylio pobl yn ceisio cipio'u dinas, ac yn gwawdio'u hymdrechion tila; roedden nhw'n honni y gallai hyd yn oed y trigolion dall a chloff drechu eu hymosodwyr. Cyn ymdrech Dafydd i ymosod ar y ddinas, roedd llawer wedi methu – ond gwyddai ef fod yna un man gwan, sef y siafft ddŵr, a dyna oedd allwedd ei lwyddiant fel y cyntaf i gipio'r cadarnle naturiol hwn.

## Cefndir

Gyda chipio Jerwsalem, newidiodd bywyd y Brenin Dafydd yn llwyr: roedd ganddo bellach deyrnas, canolfan gref i adeiladu ei ymerodraeth arni, a seiliau cadarn i ddechrau cynllunio ar gyfer teml yr Arglwydd. Yn ogystal, roedd y lleoliad yn berffaith ar gyfer adeiladu economi gref, un a seiliwyd ar y fasnach a ddeuai i'r ddinas o'r ardaloedd cyfagos – grawn, gwartheg, olew a brethyn – a'r cyfan yn cyfuno i greu teyrnas hynod gyfoethog. Gyda'r cyfoeth hwn lluniodd Dafydd restr faith o eitemau i Solomon eu defnyddio i adeiladu teml i'r Arglwydd: 3,000 o dalentau o aur, 7,000 o dalentau o arian, cerrig o wahanol liwiau, pren drudfawr a

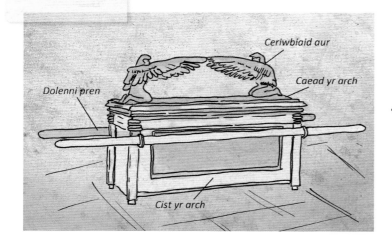

Arch y cyfamod.

Ceriwbiaid aur

Dolenni pren

Caead yr arch

Cist yr arch

haearn (1 Cronicl 29). Roedd pobl Israel wedi dod yn bell iawn o ddechrau digon di-nod.

Oherwydd yr economi llewyrchus roedd Dafydd yn gallu parhau i ddatblygu ei fyddin gref ac i orchfygu'r Ammoniaid a'r Philistiaid. Yn 2 Samuel 24 mae Dafydd hyd yn oed yn mwynhau ei rym milwrol trwy gyfrif ei filwyr fel petaen nhw'n deganau. Roedd gan 800,000 o ddynion Israel y gallu i drin cleddyf, a 500,000 yn Jwda. Yn syml, roedd Dafydd wedi llwyddo: roedd wedi adeiladu teyrnas gref allan o'r nesaf peth i ddim.

## Y Manylion

- Yn wreiddiol, un llyfr o'r enw 1 Brenhinoedd oedd llyfrau 1 a 2 Samuel, gyda'r hyn rydyn ni'n ei alw'n 1 a 2 Brenhinoedd yn cael eu cyfuno i ffurfio 2 Brenhinoedd. Ar ryw adeg, i ychwanegu at y cymhlethdod, cawsant eu rhannu a'u galw'n 1, 2, 3 a 4 Brenhinoedd. Gelwid y pedwar llyfr ar un adeg yn 'Llyfrau'r Teyrnasoedd', a phob un ohonynt yn cofnodi hanes gwahanol frenhinoedd – 1 Brenhinoedd yn sôn am Saul, 2 am Dafydd, 3 am Solomon, a 4 yn cyfuno hanesion gweddill y brenhinoedd.

- Yn aml, gelwir Jerwsalem yn Seion – sef 'amddiffynfa' neu 'gaer' – ac ar y dechrau ymddengys fod yr enw'n cyfeirio at y gefnen o dir yr adeiladwyd caer y Jebusiaid arni. Yn Salm 2:6 cyfeirir at Jerwsalem fel Seion, mynydd sanctaidd Duw, a datblygodd yr enw i olygu nid yn unig Jerwsalem ond hefyd y ganolfan sanctaidd, y deml.

- Yn 2 Samuel 6:16 darllenwn am y Brenin Dafydd yn neidio ac yn dawnsio wrth i arch y cyfamod gael ei chludo i'w chartref newydd yn Jerwsalem. Roedd yr Israeliaid yn enwog am neidio a dawnsio oherwydd bod gorchymyn Duw i ddathlu yn ganolog i'r Torah – mae bywyd yn ymwneud nid yn unig â gwaith, ond hefyd â dathlu rhoddion daionus Duw. Roedd Duw'n gwybod y byddai pobl yn anghofio gwneud hyn, felly yn Lefiticus mae'n rhoi gorchymyn iddynt ddathlu nifer o wyliau bob blwyddyn. Rhan naturiol o'r achlysuron hapus hyn oedd bod y bobl i gyd yn canu ac yn dawnsio, dan arweiniad y prif ddyn yn eu plith, gyda'r dathlu'n cael ei ddefnyddio fel mynegiant o addoliad ac o ddiolch i Dduw. Gwelir enghreifftiau eraill o ddawnsio pan oedd yr Israeliaid yn croesi'r Môr Coch (Exodus 15:20), yn y deml (Salm 149:2–3) a phan ddychwelodd y mab afradlon adref

(Luc 15:25). Roedd dawnsio'n rhywbeth da, cwbl normal, i'w fwynhau gan bawb.

- Yn 2 Samuel 6:19 mae Dafydd yn bendithio'i bobl â thorth o fara, darn o gig, a swp o rawnwin. Duw oedd bob amser yn darparu'r bara beunyddiol; yma, mae Dafydd yn parhau'r traddodiad ac yn bod yn frenin sy'n darparu ar gyfer ei bobl. Gwyddom fod Herod Fawr, mewn cyfnod diweddarach, wedi gwneud yr un peth, gan ddweud wrth y bobl ei fod yn darparu 'bara'r bywyd' a'i fod, felly, yn frenin mwy na Dafydd o'i flaen.

- Yn 2 Samuel 8:2, gorfododd Dafydd i'r Moabiaid orwedd ar lawr a'u mesur â llinyn. *'Mesurodd ddau hyd llinyn i'w lladd, ac un hyd llinyn i'w cadw'n fyw.'* Roedd rhai o hen draddodiadau'r rabiniaid yn dysgu y byddai Duw'n rhannu dynolryw a'i hanes yn dair rhan, gyda'r ddau draean cyntaf yn cael eu barnu, a'r traean olaf yn cael ei fendithio â gras.

- Yn 2 Samuel 10:4 cipiodd Hanun weision Dafydd, eillio hanner barf pob un ohonynt a thorri rhan o'u gwisg gan ddangos eu penolau. Yn y byd dwyreiniol, ystyrid fod eillio barf dyn yn sarhad o'r radd flaenaf; roedd pob dyn yn falch iawn o'i farf, a dim ond fel arwydd o alar y câi ei thorri (Eseia 15:2). Roedd torri gwisg dyn a dangos rhan o'i gorff yn ddull arferol o ddiraddio carcharorion rhyfel.

- Yn 2 Samuel 11:2 gwelwn Bathseba'n ymolchi ar do ei chartref. Darperid dŵr i Jerwsalem trwy dwnnel tanddaearol, ond doedd y cyflenwad ddim ond yn ddigonol ar gyfer yfed a choginio. Doedd dim dŵr yn y tai eu hunain, felly roedd pobl yn ymolchi mewn dŵr glaw wedi'i ferwi, a

hwnnw'n cael ei storio mewn ffynhonnau dwfn neu danciau o greigiau o amgylch y ddinas. Doedd llenwi twba ddim yn waith hawdd, a chymerai gryn dipyn o amser, felly roedd cael bath yn rhywbeth moethus iawn. Câi sebon ei wneud o'r lludw oedd yn weddill ar ôl llosgi dail, a chan nad oedd neb yn cael bath yn aml byddai pobl yn rhwbio olew olewydd persawrus ar eu cyrff i guddio'r arogl. Yn ail lyfr Samuel dywedir wrthym fod Bathseba 'wedi ei glanhau o'i haflendid' pan welodd Dafydd hi o do'r palas. Ffordd o ddweud wrthym ei bod wedi gorffen ei misglwyf oedd hyn, a'i bod yn byw yn ôl y gyfraith a welir yn Lefiticus 15:19–30. Mae'n dangos hefyd nad oedd hi eisoes yn feichiog, ac mai plentyn Dafydd oedd y babi a aned iddi'n ddiweddarach. Yn aml, darlunnir yr olygfa gyda Dafydd yn edrych allan oddi ar do ei balas ac yn gweld Bathseba yn y pellter. Pe bai hyn yn wir, byddai hi wedi byw y tu allan i'r ddinas, ar ochr arall dyffryn Cidron, lle roedd y tai'n rhatach. Mae'n fwy tebygol fod Dafydd yn edrych i lawr arni o'i balas ar ben y bryn, a hithau'n byw yn rhandai'r milwyr pwysicaf o fewn y ddinas, gan fod ei gŵr yn un o filwyr Dafydd.

Dyma'r olygfa a geir heddiw o balas Dafydd. Mae'n debyg fod Bathseba'n byw mewn tŷ oedd yn gysylltiedig ag adeiladau'r palas, lle gallai Dafydd ei gweld wrth iddi ymolchi.

## Llyfrau eraill i'w darllen

*2 Samuel (Word Biblical Commentary)*, gan A. A. Anderson

*The Jewish Study Bible*, gan Adele Berlin, Marc Zvi Brettler a Michael Fishbane

*Jewish Literacy*, gan Rabbi Joseph Telushkin

# Penllanw ymerodraeth

**Awdur:** Anhysbys
**Dyddiad ei ysgrifennu:** 550 cc
**Math o lyfr:** Traethawd hanesyddol
**Prif gymeriadau:** Solomon, Elias, Eliseus a Baal
**Prif themâu:** Mae Duw'n chwilio am arweinwyr fydd yn ufudd i'w orchmynion

## Teitl ac Arddull

Daw teitl modern y llyfr hwn o'i brif thema, sef teyrnasiad y Brenin Solomon a brenhinoedd diweddarach y deyrnas ranedig. Yn wreiddiol, roedd y llyfr yn un adran o destun mewn pedair rhan dan yr enw Groegaidd *Basileiai*, sef teyrnasoedd, breninlinau neu deyrnasiadau. Nid hanes ydy'r llyfr, yn ein hystyr ni i'r term, ond yn hytrach disgrifiad ffeithiol o'r hyn ddigwyddodd – math o draethawd sy'n ceisio egluro sut yr aeth pethau o chwith i Israel gan ei gadael mewn anhrefn llwyr. Mae'r awdur yn disgrifio'r digwyddiadau, gan ychwanegu sylwadau ar y gwersi y dylai Israel fod wedi eu dysgu, ond na lwyddodd i wneud hynny.

## Lleoliad

Lleolir stori 1 Brenhinoedd yn Jerwsalem, y ddinas ffyniannus, gref honno y mae ei henw'n golygu 'gweld heddwch' neu 'dinas heddwch', yn dibynnu ar ba gyfieithiad a ddefnyddir. Roedd dinas yr Arglwydd yn lle amlwg yn ardal fynyddig Jwda ymhell cyn adeiladu'r deml. Oherwydd ei lleoliad delfrydol ar fryn roedd hi'n enwog iawn, a gwyddai pawb amdani fel dinas gadarn oedd yn anodd ei threchu oherwydd ei chyflenwad naturiol o ddŵr. Yn ystod teyrnasiad Dafydd roedd amddiffynfeydd cadarn y ddinas yn ei gwneud bron yn amhosibl ei goresgyn.

Erbyn cyfnod Solomon, roedd hi'n ddinas aruthrol o gryf – ac roedd hynny, i'r Israeliaid, yn arwydd o nerth eu Harglwydd. Ar y pryd, ystyrid teyrnas neu ddinas fel adlewyrchiad o dduw'r bobl: os oedd y ddinas yn gryf, yna roedd y duw hefyd yn gryf, ond os oedd y ddinas yn wan, roedd yr un peth yn wir am y duw. Wrth i wahanol deyrnasoedd dyfu a datblygu, roedd duwiau newydd yn dangos eu grym ac eraill yn colli tir. Credid hefyd fod yn rhaid i'r bobl o fewn y deyrnas

Atgynhyrchiad o allor baganaidd yn Dan.

honno ddangos ymrwymiad a theyrngarwch parhaus i'w duw; fel arall, byddent yn colli ei ffafr ac, yn y pen draw, yn colli'r deyrnas ei hun.

Roedd Israel wedi'i hamgylchynu gan dduwiau eraill, a phob un ohonynt yn brwydro am oruchafiaeth. Dywedir yn 1 Brenhinoedd 11:5 fod Solomon wedi dechrau addoli duwiau eraill, ac mae'r awdur yn enwi rhai ohonyn nhw:

- Ashtoreth, duwies y Sidoniaid; yng ngwlad Groeg gelwid hi'n Affroditi. Hi oedd duwies cariad, trachwant, prydferthwch a ffrwythlondeb. Credai ei dilynwyr ei bod yn awyddus i bobl gael rhyw yn y meysydd fel dull o gysegru tir iddi hi, a'i bod yn mynnu cael puteiniaid yn y deml fel rhan o'i haddoliad. Mynnai hefyd gael delwau ohoni'i hun ar silff gyda duwiau eraill, fel eu bod hwythau'n gallu atgenhedlu pan nad oedd neb yn gwylio.

- Molech yr Ammoniaid – roedd y duw hwn yn mynnu aberthau mwy bob blwyddyn. Unwaith roedden nhw wedi aberthu cymaint o gnydau ag y gallent, byddai'r pentrefwyr yn troi at aberthu plant. Credid eu bod yn creu delw fawr o bres, ac yn cynnau tân yn ei fol i'w gynhesu. Gosodid y plentyn ar ei ddwylo chwilboeth a chodi'r breichiau fel bod y plentyn yn cwympo i mewn ac yn cael ei losgi. Bryd hynny, byddai offeiriad Molech yn curo drwm er mwyn boddi sgrechfeydd y plentyn. Mewn rhannau eraill o'r ysgrythur gelwir Molech yn dduw creulon, ac yn ddiweddarach cafodd ei ddinistrio.

- Roedd Baal, duw canolog y Brenhinoedd, yn denu llawer o arweinwyr ac addolwyr. Hwn oedd duw bywyd bob dydd, oedd yn gofalu am roi glaw, haul, taranau, tân a ffrwythlondeb i'r ffermwyr. Roedd rhai'n gweld yr Arglwydd fel duw pell i ffwrdd, a Baal fel y duw roedd pobl yn mynd ato am fanion bywyd bob dydd. Baal – enw a roddid ar nifer o dduwiau lleol – oedd prif gystadleuydd yr Arglwydd yng nghyfnod Solomon. Credai rhai bod modd addoli Baal a'r Arglwydd, gan fod rôl wahanol i'r ddau (1 Brenhinoedd 18:21).

Cerfiad o Baal, un o'r gau-dduwiau y byddai llawer o bobl yn troi ato yn hytrach nag at yr Arglwydd.

## Cefndir

Mae'n debyg fod 1 Brenhinoedd wedi'i lunio yn ystod alltudiaeth Babilon, fel ffordd o esbonio cwymp teyrnas Israel. Hyd hynny, stori 'o garpiau i gyfoeth' oedd hi; stori am yr Arglwydd yn arwain ei bobl o gaethwasiaeth i Wlad yr Addewid, adeiladu eu teyrnas a thyfu o nerth i nerth; stori am Dduw'n bendithio Israel â darpariaeth hael. Ond erbyn i'r awdur ddechrau ar ei waith, roedd yr amgylchiadau wedi newid – bellach roedd yr Israeliaid yn alltud ac yn gaethweision unwaith yn rhagor. Roedd y bobl yn awyddus i wybod pam fod hyn wedi digwydd, felly penderfynodd yr awdur eu hatgoffa o fethiant eu brenhinoedd. Mae awdur 1 Brenhinoedd yn llym iawn ei feirniadaeth o'r holl frenhinoedd – nid yn gymaint eu teyrnasiad, eu grym milwrol a'u harweiniad gwleidyddol, ond pa mor ufudd fuon nhw i'r Arglwydd. Roedd y brenin yno i gynrychioli'r Arglwydd, ac i fod yn arweinydd arnyn nhw, ac mae'r awdur am i ni weld nad oedd yr arweinwyr hyn yn cwrdd â meini prawf Duw.

Y proffwydi ydy arwyr go iawn 1 Brenhinoedd. Mae'r awdur yn eu darlunio fel dynion sanctaidd, ysbrydoledig ac ymroddedig, oedd yn fodlon herio'r rhai hynny oedd yn adeiladu eu hymerodraethau eu hunain. Mae Elias ac Eliseus yn siarad ar ran y tlodion a'r gorthrymedig, ac yn fodlon codi llais i wrthwynebu ymddygiad y rhai mewn grym.

## Y Manylion

Polyn Asera – defnyddid y rhain i addoli ffrwythlondeb, a llwyddodd Jeroboam i gynddeiriogi'r Arglwydd trwy eu codi ar ei allorau.

- Israel oedd y bobl roedd yr Arglwydd wedi'u rhyddhau o ormes ymerodraeth yr Aifft. Yn yr exodus ceir darlun o Dduw rhyddid, sy'n casáu unrhyw fath o ormes. Fodd bynnag, erbyn 1 Brenhinoedd 9:15 gwelir fod Solomon wedi datblygu'n 'Pharo' newydd, gan ddefnyddio llafur gorfodol i adeiladu teml yr Arglwydd, ei balas ei hun, y terasau cynhaliol, a'r dinasoedd enwog ar y llwybrau masnach – Hasor, Megido a Geser.

- Yn 1 Brenhinoedd 14:14–16 mae Jeroboam yn cynddeiriogi Duw trwy godi polion Asera ar allorau'r Arglwydd. Defnyddid y polion hyn mewn defodau ffrwythlondeb – roedden nhw'n ffalig o ran siâp, a thua 4–5 troedfedd (1.2–1.5 metr) o uchder. Bryd hynny roedd pobl yn credu mai Asera oedd gwraig yr Arglwydd, a châi ei haddoli oherwydd hynny.

- Daeth Solomon mor enwog am ei ddoethineb a'i deyrnas fel bod pobl yn teithio o bob rhan o'r byd i ymweld ag e (1 Brenhinoedd 10:24), yn cynnwys brenhines Sheba, y credir ei bod yn hanu o Ethopia neu'r Yemen. Yn adnod 7 gwelwn ei bod wedi dotio ar Solomon, a'i fod e'n fwy doeth a mwy cyfoethog nag yr oedd hi erioed wedi'i freuddwydio.

- Yn 1 Brenhinoedd 10:14 dywedir fod Solomon yn derbyn 666 o dalentau o aur yn flynyddol. Ai cyfeiriad gan yr awdur oedd hyn at wendidau Solomon? Yn y diwylliant Iddewig roedd 666 yn rhif amherffaith, a 777 yn rhif perffaith. Er na sonnir am hynny yn y Beibl, yn y traddodiad Hebraeg mae'r rhif saith yn cyfateb i'r llythyren *Zayin*, sy'n golygu 'cleddyf' neu 'gwirionedd'. Wrth ddatblygu'r syniad hwnnw, mae'r rhif 777 yn cynrychioli'r gwirionedd eithaf, a 666 yn golygu rhywbeth cwbl groes, sef celwydd.

- Yn 1 Brenhinoedd 17:1–7 mae Israel yn dioddef newyn oherwydd bod y bobl yn addoli Baal, tra bod y proffwyd Elias yn dibynnu ar Dduw ac yn cael ei fwydo'n wyrthiol gan gigfrain. Yn Job 38:41 dywedir, *'Pwy sy'n trefnu bwyd i'r frân, pan waedda'r cywion ar Dduw, a hedfan o amgylch heb fwyd?'* Yn union fel mae'r Arglwydd yn gofalu am y gigfran, felly hefyd mae'r Arglwydd yn gofalu am Elias. Yn y ffydd Iddewig mae'r gigfran, ynghyd â'r eryr a'r fwltur, yn cael eu hystyried yn adar aflan (Lefiticus 11:13–15).

- Yn 1 Brenhinoedd 18 mae Elias yn herio offeiriaid Baal i gystadleuaeth 'Duw pwy ydy'r gwir dduw?' ar Fynydd Carmel. Mae'r Arglwydd yn llwyddo i danseilio Baal trwy ei drechu ar ei bynciau arbenigol: newyn (adnod 2), glaw (adnod 45) a thân (adnod 38). Mae'r Arglwydd yn gwneud popeth posib i ddangos mai ef ydy'r gwir Dduw ac mai ef, nid Baal, sy'n anfon tân, glaw a bwyd. Ystyriwch adnod 18:27: *'Erbyn hanner dydd yr oedd Elias yn eu gwatwar ac yn dweud, "Galwch yn uwch, oherwydd duw ydyw; hwyrach ei fod yn synfyfyrio, neu wedi troi o'r neilltu, neu wedi mynd ar daith; neu efallai ei fod yn cysgu a bod yn rhaid ei ddeffro".'* Mae'r cymal 'wedi troi o'r neilltu' yn gyfieithiad aneglur o'r gair Hebraeg *sig* – y gellid ei ddehongli fel 'wedi mynd i'w ryddhau ei hun'. Efallai mai'r cwestiwn a ofynnwyd oedd 'Ydy dy dduw di, Baal, wedi mynd i'r tŷ bach?' Go dda, Elias!

- Mae enwau'n bwysig i'n helpu i ddeall pwy ydy'r cymeriadau hyn. Ystyr Elias ydy 'Duw ydy'r Arglwydd', ac mae Eliseus yn golygu 'Iachawdwriaeth ydy Duw'. Mae enwau beiblaidd sy'n dechrau â'r llythrennau El yn aml yn cael eu cyfieithu fel 'Duw'. Felly, ystyr Elisabeth ydy 'Mae Duw wedi achub', ac ystyr Eleasar ydy 'Mae Duw yn cynorthwyo'. Yn Genesis 1, y geiriau Hebraeg ydy 'Yn y dechreuad creodd *Elohim*': mae Elohim yn gyfieithiad uniongyrchol o'r gair 'Duw', a defnyddir y fersiwn byr El yn yr enwau.

### Llyfrau eraill i'w darllen

*The Jewish Study Bible*, gan Adele Berlin, Marc Zvi Brettler a Michael Fishbane
*The Source*, (nofel) gan James Michener

# Cwymp ymerodraeth

**Awdur:** Anhysbys
**Dyddiad ei ysgrifennu:** 550 cc
**Math o lyfr:** Traethawd hanesyddol
**Prif gymeriadau:** Eliseus, Heseceia, Manasse a Joseia
**Prif themâu:** Mae sancteiddrwydd yn bwysig gan Dduw, ond gall hefyd weithredu drwy'r anhrefn er ei glod

## Teitl ac Arddull

Parhad o stori teyrnasiad y brenhinoedd ydy 2 Brenhinoedd. Yn wreiddiol, y llyfr hwn oedd pedwaredd ran y stori faith oedd yn cynnwys 1 a 2 Samuel ac 1 Brenhinoedd. Fel 1 Brenhinoedd, nid hanes yn ein hystyr ni i'r gair mo'r llyfr, ond yn hytrach traethawd sy'n disgrifio cwymp y deyrnas a'r brenhinoedd, a'r anhrefn llwyr a'r alltudiaeth a ddeilliodd o hynny.

Lluniwyd y llyfr er mwyn i bobl Israel ddeall pam fod popeth wedi mynd o chwith. Yn eu halltudiaeth, roedd yr Iddewon wedi beio Dduw eu bod yn gaethweision, felly mae'r awdur yn herio'r honiad hwn trwy restru'r camgymeriadau a wnaed gan Israel. Y brenhinoedd sy'n cael y bai, ond mae'r awdur yn defnyddio'u hymddygiad nhw i bwyntio bys at broblem arall, fwy sylweddol – sef y bobl eu hunain. Wrth i'r llyfr fynd yn ei flaen daw'n eglur fod y wlad gyfan wedi troi'i chefn ar Dduw, ac mae'r awdur yn darlunio hyn trwy adrodd hanes bywydau'r brenhinoedd a'r dewisiadau a wnaed ganddyn nhw. Gan mai'r brenin oedd cynrychiolydd Duw, dylai ymddwyn yn debyg i Dduw. Yn yr un modd roedd y brenin yn ymgorfforiad o'r bobl, felly os ydy'r brenin yn ymddwyn yn wael, mae hynny oherwydd bod y bobl hefyd yn ymddwyn yn wael.

## Lleoliad

Yn dilyn marwolaeth Solomon yn 1 Brenhinoedd 11, penderfynodd Israel wrthryfela yn erbyn ei fab a ddaeth yn frenin ar ei ôl. Brenin llym oedd Solomon, a bwriadai ei fab fod yn llymach fyth. Roedd y wlad wedi ymrannu, wrth i lwythau'r gogledd gwyno am 'iau drom' Solomon (1 Brenhinoedd 12:4), a ffurfiwyd dwy deyrnas dan ddau frenin. Hanes cyfochrog brenhinoedd Jwda ac Israel ydy 2 Brenhinoedd. Am tua 200 mlynedd bu'r ddwy deyrnas yn bodoli ochr yn ochr, nes i'r Asyriaid ddinistrio Teyrnas y Gogledd yn 722 cc. Mae traean olaf y stori'n canolbwyntio ar frenhinoedd Jwda o linach Dafydd – llinach a barhaodd hyd goncwest Babilon, a ddinistriodd Jerwsalem a'r Deml yn 586 cc.

Dychmygwch Jerwsalem fel yr oedd hi yn anterth ei gogoniant, yn union ar ôl i Solomon adeiladu'r Deml. Roedd y ddinas yn ganolbwynt addoliad yr Arglwydd, ac wrth i deithwyr gael cipolwg arni o gopa'r bryniau cyfagos codai'n urddasol o'u blaenau, ei muriau'n gryfach a mwy cadarn nag unrhyw

Cerfiad yn dangos y brenin Jehu yn ymgrymu i Shalmaneser III, brenin Asyria.

ddinas arall. Ond erbyn cyfnod 2 Brenhinoedd, er bod y ddinas yn dal i edrych yn wych roedd hi mewn trafferthion: roedd y brenhinoedd wedi bod yn addoli duwiau eraill.

## Cefndir

Roedd y sefyllfa grefyddol yn 2 Brenhinoedd yn argyfyngus, gyda'r deyrnas yn rhanedig, a dwy deyrnas newydd Jwda ac Israel cyn waethed â'i gilydd ar y dechrau. Ond yn Jwda roedd yna lygedyn o obaith, oherwydd rhwng y brenhinoedd drwg cafwyd ambell frenin da – fel y Brenin Asa – oedd yn cymryd yr Arglwydd o ddifrif. Dau o'r brenhinoedd mwyaf duwiol oedd Heseceia a Joseia; llwyddon nhw i drawsnewid yr addoliad yn Jerwsalem trwy ufuddhau i'r Arglwydd ac ymddiried ynddo. Er gwaethaf ambell gip o rywbeth gwell roedd Israel yn symud yn gyflym tuag ag anffyddlondeb, a rhwymau'r cyfamod yn dod dan straen aruthrol. A dyna a arweiniodd at dranc y ddinas odidog hon.

Erbyn diwedd 2 Brenhinoedd roedd Israel yn rhanedig – nid yn unig rhwng de a gogledd, ond hefyd rhwng y bobl a Duw. Gadawodd Duw i ddau o'r grymoedd milwrol mwyaf ddinistrio'r ardal gyfan. Roedd dealltwriaeth Asyria a Babilon o Dduw'n wahanol i un Israel; roedden nhw'n credu bod y byd wedi'i greu o ddicter, a bod ymladd brwydrau sanctaidd yn unol ag ewyllys Duw. O Fabilon y tarddodd crefydd yr Asyriaid; Ashur oedd eu duw

Cerfiad yn dangos Pul, brenin Asyria, a oresgynnodd Israel yn 2 Brenhinoedd 15:17–20.

cenedlaethol, a brenin Asyria'n gynrychiolydd iddo. Oherwydd hynny, roedd ymgyrchoedd milwrol yn gyfle i'r duw geisio adfeddiannu'i greadigaeth. Pobl Dduw oedd pobl Israel a Jwda, ac roedden nhw'n credu na allai neb eu gorchfygu oherwydd bod yr Arglwydd o'u plaid. Bellach, roedd Duw wedi atal ei nawdd ac yn cosbi ei bobl trwy ddefnyddio paganiaid oedd yn addoli nifer o dduwiau gwahanol.

'Pyrth y duwiau' ydy ystyr yr enw Babilon, a chredid yn wreiddiol mai yma roedd lleoliad tŵr Babel, enw y gellir ei gyfieithu fel 'dryslyd'. Defnyddir Babilon yn y Beibl i ddarlunio'r dryswch a achoswyd gan yr annuwioldeb a'r anfoesoldeb oedd yn rhemp yn y cyfnod hwnnw. Cynrychiolai'r teyrnasoedd hyn bopeth roedd yr Arglwydd yn ei ystyried yn annuwiol ac yn amhûr – a gadawodd iddyn nhw gipio'i ddinas sanctaidd.

## Y Manylion

- Yn ôl traddodiad, y proffwyd Jeremeia oedd awdur 2 Brenhinoedd. Roedd e'n proffwydo o gyfnod Joseia hyd alltudiaeth Israel, ond gwyddom ei fod yn fyw ac yn iach ar ôl hynny. Mae llawer o debygrwydd rhwng pennod olaf 2 Brenhinoedd a Jeremeia 25 a 52.

- Mae awdur 1 a 2 Brenhinoedd yn dewis a dethol rhannau o'r stori er mwyn i bobl Israel sylweddoli pa mor fawr oedd eu pechod. Dydy pob digwyddiad ddim yn cael yr un sylw; mae'n arwyddocaol fod yna gyfnodau hir o dawelwch, a chyfnodau byr a ddisgrifir yn fanwl iawn. Dro ar ôl tro mae'r awdur yn dweud am ryw frenin neu'i gilydd ei fod ef, fel y brenhinoedd o'i flaen, wedi pechu yn erbyn yr Arglwydd. Roedd y brenhinoedd yn gadael i dduwiau a duwiesau ffug beryglu eu ffydd, gan aberthu eu plant i dduwiau'r Canaaneaid, gormesu'r tlodion a'u gadael i fyw mewn tlodi.

- Eliseus ydy un o'r ychydig arwyr yn 2 Brenhinoedd. Roedd ef wedi dilyn Elias, ac am hanner can mlynedd bu'n codi'i lais yn erbyn ymddygiad y brenin. Ar ddechrau'r llyfr cawn wybod am rai o'i weithredoedd: darparu olew i deulu newynog (2 Brenhinoedd 4:1–7), codi bachgen o farw'n fyw (2 Brenhinoedd 4:8–37), iacháu Naaman yn yr Iorddonen (2 Brenhinoedd 5), peri i fwyell arnofio ar ddŵr (2 Brenhinoedd 6), a phroffwydo gwarchae Samaria (2 Brenhinoedd 6 a 7). Yn 2 Brenhinoedd 2:23–24 mae criw o hwliganiaid ifanc o Fethel yn gweiddi arno, gan wneud hwyl am ei ben moel; mae yntau'n eu melltithio, gyda'r canlyniad bod arth yn ymosod ar 42 o bobl ifanc ac yn eu lladd. Mae ymateb Duw'n ymddangos yn llym iawn, ond roedd gwawdio proffwyd yn drosedd difrifol, ac yn gyfystyr â gwawdio Duw. Yn gynharach, roedd tref Bethel wedi gwneud llo aur i'r bobl ei addoli (1 Brenhinoedd 12:28–29).

- Yn 2 Brenhinoedd 6:25 darllenwn am newyn mawr a barodd mor hir nes bod dim briwsionyn ar ôl i'w fwyta. Roedd y sefyllfa mor enbydus fel bod pen asyn wedi cael ei werthu am 80 o siclau arian, er na ddylai fod wedi cael ei fwyta oherwydd ei fod yn anifail aflan (Lefiticus 11:1–4). Roedd y bobl nid yn unig yn fodlon bwyta asyn, ond yn fodlon bwyta'r darn gwaethaf, sef y pen. Ychydig yn ddiweddarach gwelwn fod merched newynog wedi cyrraedd pen eu tennyn, nes eu bod hyd yn oed yn berwi eu plant eu hunain i'w bwyta.

Mynydd Gerisim, mynydd sanctaidd y Samariaid.

- Mae gwreiddiau'r Samariaid i'w gweld yn 2 Brenhinoedd 17:24, lle mae brenin Asyria'n ailsefydlu pobl o wahanol ardaloedd o'r rhanbarth yn Samaria. Ar y dechrau maen nhw'n dod â'u dulliau eu hunain o addoli gyda nhw, ond yn ddiweddarach – ar ôl i Dduw anfon llewod i'w plith (adnod 25) – maen nhw'n galw ar offeiriad all ddangos iddyn nhw sut i addoli Duw eu hardal newydd. Datblygodd y Samariaid eu fersiwn eu hunain o Iddewiaeth, gan hyd yn oed adeiladu teml ar Fynydd Gerisim. Roedd Jwda'n ystyried y trigolion hyn yn Samaria fel pobl gymysgryw, ac er eu bod yn addoli'r Arglwydd chawson nhw mo'u croesawu â breichiau agored i'r teulu Iddewig, na chwaith eu hystyried yn Iddewon go iawn. Roedd yr Iddewon yn casáu'r bobloedd newydd hyn â chas perffaith, o ran hil a chrefydd, a pharhaodd y casineb hwn hyd at gyfnod Iesu a thu hwnt.

## Llyfrau eraill i'w darllen

*The Jewish Study Bible*, gan Adele Berlin, Marc Zvi Brettler a Michael Fishbane
*Babylon: Myth and Reality*, gan I. L. Finkel a M. J. Seymour
*The Source*, (nofel) gan James Michener

# Ar ôl yr alltudiaeth

**Awdur:** Anhysbys, ond Esra o bosib
**Dyddiad ei ysgrifennu:** 400 cc
**Math o lyfr:** Hanes/naratif
**Prif gymeriadau:** Saul, Dafydd
**Prif themâu:** Atgoffa darllenwyr pwy ydy a phwy oedd Israel

## Teitl ac Arddull

Mae'r teitl 'Llyfr y Cronicl' yn dod o'r term Hebraeg *divrei hayamim*, sef llyfr hanes, tebyg i'r rhai a grybwyllir yn 1 Brenhinoedd 14:19. Enw'r cyfieithwyr Groegaidd ar y llyfr oedd *Paraleipomenon*, sef 'atodiad i bethau a hepgorwyd'; câi ei ystyried fel *midrash* Iddewig, testun oedd yn esbonio gweithiau blaenorol. Dull o ddarllen testunau Iddewig oedd *midrash*, a byddai ysgolheigion yn ei ddefnyddio i danlinellu gwersi dyfnach y gellid dod o hyd iddyn nhw trwy astudio gwahanol fersiynau o straeon a hanesion.

Fel llyfrau Samuel a'r Brenhinoedd, un llyfr oedd y Cronicl yn wreiddiol, a chafodd ei rannu'n ddwy ran pan gyfieithwyd y Beibl i'r iaith Roeg. Fel llyfr unigol mae'r stori'n llifo drwyddo, yn debyg i lawer o lyfrau hanes brenhinoedd dwyreiniol eraill.

Yn ôl traddodiad Rabinaidd, dywedir ei fod wedi'i lunio'n rhannol gan y proffwyd Esra, gan fod diwedd y Cronicl yr un fath yn union â dechrau llyfr Esra.

## Lleoliad

Gosodir y testun yn Jerwsalem, ond mae'r awdur yn adrodd y stori wedi i'r bobl ddychwelyd o'u halltudiaeth. Mae cynnwys y Cronicl yn debyg i'r stori a geir yn 1 a 2 Brenhinoedd, ond lluniwyd y Cronicl o bersbectif cwbl wahanol. Nid hanes moel ydy hwn, mewn arddull nodweddiadol o lyfrau addysgol; mae llawysgrifau dwyreiniol bob amser yn cynnwys mwy na'r ffeithiau hanesyddol yn unig. Mae'r gweithiau hyn yn adrodd stori Saul, Dafydd a Solomon o ddau safbwynt gwahanol iawn. Nod llyfrau'r Brenhinoedd oedd esbonio pam fod Israel wedi cael eu halltudio, tra bod llyfr y Cronicl yn ceisio esbonio safle Duw yn hanes y brenhinoedd. Mae'r Cronicl yn rhoi blas gwleidyddol penodol i'r testun, ac

Yr olygfa o safle palas Dafydd, yn ein dyddiau ni.

oherwydd hynny mae bylchau amlwg yn y stori; mae'r awdur yn awyddus i ddangos mai presenoldeb Duw sy'n bwysig, felly yr offeiriaid a'r Deml ydy'r elfennau pwysicaf. Yn yr un modd, mae'r Cronicl yn canolbwyntio ar y ffaith bod gwasanaethu Duw'n bwysicach na statws gwleidyddol a chenedlaethol, felly mae'r awdur – yn hytrach na manylu ar fethiannau'r brenhinoedd – yn pwysleisio penarglwyddiaeth a chynllun Duw.

Roedd pobl Israel wedi newid yn ystod yr alltudiaeth ym Mabilon; o'r diwedd, roedden nhw wedi sylweddoli mai dim ond un Duw oedd, ac mai'r unig ffordd ymlaen oedd addoli'r Arglwydd fel yr unig wir Dduw. Bellach, roedd y grŵp hwn o bobl wedi ymrwymo'u hunain i addoli yn y Deml dan arweiniad offeiriad sanctaidd, ac i wasanaethu eu Duw. Gall yr angerdd newydd hwn ein helpu i ddeall pam fod yr awdur yn adrodd hanes Saul, Dafydd a Solomon mewn golau mwy ffafriol.

## Cefndir

Nid cynnwys y llyfr sy'n drawiadol, ond yn hytrach yr hyn gaiff ei hepgor. Roedd y bobl wedi dychwelyd o alltudiaeth, a bellach yn sylweddoli pa mor bwysig oedd ymrwymo i sancteiddrwydd ac addoliad; oherwydd hynny roedd angen iddyn nhw ganolbwyntio ar bobl eraill oedd wedi byw fel hyn yn y gorffennol. Caiff Dafydd – y llofrudd, y godinebwr a'r tad gwael – groeso arwrol yn 1 Cronicl. Wrth ailadrodd yr hanes, does dim sôn am ryfeloedd cartref, Bathseba, na Dafydd yn llofruddio'i gŵr. Gwelir Dafydd fel brenin sy'n ofni'r Arglwydd, fel un a wnaeth Jerwsalem yn gryf trwy baratoi a gweithredu cynlluniau ar gyfer y Deml, a chludo arch y cyfamod i'r ddinas sanctaidd. Yma, caiff Dafydd ei bortreadu fel brenin gwych am fod yr Arglwydd wedi'i eneinio, a'i fod felly wedi cyflawni'r holl feini prawf i'w alluogi i fod yn feseia dynol.

Roedd angen i'r bobl gael eu hysbrydoli gan arwyr y gorffennol, nid eu digalonni gan fethiannau cymeriadau hanesyddol, felly mae'r awdur yn cynnig yr hyn mae arnyn nhw ei angen. Byddai rhai'n amau a ydy hwn yn gofnod hanesyddol gywir. Dydy'r awdur ddim yn honni ei fod yn cofnodi hanes; mae'n llunio cofnod llawn propaganda ysbrydoledig am Dafydd. Yn wahanol i'r Brenhinoedd, nid gwaith hanesyddol oedd hwn i fod – y nod oedd llunio cofnod cyffrous o fywyd rhyfeddol.

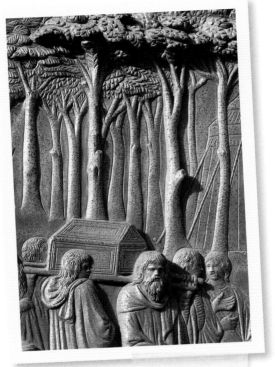

Cerfiad yn dangos arch y cyfamod yn cael ei chario.

## Y Manylion

- Yn 1 Cronicl 15:29 disgrifir Dafydd yn dawnsio wrth i arch y cyfamod gyrraedd Jerwsalem. Roedd dawnsio'n elfen bwysig o ddiwylliant y Dwyrain Canol, a byddai'r Israeliaid yn dawnsio i glodfori'r Arglwydd fel rhan o'u haddoliad. Byddai pobl yn dawnsio yn ystod y cynhaeaf gwin a'r gwyliau grawn, ac roedd yn elfen bwysig iawn mewn dathliadau priodas. Doedd pobl ddim yn dawnsio mewn cyplau, ond mewn grwpiau, gyda phawb yn curo dwylo a chanu gyda'i gilydd. Sonnir yn aml am ddawnsio yn y Beibl Hebraeg, sy'n dangos bod yr Israeliaid yn addoli'r Arglwydd mewn dull angerddol.

Mae dawnsio'n parhau i fod yn rhan bwysig o ddathliadau'r Iddewon hyd heddiw.

• Codwyd rhannau o 1 Cronicl yn uniongyrchol o Salmau Dafydd, ac mae rhai o'r darnau hyn ymhlith gweithiau gorau Dafydd. Gwelir rhannau o 1 Cronicl 16 yn Salmau 105, 96 a 106.

• Er nad ydy'r achau a restrir yn 1 Cronicl 1–9 yn ddiddorol iawn i ni, roedden nhw'n hynod bwysig i'r bobl oedd yn dychwelyd o alltudiaeth. Roedd y rhestr o enwau'n eu hatgoffa mai nhw oedd pobl Dduw, bod eu stori'n dechrau gydag Adda, a'u bod hwythau bellach yn rhan ohoni. Cofnod mewn llaw fer o'u stori nhw ydy'r rhestr o enwau – pob enw ac iddo ystyr ac arwyddocâd, pob un yn adrodd stori am bobl yn cario ffagl yr Arglwydd ac yn ei throsglwyddo i'r genhedlaeth nesaf. Mae yna rai enwau ar goll – Moses a Josua, er enghraifft – a hynny oherwydd bod agenda benodol i'r llyfr, sef y Brenin Dafydd; mae'r rhestr o enwau, felly, yn canolbwyntio ar dŷ Jwda.

• Mae 1 Cronicl yn cynnig fersiwn tra gwahanol o'r modd y coronwyd Solomon yn frenin. Yn y cofnod hwn, mae Dafydd yn fyw ac yn iach ac yn trosglwyddo'i goron yn fodlon i'w fab mewn seremoni fawreddog. Mae'n anodd credu hyn pan adroddir yn 1 Brenhinoedd fod Solomon wedi cael ei goroni ar wely angau Dafydd, ar ôl cael gwared â'r holl wrthwynebwyr eraill. Bwriad yr awdur wrth wneud hyn ydy darlunio Dafydd fel ail Foses. Ni lwyddodd Moses i gyrraedd Gwlad yr Addewid, ac yn yr un modd methodd Dafydd adeiladu ei Deml. Fel roedd Moses wedi derbyn y cynlluniau a'r cyfarwyddiadau ar gyfer y tabernacl, felly hefyd y derbyniodd Dafydd y cynlluniau a'r cyfarwyddiadau ar gyfer y Deml. Sylwer sut yr ailadroddir Exodus 25–30 yn 1 Cronicl 22–29.

• Craidd y llyfr ydy bod Dafydd yn cael ei bortreadu fel rhagflaenydd i'r Meseia – rhywun fydd yn caru pobl Dduw heb ddisgwyl gwobr bersonol. Mae'n edrych ymlaen at gynllun tymor-hir Duw i gynnig gras i'w bobl.

• I gynulleidfa o Iddewon, doedd dim pwysigrwydd mawr i lyfr y Cronicl. O ganlyniad, ychydig iawn o gopïau a ddarganfyddwyd gan archaeolegwyr, hyd yn oed yn ogofâu Qumran lle daethpwyd o hyd i Sgroliau'r Môr Marw yn 1947.

### Llyfrau eraill i'w darllen

*The Jewish Study Bible*, gan Adele Berlin, Marc Zvi Brettler a Michael Fishbane
*1 Chronicles*, gan Martin J. Selman

# Symud ymlaen ar ôl yr alltudiaeth

**Awdur:** Anhysbys, ond Esra o bosib
**Dyddiad ei ysgrifennu:** 400 cc
**Math o lyfr:** Hanes/naratif
**Prif gymeriadau:** Saul, Dafydd
**Prif themâu:** Pwy oedd a phwy ydy pobl Israel yn y cyfnod hwn

## Teitl ac Arddull

Mae ail ran llyfr y Cronicl yr un fath yn union â'r adran flaenorol o ran arddull a phwrpas. Ym marn ysgolheigion Iddewig, atodiad ydy'r Cronicl i destunau hanesyddol eraill; doedd dim modd iddo sefyll ar ei ben ei hun oherwydd ei agwedd wleidyddol benodol wrth ddadansoddi stori Dafydd a Solomon a geir yn llyfrau'r Brenhinoedd a Samuel.

Nid dau lyfr ar wahân oedd y Cronicl yn wreiddiol, ond un stori hir a rannwyd yn ddiweddarach. I ddeall cyd-destun 2 Cronicl rhaid yn gyntaf ddarllen 1 Cronicl, gan fod y naill yn barhad o'r llall. Mae traddodiad Rabinaidd o'r farn fod y llyfr wedi'i ysgrifennu'n rhannol gan y proffwyd Esra, gan fod diweddglo'r Cronicl yr un fath yn union ag adnodau agoriadol llyfr Esra.

## Lleoliad

Mae lleoliad 2 Cronicl o ran amser yn bwysig i'n dealltwriaeth o'r hyn sy'n digwydd yn y testun. Mae'r awdur yn awyddus i'r darllenydd gofio'r hen ddyddiau da, ond mae hefyd am iddo gael ei ysbrydoli i gredu bod dyfodol disglair o'i flaen, a bod gobaith i'r rhod droi os bydd y bobl yn ufudd. Roedd y drychineb o fod mewn alltudiaeth unwaith yn rhagor wedi gorfodi'r bobl i edrych yn fwy beirniadol ar eu ffordd o fyw a'u hymddygiad. Dinistriwyd Teml a brenhinoedd Israel, a hynny oherwydd bod ymddygiad y bobl wedi peri i Dduw roi'r gorau i ofalu amdanyn nhw. I'r rhai

oedd wedi dychwelyd o'u halltudiaeth ym Mabilon, roedd hyn yn golygu gorfod derbyn yr hyn a gollwyd. Roedd popeth wedi methu oherwydd eu bod nhw wedi canolbwyntio ar

Ail-greu defod yn y Deml, gydag offeiriad yn offrymu aberth.

y pethau anghywir; roedd angen iddyn nhw ailadeiladu'r ffydd Iddewig, a meddwl am gyfeiriad newydd a dulliau gwahanol o fyw ac addoli.

Cyn eu halltudiaeth ym Mabilon roedd y bobl yn teimlo'n ddiogel yn eu crefydd, a honno'n nodweddu eu hunaniaeth a'u sicrwydd fel llwyth; roedden nhw o'r farn na allai dim eu dinistrio. Mewn alltudiaeth teimlent fod eu Duw wedi cefnu arnyn nhw, felly mae'r awdur bellach am gynnig rhywbeth cadarnhaol i ganolbwyntio arno, trwy eu hatgoffa o'r hen ddyddiau da. Mae am ddangos sut roedd pethau erstalwm, a'u hysbrydoli i'w hadeiladu eu hunain yn genedl lwyddiannus unwaith eto.

Roedd y bobl wedi torri'u calonnau, a bellach wedi sylweddoli mai dim ond un Duw oedd yna, sef yr Arglwydd; os oeddent am godi eu hunain o'u pydew o anobaith, roedd yn rhaid iddyn nhw ei addoli fel yr unig wir Dduw. Yn erbyn y cefndir hwn mae'r awdur bellach yn canolbwyntio ar bresenoldeb Duw – a dyna ydy arwyddocâd yr offeiriaid a'r Deml.

Roedd y bobl wedi canolbwyntio cymaint ar adeiladu eu hymerodraeth ar ôl stori Moses nes colli golwg ar y ffaith mai nhw oedd pobl Dduw. Roedd yr Israeliaid wedi dianc o gaethwasiaeth yn yr Aifft, wedi crwydro yn yr anialwch am flynyddoedd lawer, ac wedyn wedi rhoi eu holl sylw i adeiladu eu hymerodraeth a chael eu brenin a'u grym milwrol eu hunain. Yn y sefyllfa hon maen nhw pan fo'r awdur yn eu hatgoffa o gynllun a sofraniaeth Duw, ac o bwysigrwydd ei addoli ef.

## Cefndir

Lle roedd 1 Cronicl yn portreadu Dafydd fel y brenin delfrydol, mae rhan 2 yn gosod Solomon yn y rôl hon. Cyffelybwyd Dafydd i Moses a nawr, yn rhan 2, gwneir cymariaethau tebyg rhwng Solomon a'i brif adeiladwr Huram Abi ar y naill law, a Besalel ac Aholïab – sy'n ymddangos yn Exodus 35 a 36 – ar y llaw arall. Barn yr awdur oedd fod angen atgoffa pobl o'u gorffennol, felly mae'n cyfeirio at adeg pan roddodd Duw gyfarwyddiadau ynghylch adeiladu'r tabernacl gan ddangos ei fod bellach wedi rhoi cyfarwyddiadau ynghylch adeiladu'r Deml.

## Y Manylion

- Mae'r awdur o bryd i'w gilydd yn mynd dros ben llestri gyda'i ddisgrifiadau manwl o'r Deml a'i holl ddefodau, ac mae'n hawdd i'r darllenydd cyfoes anghofio pa mor bwysig oedd y testun hwn. Roedd yr Israeliaid newydd ddychwelyd o alltudiaeth ym Mabilon ac yn ymdrechu i ailadeiladu'r Deml yn Jerwsalem. Pwrpas yr holl fanylion ydy rhoi cyfarwyddiadau manwl i'r bobl am bob cam o'r broses, gan nad oedd ganddyn nhw fawr o wybodaeth am y Deml wreiddiol. Mae'r ffaith fod yr awdur mor wybodus ynghylch y manylion hyn yn awgrymu mai offeiriad oedd e.

- I ni, mae darllen achau'n brofiad digon diflas, ond rhaid cofio nad rhestrau o enwau'n unig oedden nhw: eu pwrpas oedd ysbrydoli'r bobl. Roedden nhw'n bwysig er mwyn atgoffa'r darllenwyr bod eu teulu a'u llwyth nhw wedi chwarae rhan bwysig, ac yn nodi pwy fu'n cyflawni gwaith Duw.

- Mewn testunau Iddewig mae arwyddocâd arbennig i rifau, a phob

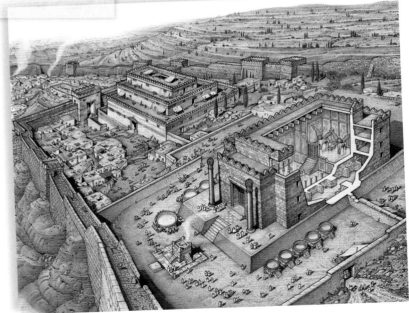

Darlun yn ail-greu teml Solomon.

awdur yn dewis ei rifau'n ofalus – weithiau er mwyn trosglwyddo neges yn hytrach na chyflwyno'r union ffeithiau. Yn 2 Cronicl 9:13 gwelwn fod Solomon yn derbyn 666 o dalentau o aur bob blwyddyn. Trwy ddefnyddio'r rhif 'amherffaith' 666, mae'r awdur yn awgrymu'n gryf fod rhyw ddrwg yn y caws a bod dylanwadau eraill, yn cynnwys grym ac arian, wedi llygru calon Solomon.

- Yn 2 Cronicl 9 darllenwn fod brenhines Sheba wedi clywed am ddoethineb a theyrnas Solomon, ac wedi ymweld ag ef. Yn hanes Ethiopia awgrymir fod y teulu ymerodrol yn deillio'n uniongyrchol o'r cyfarfyddiad hwn â'r Brenin Solomon. Er na sonnir gair yn y testunau Hebraeg, mae'r Ethiopiaid yn honni mai Solomon ydy tad eu llinach frenhinol. Roedd y frenhines yn llawer mwy cyfoethog na Solomon, ond gadawodd ei gyfoeth a'i ddoethineb argraff ddofn arni. Mae'n debygol bod lleoliad ei theyrnas hi bellach yn rhan o Eritrea, Ethiopia neu Yemen ein dyddiau ni.

- Fel yn 1 Cronicl, mae rhannau mwy dadleuol yr hanes wedi eu hepgor. Yn yr hanes hwn, yn wahanol i fersiwn 1 Brenhinoedd 6, does dim sôn am Solomon yn defnyddio llafur gorfodol ar gyfer y gwaith adeiladu; yn hytrach, dywedir ei fod wedi defnyddio 'dieithriaid' (2 Cronicl 2: 17–18). Mae'n bwysig gweld cymaint roedd yr Israeliaid wedi newid; ar waetha'r ffaith eu bod nhw eu hunain wedi cael eu gorfodi i weithio yn yr Aifft, roedden nhw bellach yn defnyddio caethweision i adeiladu eu hymerodraeth eu hunain.

- Nid diweddglo ydy adnodau olaf 2 Cronicl mewn gwirionedd, ond adnodau agoriadol llyfr Esra, gyda 2 Cronicl 36:23

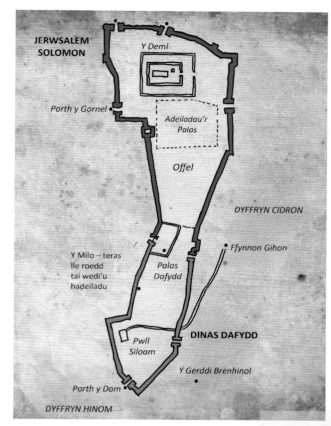

yn cael ei ailadrodd yn Esra 1:2–3. Ond mae'r awdur, ar ddiwedd y llyfr, yn peintio darlun diddorol. Gan gyfeirio'r darllenydd at Leficitus 25:1–7, mae'n ysgrifennu yn 2 Cronicl 36:21, *'Mwynhaodd y wlad ei Sabothau; trwy'r holl amser y bu'n anghyfannedd fe orffwysodd, nes cwblhau deng mlynedd a thrigain.'* I'r awdur, roedd y cyfnod a dreuliwyd ym Mabilon yn gyfle i'r tir orffwys. Er bod Israel wedi gwneud pethau drwg yng ngolwg Duw, roedd y tir bellach wedi cael ei buro ac roedd dechrau newydd o'u blaen. Roedd y Saboth ar ben, a diwrnod newydd wedi gwawrio.

Map o Jerwsalem yn nyddiau Dafydd a Solomon.

## Llyfrau eraill i'w darllen

*The Jewish Study Bible*, gan Adele Berlin, Marc Zvi Brettler a Michael Fishbane
*2 Chronicles*, gan Martin J. Selman

# Yr alltudion yn dychwelyd

**Awdur:** Esra
**Dyddiad ei ysgrifennu:** 440 cc
**Math o lyfr:** Hanes
**Prif gymeriadau:** Y Brenin Cyrus, Esra, Sorobabel a Jesua
**Prif themâu:** Cronicl o obaith, breuddwydion ac adferiad

## Teitl ac Arddull

Yn wreiddiol, roedd yr Iddewon yn ystyried llyfrau Esra a Nehemeia fel un llyfr. Mae dechrau llyfr Esra'n debyg iawn i ddiwedd 2 Cronicl, sy'n awgrymu mai'r un awdur luniodd y ddau, gyda hwn yn atodiad i'r testun blaenorol.

Talfyriad ydy Esra o'r enw Hebraeg *Azaryahu*, sef 'mae Duw'n cynorthwyo'. Mae'r llyfr yn adrodd stori Duw'n helpu ei bobl i ailadeiladu eu gobeithion a'u breuddwydion, yn ogystal ag ailadeiladu Jerwsalem a'r Deml. Roedd Esra'n ysgrifennwr medrus, ac yn hyddysg yng Nghyfraith Moses (Esra 7:6); roedd e felly'n ŵr dylanwadol a dysgedig – sy'n esbonio'r pwyslais ar sancteiddrwydd yn y testun, a'r arddull gywrain. Mae Iddewon Rabinaidd yn ystyried Esra fel ail Foses oherwydd y ffordd y daeth â'r Torah i sylw'r rhai oedd yn dychwelyd o alltudiaeth. Dywedir yn Nehemeia 8 fod Esra'n darllen a dehongli'r Torah yn gyhoeddus, a'i fod yn cael ei ystyried fel offeiriad a phroffwyd. Roedd Esra'n awyddus i'r Torah fod yn rhan o fywydau'r bobl fel y gallent gael eu ffurfio ganddo. Yn ei farn e, roedd gan Gyfraith Moses rywbeth pwysig i'w ddweud am bopeth dan haul, ac roedd ar dân am i'r bobl sylweddoli hynny hefyd.

## Lleoliad

Mae tirlun llyfr Esra'n un cyffrous, ac fel yr exodus mae'n sylfaen i lawer o'r ddealltwriaeth ddiwinyddol ynghylch pwy oedd yr Israeliaid. Roedd y Brenin Cyrus o Bersia wedi gorchfygu Babilon a hawlio'i thiroedd a'i phobloedd, a nawr roedd am eu rhyddhau. Daw geiriau agoriadol llyfr Esra o ddatganiad Cyrus, sef bod pobl Dduw bellach yn rhydd i ddychwelyd adref i adeiladu teml i'r Arglwydd yn Jerwsalem. Roedd hwn yn ddatganiad cyffrous iawn, ac yn caniatáu i'r bobl ddychwelyd i'r wlad a addawyd iddyn nhw yn nyddiau Abraham.

Fel yr Aifft cyn yr exodus, roedd ymerodraeth Babilon – a bellach un Persia hefyd – yn deyrnasoedd cadarn, milwrol. Yn ogystal, roedden nhw'n gyfoethog, yn bwerus ac yn brydferth, yn gyforiog o adeiladau a gerddi rhyfeddol. Mae pobl Dduw'n gadael y tirlun hwn ac yn dychwelyd i wlad a adawyd yn anghyfannedd am 70 mlynedd – gwlad sydd bellach yn dlawd a diffaith. Er bod y ddinas sanctaidd yn bell o fod yn bwerus, mae hi wedi cael seibiant: '*Mwynhaodd y wlad ei Sabothau: trwy'r holl amser y bu'n anghyfannedd fe orffwysodd*' (2 Cronicl 36:21). Roedd y tir yn gwbl wahanol i diroedd Babilon a Phersia, ond yn y llwch a'r llaid roedd y bobl yn gweld llygedyn o obaith.

## Cefndir

Yn 586 cc roedd y Babiloniaid wedi llusgo pobl Jwda i alltudiaeth, gan eu gadael yn dorcalonnus a siomedig mewn gwlad estron. Tua 50 mlynedd yn ddiweddarach cwympodd ymerodraeth Babilon i'r Brenin Cyrus ac ymerodraeth Persia – gan adael ar ei hôl gyfoeth anhygoel mewn celf ac arteffactau. Ymledodd yr ymerodraeth Bersiaidd, gan goncro'r rhan fwyaf o diroedd de-orllewin Canolbarth Asia. Roedd llywodraethwyr Persia'n wahanol iawn i'w rhagflaenwyr o Fabilon; roeddent yn awyddus i weld pobl ac arteffactau crefyddol yn dychwelyd i'w gwledydd gwreiddiol – er yn parhau dan eu rheolaeth nhw. O ganlyniad, dewisodd Cyrus anfon pobl Dduw yn ôl adref i gael dechrau newydd.

Roedd hwn, felly, yn gyfnod o ailadeiladu ffydd a chymuned yr Iddewon. Mae traddodiad Rabinaidd yn rhoi'r clod am hyn i Esra, gan gyfeirio ato fel *'blodau sy'n ymddangos ar y ddaear'*, sef cyfeiriad at y gwanwyn yn blodeuo ar ôl gaeaf hir; roedd bywyd newydd yn ffynnu mewn mannau na fyddai'n bosib dan y Babiloniaid. Mae llyfr Esra'n dangos sut roedd Duw'n gweithio i achub ei bobl a'r wlad roedd wedi'i haddo iddyn nhw. Dywed Esra fod Duw wedi rhoi ffafr i lywodraethwr Persia, ac yntau wedyn yn rhoi ei ganiatâd i ryddhau'r Israeliaid a'u helpu i gyrraedd eu nod.

## Y Manylion

- Mae Esra'n hynod bwysig yn y broses o ffurfio'r hyn a ddatblygodd yn Iddewiaeth Rabinaidd; roedd yn allweddol yn y dasg o drwytho dynion ifanc yn y Torah i'w galluogi i astudio, trafod a thyfu mewn gwybodaeth. Esra sy'n cael y clod hefyd am sefydlu'r 'Prif Gynulliad' o feddylwyr, ysgolheigion a phroffwydi Iddewig, rhagflaenwyr y Sanhedrin. Y grŵp hwn o wŷr sanctaidd oedd yr awdurdod a'r llais proffwydol yng nghyd-destun dyfodol y ffydd dan y Gyfraith Iddewig. Credir mai'r 'Prif Gynulliad' oedd yn gyfrifol am sefydlu llawer o elfennau Iddewiaeth fodern, yn cynnwys gwyliau megis y *Purim*, darllen y Torah yn gyhoeddus yn ystod y flwyddyn Iddewig, a gweddïau canolog megis yr *Amidah*.

- Pan goncrwyd Babilon gan y Brenin Cyrus, datganodd mai ef oedd brenin y wlad, yn ogystal â llywodraethwr pedwar ban byd. Aeth ati i arysgrifio'i awdurdod ar silindr clai, gan restru'i fuddugoliaethau; mae 'silindr Cyrus' hefyd yn disgrifio sut yr aeth ati i wella ansawdd bywyd y Babiloniaid, gan adael iddyn nhw adfer temlau a defodau ar hyd a lled y rhanbarth. I lawer, mae'r silindr yn gofnod o'r hawliau dynol roedd Cyrus yn awyddus i'w mabwysiadu yn ei ymerodraeth.

- Yn Esra 10:9 mae'r bobl yn eistedd yn y sgwâr y tu allan i'r Deml, yn crynu – yn rhannol oherwydd y mater dan sylw, ac yn rhannol oherwydd y glaw. Sylweddolai pawb eu bod wedi mynd yn groes i ewyllys Duw, a bod hyn wedi digwydd o'r blaen, pan anfonodd Duw ddilyw i foddi'r ddaear. Roedd arnyn nhw ofn i'r un peth ddigwydd

Silindr Cyrus, yn amlinellu polisïau'r Brenin ynghylch ei diroedd.

eto, ac maent yn ymbil ar Esra mewn dychryn.

- Roedd sancteiddrwydd pobl Dduw'n allweddol i ddealltwriaeth Esra o Gyfraith Moses. Felly, pan ddywedwyd wrtho yn Esra 9:3 fod y dynion wedi priodi gwragedd o lwythau eraill, ei ymateb oedd rhwygo'i ddillad, tynnu gwallt ei ben a'i farf, ac eistedd yn syn. Byddai rhai'n dweud ei fod yn gorymateb, ond roedd Esra'n sylweddoli bod yn rhaid i'r genedl sanctaidd hon gael dechrau o'r dechrau eto. Roedd ymddygiad

Bedd y Brenin Cyrus,
yn Iran ein dyddiau ni.

Esra'n adlewyrchu ei brofiad mewnol – wrth rwygo'i ddillad, dangosai fod ei galon hefyd wedi'i rhwygo.

• Ym mhennod 10, mae Esra'n ymateb i'r ffaith bod pobl Dduw'n priodi merched estron trwy ddweud wrth y dynion am anfon eu gwragedd a'u plant i ffwrdd. I ni heddiw mae hyn yn gwbl farbaraidd; nid yn unig mae'n annog ysgariad, ond mae hefyd yn condemnio'r merched i fywyd o dlodi, heb neb i'w cynnal a gofalu amdanyn nhw.

Enghraifft arall oedd hon o ddangos mewn ffordd ddiriaethol yr hyn a ddylai ddigwydd yng nghalon Israel. Mae'r arfer o beidio â phriodi y tu allan i'r ffydd Iddewig yn un o nodweddion hynaf y ffydd, a gellir ei holrhain i gyfarwyddyd Abraham ynghylch dod o hyd i wraig i Isaac (Genesis 24) ac yna orchymyn tebyg Isaac i Jacob (Genesis 28).

### Llyfrau eraill i'w darllen

*The Middle East: The Cradle of Civilization Revealed*, gan Stephen Bourke a Maree Browne
*Splendors of Ancient Persia*, gan Henri Stierlin

# Dinas mewn adfeilion

**Awdur:** Esra
**Dyddiad ei ysgrifennu:** 440 cc
**Math o lyfr:** Hanes
**Prif gymeriadau:** Nehemeia, y Brenin Ahasferus, Sanbalat, Tobeia a Gesem
**Prif themâu:** Ailadeiladu amddiffynfeydd y ddinas, addoli yn y Deml, a sancteiddrwydd y bobl

## Teitl ac Arddull

Daw'r enw Nehemeia o'r Hebraeg *Nehemyah*, sef 'cysurwyd gan Dduw'. Mae'r llyfr, sy'n barhad o stori Esra, yn gofnod angerddol o'r modd y daeth un o weithwyr y brenin i ysbrydoli dinas gyfan. Mae'r arddull yr un ffunud ag arddull y Cronicl ac Esra, a'r awdur – Esra ei hun, o bosib – yn cloi'r stori mewn ffordd drawiadol. Ddeuddeg mlynedd ar ôl diwedd llyfr Esra, mae Nehemeia'n clywed bod y ddinas sanctaidd yn dal yn adfeilion. Iddew oedd e, yn byw mewn alltudiaeth ac yn gweithio i'r brenin fel trulliad, neu geidwad y cwpan, oedd yn swydd barchus. Gwaith Nehemeia oedd gweini diodydd wrth fwrdd y brenin; byddai'n clywed pethau nad oedd y brenin am i'w elynion wybod amdanynt, ac roedd yn rhaid i'r brenin allu ymddiried yn llwyr ynddo. Roedd hefyd yn sicrhau nad oedd neb yn ceisio gwenwyno'r brenin, trwy fod y cyntaf i yfed o'r cwpan brenhinol. Roedd agweddau o'r berthynas rhwng y ddau – cyfrinachedd ac ymddiriedaeth – yn golygu bod gan Nehemeia ddylanwad dros y brenin.

## Lleoliad

### Lleoliad 1: Susan

Mae llyfr Nehemeia'n agor gyda golygfa o Susan, prifddinas Persia; roedd hi'n ddinas nodweddiadol o'r ymerodraeth Bersiaidd – yn eang a phrydferth, gyda murluniau a cherfluniau rhyfeddol yn addurno'r strydoedd. Susan ydy un o'r dinasoedd hynaf y gwyddom amdanynt yng ngwareiddiad Mesopotamia, wedi'i sefydlu tua 4000 cc fel clwstwr bychan o dai ar ben bryn strategol. Mae'r ychydig ffeithiau sydd wedi goroesi am y dyddiau cynnar yn awgrymu bod y ddinas yn hynod wâr yn ddiwylliannol. Datblygodd tref gaerog Susan yn ddinas bwysig, gyda ffyrdd yn ei chysylltu â phrifddinasoedd eraill megis Effesus, Sardis yn Asia Leiaf, a dinas sanctaidd Persepolis ym Mhersia. Roedd ymerodraeth Persia wedi cipio trysorau di-rif mewn rhyfeloedd, a phan hawliodd Alexander Fawr y ddinas yn 323 cc dywedid fod angen mwy na 20,000 o asynnod a 10,000 o gamelod i gludo'r trysorau oddi yno.

### Lleoliad 2: Jerwsalem

Dinistriwyd Jerwsalem a Theml Solomon gan y Brenin Nebuchadnesar, arweinydd Babilon, yn 586 cc, gan adael y ddinas yn adfeilion dan bentyrrau o rwbel. Arhosodd llawer o bobl yno ar ôl i'r Babiloniaid adael, ond heb wneud fawr o ymdrech i'w hailadeiladu. Bu'r ddinas ar un adeg yn symbol pwerus o gred a hunaniaeth, ond pan ddiflannodd hynny roedd y bobl ar eu pennau eu hunain. Grŵp o bobl wedi ymgolli yn eu galar eu hunain oedden nhw, heb syniad sut i symud yn eu blaenau. Mae Nehemeia 1:3 yn peintio darlun o ddinas heb na muriau na phyrth, gan ei galw'n warth – nid oherwydd ei golwg, ond am y gallai dinas heb amddiffynfeydd gael ei chipio gan unrhyw un.

Rhan o fur Jerwsalem a ailadeiladwyd yng nghyfnod Nehemeia.

Mae'r awdur yn dechrau'r stori o fewn diwylliant dysgedig Susan, cyn symud ymlaen i ddinas ddrylliedig Jerwsalem. Y symud hwn sy'n ein helpu i gymharu dau leoliad y stori: Persia'n bwerus, yn gyfoethog a chryf, a Jerwsalem yn adfeilion, wedi'i dinistrio'n llwyr. Ond mae symudiad arall yn digwydd yn Nehemeia 7 – caiff y muriau eu cwblhau, ac adferir y pyrth. Bellach mae urddas yn perthyn i'r ddinas unwaith eto, er nad ydy arch y cyfamod yno – mae honno ar goll.

## Cefndir

Yn ystod yr alltudiaeth roedd pobl Israel wedi ymgynefino â'u cartref newydd, ac wedi datblygu syniad newydd o arwyddocâd eu hymrwymo'u hunain i'r Arglwydd a'i addoli'n bell o Jerwsalem. Doedd y ffydd a ddatblygwyd ddim yn seiliedig ar leoliad penodol, ond yn hytrach ar yr Arglwydd ei hun; newidiwyd y dull o'i addoli, a datblygodd y bobl ddealltwriaeth ohono fel Duw'r cread cyfan. Roedd eu dymuniad angerddol i addoli'r Arglwydd yn help iddyn nhw lunio math newydd o Iddewiaeth, yn seiliedig ar yr hen ddull ond yn ymestyn allan i'r byd ehangach. Cludwyd yr Iddewiaeth newydd hon yn ôl i Jerwsalem wrth i Esra, Nehemeia a'r lleill ddychwelyd adref.

## Y Manylion

- Yn Nehemeia 8:13 gwelwn y bobl yn ymgasglu o amgylch Esra i wrando arno'n darllen Cyfraith Moses. Dyma sut y dysgon nhw am orchymyn Moses y dylai pobl Dduw dreulio amser yn byw mewn pebyll yn ystod gŵyl y seithfed mis – y *Sukkot*, neu Ŵyl y Pebyll – i'w hatgoffa o'u cyfnod yn yr anialwch a'r modd y gofalodd Duw amdanyn nhw. Erbyn cyfnod Iesu, câi'r Deml ei goleuo ar gyfer yr ŵyl â phedwar canhwyllbren anferth, pob un yn dal pedair dysgl wedi'u llenwi â deg galwyn o olew yr un, a byddai offeiriaid y Deml yn defnyddio'u hen ddillad fel pabwyr. Roedd Iesu yng ngwledd yr ŵyl, a honno'n llawn golau llachar, pan ddywedodd, '*Myfi yw goleuni'r byd . . . Ni bydd neb sy'n fy nghanlyn i byth yn rhodio yn y tywyllwch, ond bydd ganddo oleuni'r bywyd.*' (Ioan 8:12).

- Darllenodd Esra y Torah cyfan i'r bobl, a'i egluro (Nehemeia 8). Dyma sut y llwyddodd yr Iddewon i adennill eu ffydd, ond gan roi llai o bwyslais ar yr offeiriadaeth. Bellach, roedd eu ffydd yn fwy cyfartal o safbwynt addoliad, dysg ac astudio'r Arglwydd. Yn y gorffennol roedd y pwyslais ar awdurdod yr offeiriaid, ond bellach gallai'r bobl ymgasglu mewn cymunedau bychan.

Yn ystod y cyfnod hwn y dechreuwyd seilio'r addoliad yn llai aml o amgylch y Deml ac yn fwy o amgylch y synagogau, gyda chymunedau unigol yn trefnu eu tai cwrdd eu hunain lle bynnag yr oedden nhw ar y pryd. Roedd hyn yn galluogi'r Iddewon i gynnal eu hunaniaeth yn bell o Jerwsalem, wrth iddyn nhw ddatblygu dull symudol o addoli er bod y Deml wedi'i dinistrio. Yn y synagog, sef 'tŷ cwrdd', roedd ystafell fawr i ymgynnull a gweddïo ynddi, ac ystafelloedd llai lle byddai grwpiau *Beth Midrash* (tŷ astudio) – a oedd yn allweddol wrth ddisgyblu bechgyn ifanc Iddewig – yn cwrdd i astudio'r Torah.

- Cododd argyfwng economaidd wrth i bobl golli eu tiroedd i'r rhai oedd wedi rhoi benthyg arian iddyn nhw i brynu bwyd

Cabanau wedi'u codi y tu allan i gartrefi mewn ardal draddodiadol o Jerwsalem fel paratoad ar gyfer y *Sukkot*.

Dathlu *Sukkot*, sef Gŵyl y Pebyll.

(Nehemeia 5). Cyn hyn, roedd yr offeiriaid wedi delio â materion o'r fath, ond nawr mae Nehemeia'n cynnig ateb i'r broblem. Mae'n cyhoeddi jiwbilî, sef blwyddyn pryd y dylid dychwelyd pob darn o dir i'r perchennog gwreiddiol (Lefiticus 25). Trwy hyn sefydlogir yr economi a gall y gwaith o ailadeiladu'r muriau ddechrau unwaith eto.

- Ymosodwyd ar Nehemeia a'i waith gan Sanbalat, Tobeia a Gesem (Nehemeia 6). Enw Babilonaidd ydy Sanbalat, yn golygu '*Rhoddodd fy mhechod fywyd iddo*' – sy'n awgrymu ei fod yn mwynhau achosi problemau a chario clecs; yn y pen draw, efallai mai dyna roddodd bwrpas i'w fywyd. Swyddog a gyflogid gan lywodraeth Persia oedd Tobeia, ac yn ddiweddarach gwaharddodd Nehemeia ef rhag dod i'r Deml. Arab oedd Gesem, ac mae'n debygol ei fod yn rheoli Edom ar ran y Persiaid. Roedd y tri ohonyn nhw'n awyddus i ychwanegu Jwda at eu tiroedd, ac felly'n gobeithio y byddai Nehemeia'n methu. Maen nhw'n ysgrifennu at Nehemeia yn honni eu bod wedi clywed sïon bod yr Iddewon am gael eu brenin eu hunain, ac yn cynllunio gwrthryfel yn erbyn y Persiaid. Dydy Nehemeia ddim yn gwastraffu geiriau wrth ymateb i'r honiad: '*ti dy hun sydd wedi ei ddychmygu*' (Nehemeia 6:8).

## Llyfrau eraill i'w darllen

*The Middle East: The Cradle of Civilization Revealed*, gan Stephen Bourke a Maree Browne
*Splendors of Ancient Persia*, gan Henri Stierlin
*Ezra, Nehemiah (Word Biblical Commentary)*, gan H. G. M. Williamson

## ESTHER

# Rhyddid ac achubiaeth

**Awdur:** Anhysbys
**Dyddiad ei ysgrifennu:** 400–300 cc
**Math o lyfr:** Ffuglen hanesyddol
**Prif gymeriadau:** Esther, y Brenin Ahasferus, Haman a Mordecai
**Prif themâu:** Yr ymdrech o fod yn un o ddilynwyr yr Arglwydd mewn gwlad estron

## Teitl ac Arddull

Enwir llyfr Esther, y cyfeirir ato yn y Beibl Hebraeg fel 'Sgrôl Esther', ar ôl merch fach o'r enw Hadassah ('deilen myrtwydd') a ddaw'n ddiweddarach yn frenhines Persia. Cyfeirir at ddeilen myrtwydd yn llyfr Eseia fel planhigyn sy'n dangos addewid a thwf (Eseia 41:19, Eseia 55:13), a daeth yn ddelwedd broffwydol o'r bendithion a addawodd Duw i'r Iddewon. Mae'r enw Persiaidd Esther yn hen iawn, ond mae'n anodd gwybod beth ydy ei union darddiad. Cred rhai ei fod yn amrywiad o enw'r dduwies Bersiaidd Istta, ac eraill ei fod yn gyfieithiad o'r gair Persiaidd *stara*, sef 'seren'. Does ganddon ni ddim syniad pwy oedd awdur llyfr Esther, ond mae ei bwyslais ar Iddewon a chenedlaetholdeb Iddewig yn awgrymu'n gryf mai Iddew oedd e. Gyda'i wybodaeth fanwl am ddiwylliant Persia, y lleoliad ym mhrifddinas Susan, a'i ddiffyg gwybodaeth am ddinas Jerwsalem a'r bobl a ddychwelodd yno, mae'n rhaid bod yr awdur hefyd yn byw yn un o ddinasoedd Persia. Gosodir y stori ym Mhersia yng nghyfnod y Brenin Ahasferus, oedd yn teyrnasu o 486 i 465 cc. Sonnir am lysoedd, teyrnasoedd a brenin go iawn, ond mae'r digwyddiadau'n ymddangos yn ffuglennol. Ar hyn o bryd, wyddon ni ddim am frenhines o'r enw Esther ym Mhersia.

## Cefndir

Mae llyfr Esther yn ddarllen hanfodol ar gyfer y *Purim*, un o wyliau'r Iddewon. Yn draddodiadol caiff ei ddarllen yn gyhoeddus yn y synagog, i gyfeiliant sŵn plant ac oedolion yn gweiddi'n groch wrth i enw Haman, y prif weinidog, gael ei grybwyll. Ffaith ddiddorol arall am yr achlysuron hyn ydy fod y gynulleidfa'n gwisgo gwisg ffansi. Ffug-berfformiad o'r stori ydy'r achlysur mewn gwirionedd, gyda phawb yn mwynhau parti, yfed, a naws y carnifal. I ddeall y stori'n iawn rhaid ei darllen yn yr Hebraeg, gan fod y testun gwreiddiol yn gomedi o gamddealltwriaeth rhwng Ahasferus a Haman ym mhenodau 6 a 7, sy'n codi i uchafbwynt llawn hwyl a chwerthin. Seilir y stori ar sefyllfaoedd annhebygol, gor-ddweud, camddealltwriaeth a newid meddwl, o fewn cyd-destun moethusrwydd sy'n ffinio ar drachwant, cyfraith Persia, partïon eithafol, a'u system gyfathrebu enwog. Gwelir enghraifft dda o hyn ym mhennod 1, lle mae penaethiaid meddw'n gobeithio gweld y

Arysgrif yn disgrifio mawredd y Brenin Ahasferus.

frenhines yn noethlymun.
Yna, ym mhennod 2,
mae'r harîm yn defnyddio
cyflenwad blwyddyn gyfan
o golur i baratoi ar gyfer un
noson o ryw gyda'r brenin.
Mae dirywiad moesol llys
Persia, y deg o wleddoedd
yfed, y colur a'r dawnsio
noethlymun, i gyd yn
darlunio gormodedd doniol.

## Lleoliad

Yn y cyfnod hwn, Persia
oedd yr ymerodraeth
fwyaf a welwyd erioed
o ran maint, cyfoeth a moethusrwydd.
Roedd hi wedi gorchfygu Babilon yn
539 cc, a defnyddiodd ei grym i ymestyn
ei thiroedd. Mae stori'r ysgrifen ar y mur yn
Daniel 5 yn adrodd sut y llwyddodd Persia
i hawlio teyrnas Babilon. Yn ystod y cyfnod
Persiaidd gwelwyd y rhanbarth yn sefydlogi, a
bywydau llawer o bobl yn llewyrchus unwaith
eto. Roedd yr ymerodraeth yn anferth; yn
ei hanterth, yn ystod teyrnasiad y brenin
Dareius I, ymestynnai o'r Aifft at afon Indws
yn y dwyrain, ar ffiniau Pacistan ac India ein
dyddiau ni. Rhannwyd yr ardal yn rhyw ugain
rhanbarth, dan reolaeth llywodraethwyr a
ddewisid gan benaethiaid Persia. Roedd y
Persiaid yn gyfoethog, yn datblygu technoleg
newydd, ac wrth eu bodd gyda thlysau a
ffasiwn, ond – fel y gwelsom yn llyfr Esra – yn
wahanol i'r Babiloniaid roedden nhw'n fodlon
gweld pobl ac arteffactau crefyddol yn cael
eu dychwelyd i'w gwledydd gwreiddiol. Yr
agwedd hon a alluogodd Iddewon ffyddlon i
ddychwelyd i Jerwsalem ac ailymffurfio yno.
O ganlyniad, dychwelodd llawer o Iddewon i
Jerwsalem ac ymuno â'r prosiect ailadeiladu
dan arweiniad Esra a Nehemeia.

Daeth archaeolegwyr o hyd i garreg
sylfaen yn ninas Susan yn nodi sut yr aeth y

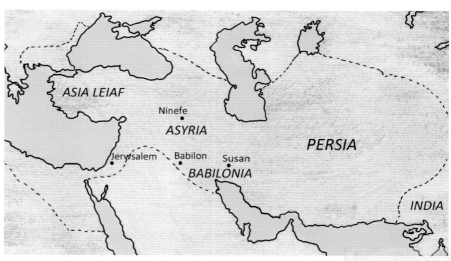

Map yn dangos maint
ymerodraeth Persia
yng nghyfnod Esther.

Brenin Dareius I ati i adeiladu'r ddinas. Arni
disgrifir sut y bu iddo gyflogi gweithwyr o bob
rhan o'r ymerodraeth i adeiladu ac addurno'i
balas gwych, a'r gweithwyr hynny'n dod â
metelau gwerthfawr gyda nhw. Nod y testun
ydy pwysleisio maint yr adnoddau oedd gan
y brenin, a'r nifer o bobl oedd dan ei reolaeth,
gan gyfleu unwaith eto gyfoeth aruthrol yr
ymerodraeth.

## Y Manylion

• Yn ei ffurf bresennol, mae'r stori'n addasiad
o hanes cynharach am Esther, Mordecai a
Haman – hanes sydd bellach ar goll. Mae'r
testun yn wahanol yn y cyfieithiad Groeg,
a'r elfen o hiwmor heb ei chynnwys, gan ei
wneud yn fwy melodramatig.

• Elfen ryfedd o'r llyfr ydy'r ffaith nad oes
ynddo unrhyw gyfeiriad at Dduw, addoliad,
gweddi na hyd yn oed aberth. O safbwynt
Iddewig mae'r stori'n un ddi-chwaeth, yn
anfoesgar ac yn chwerthinllyd, ac oherwydd
hynny mae'n osgoi unrhyw gyfeiriad at enw
Duw rhag peri loes iddo. Mae parchu a
chadw enw sanctaidd Duw mor bwysig fel
bod testunau hereticaidd sy'n cynnwys enw
Hebraeg Duw weithiau'n cael eu claddu

mewn potiau pridd a'u gosod mewn ogofâu yn hytrach na chael eu dinistrio, gan eu bod yn dal i gynnwys ei enw.

- Yn Esther 1:19 sonnir am gyfraith na ellid mo'i newid; crybwyllir deddf debyg hefyd yn Daniel 6:8. Mae '*deddfau'r Persiaid a'r Mediaid*' bellach mor adnabyddus am eu diffyg hyblygrwydd fel eu bod, hyd yn oed heddiw, yn gyfystyr â rhywbeth na ellir byth mo'i newid.

- Roedd ymerodraeth Persia'n adnabyddus am ddigwyddiadau tebyg i gystadlaethau harddwch ein dyddiau ni. Yn Esther 2, defnyddir achlysur o'r fath i ddod o hyd i frenhines arall ar gyfer y brenin. Nid ar sail cariad neu ddeallusrwydd y câi brenhines ei dewis, ond am ei phrydferthwch a'i rhywioldeb.

- Stori Esther ydy cefndir y *Purim*, yr ŵyl Iddewig. Credir fod y teitl *Purim* yn deillio o'r gair Hebraeg *pur*, sef 'llawer' (Esther 3:7), ond does dim sicrwydd o hyn.

- Roedd y Brenin Ahasferus yn ŵr pwerus iawn, nid yn unig o ran ei gyfoeth ond hefyd am fod ganddo rym bywyd neu farwolaeth dros ei holl bobl. Oherwydd hyn roedd pawb yn gwneud eu gorau i'w blesio, ac yn ei ofni.

- Mae'r stori'n cynnwys '*crocbren hanner can cufydd o uchder*' (Esther 7:9), sy'n cynnig diweddglo doniol ac annisgwyl i'r stori. Mae hanner can cufydd yn mesur 75 troedfedd

Cerfiad o'r Brenin Ahasferus.

*Dde*: Delwedd o warchodwr Persiaidd o Susan.

(bron i 23 metr). Mewn gwirionedd, câi pobl eu dienyddio ym Mhersia naill ai trwy eu bwydo i'r llewod, fel yn achos Daniel, neu trwy gael torri eu pennau i ffwrdd a'u gosod ar bolion. Ymddengys mai cynnyrch dychymyg gorfywiog yr awdur ydy'r disgrifiad o'r grocbren.

### Llyfrau eraill i'w darllen

*The Middle East: The Cradle of Civilization Revealed*, gan Stephen Bourke a Maree Browne
*Ruth/Esther (Word Biblical Commentary)*, gan Frederic W. Bush
*Essential Judaism: A Complete Guide to Beliefs, Customs, and Rituals*, gan George Robinson

# Erledigaeth a thrallod

**Awdur:** Moses, yn ôl traddodiad, ond does dim sicrwydd o hynny
**Dyddiad ei ysgrifennu:** 2000–1500 cc
**Math o lyfr:** Doethineb
**Prif gymeriadau:** Job, Eliffas, Soffar, Bildad ac Elihu
**Prif themâu:** Nid yw pobl yn haeddu dioddef bob tro, ac mae'n anodd ei amgyffred

## Teitl ac Arddull

Ystyr y gair *Iyyov*, neu Job, ydy 'dan erledigaeth' neu 'trallodus' – geiriau sy'n adlewyrchiad o fywyd prif gymeriad y stori. Nid Job a'i ffrindiau ydy awduron y testun, er bod y defnydd helaeth a wneir o'r enw Hebraeg am Dduw yn awgrymu'n gryf ei fod wedi'i lunio gan Israeliad. Mae'r geiriau anarferol a'r arddull lenyddol yn gwneud y testun yn anodd ei gyfieithu, a cheir nifer o fersiynau gwahanol iawn; mae rhai cyfieithiadau cynnar gryn dipyn yn fyrrach na'r rhai mwy diweddar, gan nad oedd y cyfieithwyr yn deall rhai o'r rhannau aneglur ac felly'n eu hepgor yn llwyr.

Trafodaeth ydy'r llyfr yn ei hanfod, rhwng grŵp o ddynion sy'n ceisio dirnad trwy ystyried dioddefaint Job pam fod cymaint o ddioddefaint yn y byd. Drwy'r oesau mae rhai wedi ceisio disgrifio pa fath o destun ydy hwn, a bellach rydyn ni'n cyfeirio ato fel 'llên doethineb'.

## Lleoliad

Mae'n anodd gwybod i ba gyfnod yn union mae Job yn perthyn, ond awgrymir ei fod ar ôl dilyw Noa (Job 22:16). Cawn nifer o gliwiau sy'n awgrymu mai patriarch oedd e, yn byw cyn dyddiau Moses ac yn agos at gyfnod Abraham. Ceir cyfeiriad at Job yn offrymu aberthau i Dduw fel pennaeth ei deulu (Job 1:5), yn null y patriarchiaid eraill (Genesis 8:20); does dim sôn am offeiriad Lefiaidd,

y tabernacl, y Deml na Chyfraith Moses, a doedd cyfoeth Job ddim yn cael ei fesur mewn arian neu bwysau, fel mewn testunau diweddarach, ond yn ôl faint o anifeiliaid oedd ganddo (Job 1:3). Mae'r dystiolaeth, felly, yn awgrymu bod Job yn byw rhwng tua 1900 cc a 1700 cc.

Lleolir stori Job yng ngwlad Us (Job 1:1) – man a gysylltir ambell dro â theyrnas Edom (Galarnad 4:21) – ond mae traddodiad Iddewig yn dehongli'r lleoliad yn ddiwinyddol yn hytrach nag yn ddaearyddol. Yn ôl Job, mae Us yn y dwyrain – sydd, i'r Iddewon, yn darddbwynt y cosmos cyfan. Roedd gardd Eden yn y dwyrain (Genesis 2:8), ac yno y cafodd dynolryw ei phrofiad cyntaf o ddaioni Duw a drygioni'r byd. Yn ôl traddodiad ystyrir Job fel ail ran Genesis, gan esbonio sut y bydd Job yn byw yng ngardd Us, yn wahanol i brofiad gardd Eden. Yn y traddodiad

Credir i Job fyw yng nghyfnod y patriarchiaid, gan ddilyn bywyd crwydrol – tebyg iawn i Fedowiniaid ein dyddiau ni.

Iddewig roedd teithio i'r dwyrain yn aml yn cynrychioli symud i ffwrdd oddi wrth Dduw. Yma, mae Job yn dangos sut y gellir byw yn Us a pharhau i fod ym mhresenoldeb Duw.

## Cefndir

Byddai ffordd o fyw Job yn debyg iawn i un y Bedowiniaid yn Israel heddiw – bugeiliaid crwydrol sy'n symud o le i le pan fydd angen rhagor o fwyd a dŵr ar gyfer eu hanifeiliaid. Ychydig o fannau yn anialwch Edom allai gynnal bywyd cymuned fechan, felly roedd yn rhaid i Job symud yn aml. Roedd tebygrwydd arall rhwng ei gymuned ef a chymuned y Bedowiniaid heddiw, sef eu bod yn gorfod brwydro dros eu heiddo, ac amddiffyn yr ardal lle roedd eu hanifeiliaid yn bwydo. Ond byddai pawb yn dangos parch at drigolion eraill yn yr ardal, gan gynnig lletygarwch a chefnogi rhai oedd mewn trafferthion.

Er bod Job yn byw bywyd syml, roedd e'n ŵr cyfoethog (Job 1:3); yn y Beibl Hebraeg, roedd hyn yn arwydd o ymrwymiad i Dduw. Yn gynnar yn y testun, mae'r awdur yn cyflwyno'r syniad bod Job yn derbyn bendith Duw.

## Y Manylion

- Pwysleisir tri phrif bwynt yn llyfr Job: yn gyntaf, efallai fod pobl yn gyfrifol am eu dioddefaint eu hunain, ond dydyn nhw ddim bob amser yn ei haeddu. Yn ail, does dim cysylltiad uniongyrchol bob tro rhwng pechod a dioddefaint – gall daro hyd yn oed y bobl mwyaf sanctaidd a duwiol. Yn drydydd, does dim modd i ni ddeall ystyr dioddefaint gan ei fod y tu hwnt i'n dirnadaeth – ond gallwn ymddiried yn Nuw i'n cynnal drwy'r cyfan.

- Mae sawl cysylltiad rhwng Job a Genesis; er enghraifft mae Job, fel Adda, yn ŵr 'cywir ac union', yn ofni Duw ac yn cefnu ar ddrygioni. Fel Adda, derbyniodd Job orchymyn i fod yn ffrwythlon ac amlhau (Job 1:1–5), ac i arglwyddiaethu dros y tir roedd Duw wedi'i osod dan ei ofal. Ym mywyd Job, mae'n ymddangos bod popeth yn ei le iddo allu adeiladu bywyd mewn harmoni, neu *shalom*, â chynllun mawr Duw. Mae drama Job yn datblygu mewn chwe golygfa, ac yn symud rhwng y nefoedd a'r ddaear – yn debyg i drefn

Ogof a ddefnyddir gan Fedowiniaid crwydrol cyfoes.

y creu ei hun. Tebygrwydd arall rhwng Genesis a llyfr Job ydy'r datgeliad o gariad Duw tuag at y byd yn Genesis, ac ymateb Duw i ddioddefaint trwy ei gariad yn llyfr Job.

- Pan fyddai rhywun yn marw, trefnid i'w gladdu cyn gynted ag y bo modd, oherwydd y gwres ac i atal haint. Byddai'r teulu agos yn cael eu galw'n 'alarwyr' am saith niwrnod wedi hynny, ac yn eistedd gyda'i gilydd mewn un cartref i dderbyn ymwelwyr – arferiad a elwid yn eistedd *Shiv'ah*. Byddai'r ymwelydd yn galw heibio heb air o gyfarchiad, ac yn mynd i eistedd mewn cornel nes bod y galarwyr yn barod i siarad. Byddai eistedd gyda'r person yn arwydd o gefnogaeth. Er enghraifft, yn Job 2:11–13 ni ddywedodd neb air wrth Job '*am eu bod yn gweld fod ei boen yn fawr*'. Pan gâi'r ymwelydd ganiatâd i siarad, byddai'n dweud rhywbeth tebyg i hyn: '*Bydded i'r hollalluog dy gysuro di, ynghyd â galarwyr eraill Seion a Jerwsalem*'.

- Arwydd arall fod Job wedi byw flynyddoedd lawer cyn Moses ydy bod ei fywyd yn debyg o ran hyd i fywydau'r patriarchiaid (2500–2000 cc). Mae llyfr Job yn adrodd iddo weld ei ddeg plentyn cyntaf yn tyfu'n oedolion (Job 1:5) ac o bosib yn cyrraedd oedran teg (Job 1:18). Yna, ar ôl i Job golli ei blant, bendithiodd Duw ef â deg arall (Job 42:12–13). Mae'r llyfr yn diweddu trwy ddweud: '*Bu Job fyw cant a deugain o flynyddoedd ar ôl hyn, a chafodd weld ei blant a phlant ei blant hyd at bedair cenhedlaeth*' (Job 42:16). Ymddengys, felly, fod Job wedi byw'n hŷn na 200 oed, ac yn ôl traddodiad Iddewig dywedir ei fod yn 240 oed yn marw,

sef oedran tebyg i ddisgynyddion Abraham.

- Tua diwedd llyfr Job gwelwn yr Arglwydd yn ymateb i'w sylwadau ef a'i ffrindiau (pennod 38). Ceir delwedd o Dduw, sydd wedi clywed y cyfan a ddywedwyd, yn ateb Job mewn corwynt. Mae'n dechrau trwy rybuddio Job y dylai ei baratoi ei hun; oherwydd bod Job a'i ffrindiau wedi rhoi'r Arglwydd ar brawf, nawr mae yntau am wneud yr un fath. Mae'r Arglwydd yn gofyn iddo: Wyt ti wedi gweld fy nghreadigaeth i? Wyddost ti o ble y daeth hi? Fyddet ti'n gallu gwneud yr un pethau â mi? Ai Duw wyt ti? Mae Job yn ymateb fel hyn, yn 42:6: '*Am hynny rwyf yn ffieiddio fy hunan, ac yn edifarhau mewn llwch a lludw*', sef dull o atgoffa'r darllenydd mai dyna ydyn ni i gyd – bodau meidrol, sy'n ddim ond llwch a lludw.

Mesurid cyfoeth Job yn ôl faint o anifeiliaid oedd ganddo; ar ddechrau llyfr Job roedd hyn yn cynnwys 7,000 o ddefaid!

**Llyfr arall i'w ddarllen**

*Job*, gan Samuel E. Balentine

# Addoliad, mawl, galarnad a gweddi

**Awdur:** Dafydd (73 salm); Solomon (2); Asaff (12); Moses (1); Heman (1); Ethan (1) ac eraill
**Dyddiad ei ysgrifennu:** 1500–500 cc
**Math o lyfr:** Casgliad o ganeuon a cherddi mawl
**Prif gymeriadau:** Dafydd, Solomon, Moses, Asaff, Heman, Ethan, a meibion Cora
**Prif themâu:** Mawl, addoliad a galarnad – ond, yn y pen draw, yr Arglwydd sy'n teyrnasu

## Teitl ac Arddull

Daw teitl y llyfr hwn o'r Groeg *Psalmoi*, sy'n golygu 'salmau' neu 'clodydd'; y gair Hebraeg gwreiddiol oedd *Tehilim*, sef 'caneuon i gyfeiliant telyn'. Cyfansoddwyd y caneuon hyn i bwrpas moli, addoli a gweddïo mewn gwasanaethau cyhoeddus. Mae'r salmau'n cynnwys emynau, galarnadau, diolchgarwch, doethineb, moliant, a chaneuon brenhinol a phererindod, ac mae eu harddull a'u pwrpas yn amrywio. Credir fod llawer o'r salmau'n cael eu canu o ddydd i ddydd yn y Deml, wedi eu gosod ar gerddoriaeth y cyfnod a'u canu'n ddigyfeiliant.

Antholeg ydy'r Salmau, wedi'i lunio o gasgliadau eraill; yn ôl Sgroliau'r Môr Marw cyfansoddodd Dafydd 3,600 o salmau ynghyd â gweithiau eraill. Mae'r llyfr yn cynnwys 150 pennod, ond mae rhai penodau'n cynnwys dwy salm ar wahân (e.e. Salmau 19 a 40), tra bod salmau eraill wedi'u rhannu dros ddwy bennod (Salmau 9–10, 42–43). Roedd casgliad Sgroliau'r Môr Marw'n cynnwys salmau anghyfarwydd, gan awgrymu bod y casgliad yn un hyblyg, heb unrhyw drefn bendant iddo. Rhannwyd y llyfr yn bum llyfr byrrach, pob un yn cynrychioli un o lyfrau'r Torah. Cyflwynodd Moses y pum llyfr Cyfraith, yna cyflwynodd Dafydd y pum llyfr o salmau: llyfr 1 (Salmau 1–41), llyfr 2 (Salmau 42–72) , llyfr 3 (Salmau 73–89), llyfr 4 (Salmau 90–106) a llyfr 5 (Salmau 107–150).

Corn hwrdd, neu *shofa* – a ddefnyddid gan yr Hebreaid fel offeryn cerdd mewn addoliad.

## Cefndir

Roedd cerddoriaeth yn chwarae rhan bwysig mewn addoliad, a phobl Dduw wrth eu boddau'n canu mawl iddo ym mhobman, boed o gwmpas tân y gwersyll neu mewn teml (Salm 150). Ceir cyfeiriadau lu yn yr Hen Destament at gerddoriaeth fel rhan hanfodol o addoliad ac o ddathlu buddugoliaeth mewn brwydr; gwelir y cyfeiriad cyntaf at gerddoriaeth yn Genesis 4:21, lle disgrifir Jwbal fel '*tad pob canwr telyn a phib*'. Roedd cerddoriaeth hefyd yn rhan hanfodol o ddefodau priodasol, pererindodau (2 Samuel 6:5), agor ffynhonnau (Numeri 21:17–18), dathlu buddugoliaethau (Barnwyr 11:33–34) ac angladdau (2 Samuel 3:33–34). Ceid cerddoriaeth hefyd wrth goroni brenhinoedd (2 Samuel 15:10) ac mewn ymosodiadau milwrol (Barnwyr 3:27) – ac roedd yn elfen bwysig yng nghwymp Jericho (Josua 6:4).

## Lleoliad

Mae'n anodd iawn gwybod pryd ac ym mhle yn union y cyfansoddwyd y salmau; dydyn nhw ddim mewn unrhyw drefn arbennig, ac maen nhw'n pontio bywyd Dafydd ac eraill. Mae un neu ddwy'n haws eu dyddio gan eu bod sôn am gyfnodau ym mywyd Dafydd a grybwyllir mewn rhannau eraill o'r ysgrythur.

### Dafydd y bugail

Caneuon yn adlewyrchu cyfnod Dafydd fel bugail ym Methlehem ydy Salmau 8, 19 a 23, lle mae'n tynnu sylw at ogoniant Duw yn y byd o'i gwmpas. Pentref bychan, tlawd oedd Bethlehem, a byddai Dafydd wedi treulio nosweithiau hir yn profi mawredd creadigaeth Duw drosto'i hun (Salm 8:4, 6–7).

## Ar ffo

Mae nifer o salmau Dafydd yn portreadu gŵr ar ffo, yn ofni am ei fywyd (e.e. Salmau 18, 54, 32:3–5). Treuliodd Dafydd beth amser yn cuddio yn En-gedi ar ochr ddwyreiniol anialwch Jwda, nid nepell o'r Môr Marw (1 Samuel 24:1) – man oedd yn enwog am ei ogofâu, ei ffynhonnau dŵr poeth, ei flodau lliwgar a'i gyfoeth o fywyd gwyllt. Un tro, cuddiodd Dafydd yn y clogwyni; maen nhw hyd at 1,500 troedfedd (450 metr) o uchder, ac yn anodd eu cyrraedd gan fod ceg rhai o'r ogofâu tua 650–1,300 troedfedd (200–400 metr) i fyny wyneb y clogwyn. Er eu bod yn lle gwych i guddio, roedd yr ogofâu hefyd yn anhygyrch iawn, ac roedd yn anodd cludo bwyd a diod i unrhyw un oedd yn cuddio yno.

## Fel brenin

I'r Israeliaid, doedd unman tebyg i Jerwsalem; roedden nhw wedi dianc o'r Aifft, wedi crwydro am ddeugain mlynedd, ac o'r diwedd wedi cyrraedd y ddinas sanctaidd. Cyfansoddodd Dafydd Salm 30 i gysegru'r Deml. Dychmygwch falchder Dafydd a'i bobl wrth iddyn nhw hawlio'r ddinas iddyn nhw eu hunain. Yn y cyfnod hwn roedd Jerwsalem yn datblygu o ran maint a chadernid; roedden nhw'n codi adeiladau, palasau a gerddi – a nawr byddai'r Arglwydd yn cael ei balas ei hun. Roedd teimlad braf ymhlith y bobl fod Israel wedi llwyddo, a phopeth yn dod i fwcwl o'r diwedd.

## Ar ôl godinebu

Dafydd oedd brenin cymeradwy Israel, yn gyfrifol am ailadeiladu Jerwsalem. Cyfansoddwyd Salm 51 yn fuan wedi i Nathan y proffwyd ddadlennu pechod Dafydd iddo fel godinebwr a llofrudd. Lleolwyd y salm hon yn Jerwsalem, a chrybwyllir y ddinas yn adnod 18: '*Gwna ddaioni i Seion yn dy ras; adeilada furiau Jerwsalem.*' Dinas fechan oedd hi ar y pryd, ac roedd angen gofalu amdani a'i hamddiffyn. Er bod y lleoliad yn un pwerus i Dafydd, gwyddai y gallai golli'r cyfan os nad oedd ei galon yn y lle iawn gyda Duw.

Yr olygfa tuag at fynyddoedd Lebanon.

Cyfansoddwyd llawer o'r Salmau yn ystod cyfnod Dafydd yn En-gedi.

## Y Manylion

- Dydy barddoniaeth Hebraeg ddim yn odli; nid yn y geiriau mae'r rhythm, ond yn y syniadau a'r themâu. Dychmygwch gyfieithu cerdd i iaith arall: fyddai'r geiriau ddim yn odli yn yr un ffordd. Un o'r technegau a ddefnyddir yn y salmau ydy 'cyfochredd cynyddol', lle mae'r ail linell nid yn unig yn ateb y gyntaf, ond yn ei datblygu ac yn ychwanegu ati.

- Mae 39 o'r salmau'n diweddu â'r gair Hebraeg *selah*, sef 'arhoswch i wrando', neu 'Y sawl sydd â chlustiau ganddo i wrando, gwrandawed.' Ar ddechrau pob un o'r salmau hyn ceir cyflwyniad 'i'r côr-feistr', sy'n awgrymu arwydd cerddorol o ryw fath.

- Ceir salmau hefyd mewn rhannau eraill o'r Beibl. Wedi iddo lwyddo i arwain Israel drwy'r Môr Coch, mae Moses yn ledio'r bobl mewn dwy salm o fawl (Exodus 15), ac yn gwneud hynny eto cyn ei farwolaeth (Deuteronomium 32). Cenid y caneuon hyn i ddathlu daioni Duw, ac i foli ei wyrthiau.

- Credir mai Dafydd gyfansoddodd o leiaf 73 o'r salmau, a phriodolir rhai eraill iddo hefyd (Actau 4:25, Hebreaid 4:7).

- Yn llyfr 3 o'r salmau, priodolir 11 o'r 17 cân i Asaff (ynghyd ag un yn yr ail lyfr). Y cyfan wyddon ni amdano ydy mai Berecheia oedd enw'i dad (1 Cronicl 6:39) a'i fod yn arweinydd mawl (1 Cronicl 15:17), yn broffwyd (2 Cronicl 29:30) ac yn cyfoesi â'r Brenin Dafydd (Nehemeia 12:46).

- Cerdd acrostig ydy Salm 34, sy'n golygu bod pob adnod yn dechrau â'r llythyren nesaf yn yr wyddor Hebraeg. Collir y nodwedd hon yn y cyfieithiad.

- Yn Salm 51:7 mae Dafydd yn sôn am isop – planhigyn bychan a ddefnyddid i olchi dillad a rhoi arogl hyfryd arnyn nhw, yn union fel rydyn ni'n defnyddio powdr golchi heddiw. Mae sôn am isop hefyd yn stori'r Pasg cyntaf (Exodus 12:22), lle câi ei ddefnyddio i daenu gwaed ar bostyn drws i gadw marwolaeth draw.

- Doedd gan ddarllenwyr Iddewig mo'r un diddordeb ag ysgolheigion heddiw ynghylch lleoliad a manylion llyfrau'r Beibl. Mae'n werth edrych y tu hwnt i greadigrwydd neu gymhelliad y cyfansoddwyr unigol, a meddwl tybed pam fod yr holl salmau ar gael: dyma'r rhai roedd y casglwyr wedi eu dewis. Byddai'r darllenydd o Iddew o'r farn mai'r nod oedd cynnig gwerthfawrogiad o hanes Israel nid trwy gyfrwng stori, ond trwy lenyddiaeth greadigol. Adroddir hanes pobl Duw mewn amryw o ffyrdd yn y gwahanol lyfrau; casgliad o ganeuon a cherddi ydy'r salmau, sy'n atgoffa'r darllenwyr o'u hanes. Os felly, rhaid i ni ystyried beth mae'r salmau hyn yn ei ddweud wrthym am ddiwinyddiaeth y bobl, a beth oedd yn bwysig iddyn nhw.

- Pennod ganol y Beibl ydy Salm 118; pennod hiraf y Beibl ydy Salm 119, a Salm 117 ydy pennod fyrraf y Beibl. Daw 594 o benodau cyn Salm 118, a 594 pennod ar ei hôl. O adio'r ddau rif at ei gilydd ceir 1188;

yr adnod yng nghanol y Beibl ydy Salm 118:8: *'Gwell yw llochesu yn yr Arglwydd nag ymddiried yn neb meidrol.'*

- Dyfynnir o lyfr y Salmau'n amlach nag o unrhyw lyfr arall yn yr Hen Destament, a cheir tua 100 cyfeiriad uniongyrchol at y Salmau yn y Testament Newydd. Mae Iesu'n dyfynnu o Salm 110 yn Mathew 22:43, Pedr yn dyfynnu o Salm 69 yn Actau 1:16, ac ar y groes mae Iesu'n dyfynnu o Salm 22: *'Fy Nuw, fy Nuw, pam yr wyt wedi fy ngadael, ac yn cadw draw rhag fy ngwaredu?'*

- Grŵp o gerddorion Lefiaidd oedd 'meibion Cora', y priodolir o leiaf 13 o salmau iddyn nhw (Salmau 42–49 a 84–88). Roedden nhw'n ddisgynyddion i Cora, a geisiodd arwain gwrthryfel yn erbyn Moses (Numeri 16). Roedd Cora'n Iddew adnabyddus, ac yn cael ei gofio fel enghraifft o un oedd yn gwrthryfela yn erbyn Duw. Yn ôl yr hanes, roedd Cora wedi troseddu ac oherwydd hynny cafodd e a'i deulu eu llyncu gan y ddaear (Numeri 16:31. Roedd y math yma o farn yn cyfeirio at yr Arglwydd yn cael gwared ar deuluoedd gwrthryfelgar oedd yn ceisio rhwystro ei waith. Ond ni chafodd y llinach ei dileu'n llwyr, a sonnir amdanyn nhw eto wrth i Dafydd ddewis rhai i gyflawni tasgau yn y Deml (1 Cronicl 6:31–33). Pennaeth y grŵp hwn oedd Heman, cyfansoddwr Salm 88, oedd yn un o ddisgynyddion uniongyrchol Cora. Roedd y ffaith fod meibion Cora wedi goroesi yn dystiolaeth o ras Duw.

- Dros amser, mae'n arwyddocaol fod Dafydd yn gwneud mwy o ddefnydd o 'Haleliwia' neu 'Molwch yr Arglwydd'.

Gallwn ddychmygu Dafydd, yn ei henaint, yn cofio daioni Duw tuag ato pan oedd yn llencyn ffôl, gan godi'i ddwylo'n uchel a diolch i'r Arglwydd am ei ras a'i drugaredd.

Isop, planhigyn a ddefnyddid i lanhau a golchi, fel a grybwyllir yn Salm 51:7: *'Pura fi ag isop, fel y byddaf lân.'*

## Llyfrau eraill i'w darllen

*The Book of Psalms: A Translation with Commentary*, gan Robert Alter
*The Message of the Psalms: A Theological Commentary*, gan Walter Brueggemann
*Reflections on the Psalms*, gan C. S. Lewis

# DIARHEBION

## Dywediadau pobl ddoeth

**Awdur:** Y Brenin Solomon, Agur a'r Brenin Lemuel
**Dyddiad ei ysgrifennu:** Y ddegfed ganrif cc, gydag ychwanegiadau diweddarach
**Math o lyfr:** Llên doethineb
**Prif gymeriadau:** Y Brenin Solomon
**Prif themâu:** 'Ofn yr Arglwydd yw dechrau gwybodaeth' (Diarhebion 1:7)

## Teitl ac Arddull

Mae'r teitl 'Diarhebion' yn gamarweiniol gan fod nifer o ffurfiau llenyddol gwahanol yn y llyfr, yn cynnwys cymariaethau a damhegion (Diarhebion 4:7–12). Y teitl Hebraeg gwreiddiol oedd *Mashal*, sydd ag ystyr llawer ehangach na 'diarhebion'; mewn mannau eraill caiff ei gyfieithu fel 'dychan' (Eseia 14:4), 'oracl' (Numeri 23:18) a 'dameg' (Eseciel 17:2). Mewn llên doethineb, datganiadau byr, dwys ydy diarhebion, yn datgelu gwirioneddau dyfnach i'r darllenydd.

Yn ôl Diarhebion 1:4, lluniwyd y llyfr '*i roi craffter i'r gwirion, a gwybodaeth a synnwyr i'r ifanc*'. Yn yr Hebraeg wreiddiol mae'r dywediadau'n cynnwys nifer o ddyfeisiau i'w gwneud yn haws i'r darllenydd eu cofio. Maen nhw hefyd yn defnyddio geiriau ac iddynt ystyron dyfnach o fewn eu diwylliant, gan eu gwneud yn annealladwy i ni heddiw; mae angen darllen testunau megis Diarhebion, Llyfr y Pregethwr a Job yng nghyd-destun diwylliant y Dwyrain Agos. Mae'r testunau hyn yn rhoi gwybodaeth am foeseg pobl y cyfnod ac yn dangos sut roedd modd plesio Duw a byw'n dda.

Mae arddull y Diarhebion yn debyg iawn i arddull llên doethineb a geir mewn testunau o'r Aifft a Mesopotamia. Yn draddodiadol, gelwir pum llyfr cyntaf y Beibl yn *Torah*, sef 'cyfarwyddyd', ond yn y Diarhebion defnyddir *torah* i olygu doethineb dynol a dysgeidiaeth y gwŷr doeth. Yn y testun mae'r gair *hokhman*, sef 'doethineb', yn cyfeirio at ddoethineb dynol sy'n rhodd gan yr Arglwydd. Dros amser, daeth pobl i gredu bod y Torah yn bodoli cyn creu'r byd, a bod y *torah* dynol hwn yn cael ei eni yn y byd trwy gariad Duw at ei bobl.

I'r darllenydd Iddewig, ystyrir pob adran o'r Diarhebion fel unedau i'w darllen a'u hastudio ar wahân, ac nid fel un testun di-dor, gan mai antholeg o ddywediadau, damhegion a diarhebion ydy'r llyfr. Ni fyddai pob cymal unigol yn ystyrlon i bob darllenydd, ond byddai pawb yn gweld cyfoeth o ddoethineb yn y casgliad fel cyfanwaith. Erbyn cyfnod Iesu roedd y Rabiniaid yn credu na ddylai unigolion astudio testunau megis y Diarhebion, ond yn hytrach y dylai cymunedau astudio pob dywediad yn ofalus, gyda phob darllenydd yn ychwanegu ei bwt gan y byddai'r Arglwydd yn cyfleu rhyw neges arbennig i bawb.

Roedd gan y teulu Iddewig rôl bwysig i'w chwarae yn addysg y plant.

## Lleoliad

Mae'n anodd gwybod ble yn union y lleolwyd llyfr y Diarhebion, ond gwnaed rhai awgrymiadau i'n helpu i ddeall tarddiad y testun. Yn niwylliant yr Hen Israel, roedd y teulu'n chwarae rôl ganolog yn addysg eu plant. Mae llawer o bobl wedi dadlau bod geiriau megis 'fy mab', a welir yn aml yn y testun, yn arwydd fod y llyfr yn cael ei ddefnyddio i addysgu aelodau o'r teulu, naill ai ar yr aelwyd neu wrth gerdded. Yn ôl eraill, mae'n fwy tebygol fod y testun yn cael ei ddefnyddio o fewn system addysg ffurfiol mewn ysgolion a drefnid gan offeiriaid y Deml. Fel y testun Eifftaidd *Cyfarwyddiadau Amenemope*, lluniwyd y Diarhebion ar ffurf gwerslyfr. Yn rhannol oherwydd y cysylltiad cryf â Solomon, mae rhai'n dadlau bod y testun wedi'i osod yng nghyd-destun gwersi preifat yn y llysoedd brenhinol, a chefnogir y syniad hwn oherwydd y cysylltiad agos rhwng doethineb a'r llys brenhinol yn y Beibl Hebraeg. Yn sicr, cefndir y llyfr ydy brenin doeth sy'n awyddus i rannu'i ddoethineb a'i wybodaeth gyda'i bobl.

## Cefndir

Ychydig iawn o bobl y cyfnod oedd yn derbyn addysg ffurfiol, a chynigiai llyfr y Diarhebion fynediad at ddoethineb syml, ymarferol ar gyfer bywyd bob dydd yn y gweithle ac mewn bywyd teuluol a phriodasol. Credid yn gryf fod pobl yn gallu amsugno doethineb o'r gorffennol, a defnyddio'u rheswm i osgoi drygioni a chanolbwyntio ar ddaioni. Roedd llawer o arweinwyr crefyddol yn credu nad oedd angen datguddiad dwyfol, gan fod doethineb eisoes wedi'i gyflwyno i ddynolryw.

Yn y cyfnod hwn, roedd plant yn dechrau derbyn addysg pan oedden nhw tua chwech oed, gan ganolbwyntio ar sgiliau oedd yn hanfodol ar gyfer bywyd. Roedd yr addysg yn ddwys, a disgwylid i fechgyn ifanc ei

Roedd dysgu'r Torah ar y cof yn rhan bwysig o addysg yr Iddewon.

chwblhau erbyn iddyn nhw gyrraedd deunaw oed, sef yr oedran pan fyddai llawer yn priodi. Doedd merched ddim yn derbyn addysg ffurfiol, ond disgwylid iddyn nhw ddysgu sut i gynnal a chadw'r cartref, ac i ddysgu rhannau sylweddol o'r Torah – digon i'w galluogi i addysgu eu plant hyd nes eu bod yn chwech oed. Er bod plant yn derbyn addysg, doedden nhw ddim yn dysgu darllen ac ysgrifennu; yng nghyfnod Solomon amcangyfrifir mai dim ond tua 3% oedd yn gallu darllen, a rhyw 20% yn gallu ysgrifennu eu henwau.

Câi addysg ei seilio ar waith llafar, ac ar ddysgu rhannau o'r Torah ar y cof. Y prif ffocws oedd sgiliau bywyd, a'r wybodaeth a'r sgiliau oedd yn angenrheidiol ar gyfer cynnal cymdeithas. Doedd dim addysg ffurfiol hyd nes i Iddewiaeth Rabinaidd ddatblygu ar ôl cyfnod Esra; addysg syml oedd hi, a ddefnyddid i lywio pobl at ffordd yr Arglwydd, ac i ffwrdd oddi wrth ddrygioni.

## Y Manylion

- Mae Diarhebion 8:1 yn cyflwyno gair benywaidd, *chokhma*, sef 'doethineb'. Rhoddir yr argraff mai person ydy doethineb, un oedd wrth ochr Duw pan grëwyd y byd. Yn llên yr Aifft ceir y cymeriad *Ma'at*, sy'n cynrychioli doethineb; dywedir iddi chwarae rôl bwysig wrth greu a threfnu'r byd, sy'n debyg iawn i'r ddelwedd a geir yn Diarhebion 8.

- Mae Solomon yn enwog am ei ddoethineb; dangosai wybodaeth eithriadol, ac roedd ganddo ffordd reddfol o ddatrys problemau. Y doethaf o'r doeth – dyna farn Iddewon amdano. Y gwŷr doeth fel Solomon oedd yn barnu mewn anghydfod cyfreithiol, yn rhoi cyngor ar faterion crefyddol a phriodasol, ac yn dysgu pobl sut i fod yn arweinwyr da. Hwy oedd athrawon pobl Israel, a berchid gan bawb, a dyna pam y cyfeirir dro ar ôl tro at yr 'ifainc' (Diarhebion 7:7).

- Prif awdur llyfr y Diarhebion ydy Solomon, gydag ychwanegiadau diweddarach o waith awduron eraill, e.e. lluniwyd Diarhebion 30 gan Agur, mab Jaceh, a Diarhebion 31 gan y Brenin Lemuel. Mae'r diarhebion hyn yn defnyddio'r gair *massa*, sef 'oracl' – gair od sy'n awgrymu bod yr awdur yn berson o awdurdod; mae'n golygu bod yr Israeliaid yn rhoi statws i'r geiriau hyn, gan eu hystyried ochr yn ochr â phroffwydoliaethau'r mân broffwydi.

- Mae'r awdur yn defnyddio rhifolion fel dull o gyfleu neges mewn dull sy'n ei gwneud yn hawdd ei chofio. Defnyddir y rhif 4 i gymharu pethau, a 6 a 7 fel dyfais i gyfleu pethau sy'n bwysig i Dduw (e.e. Diarhebion 6:16).

'Y mae'n bren bywyd i'r neb a gydia ynddi, a dedwydd yw'r rhai sy'n glynu wrthi' (Diarhebion 3:18).

- Yn Diarhebion 30:18–19 ailadroddir y gair 'ffordd' nifer o weithiau – hynny ydy, ffordd o wneud rhywbeth: '*ffordd yr eryr yn yr awyr, ffordd neidr ar graig, ffordd llong ar y cefnfor.*' Mae'r rhain yn llyfn a gosgeiddig, ac yn symud heb adael dim o'u hôl. Ond yna mae'r awdur yn priodoli'r un sgiliau i '*ffordd dyn gyda merch*' – mae yntau'n osgeiddig, a heb adael dim o'i ôl!

- Yr epilog, sy'n ychwanegiad braidd yn od i'r testun, ydy Diarhebion 31: 10–31, dan y teitl 'Y Wraig Fedrus'. Nid darlunio'r wraig berffaith ydy bwriad yr adran hon, ond yn hytrach cynnig trosolwg o'r ffordd y dylai gwraig ymddwyn. Mae'r testun yn amlinellu'r hyn sy'n gwneud gwraig ddoeth, un sy'n meddu ar amrywiaeth o sgiliau. Cerdd acrostig fydryddol oedd hon yn yr Hebraeg wreiddiol, gyda phob llinell yn dechrau â'r llythyren nesaf yn yr wyddor. Yn ôl dealltwriaeth Iddewig, alegori ydy'r adran hon, gyda'r wraig ddoeth yn symbol o ddoethineb. Yn draddodiadol, mae gwŷr Iddewig yn adrodd y gerdd hon i'w gwragedd ar noson y Saboth.

### Llyfrau eraill i'w darllen

*Solomon: His Life and Times*, gan Frederick William Farrar
*The Wisdom of Proverbs, Job and Ecclesiastes: An Introduction to Wisdom Literature*, gan Derek Kidner

# Mae popeth yn debyg i anadl

**Awdur:** Koheleth, y Brenin Solomon yn ôl pob tebyg

**Dyddiad ei ysgrifennu:** 950 cc neu 400 cc, yn dibynnu ar yr awdur

**Math o lyfr:** Llên doethineb

**Prif gymeriadau:** Y brenin

**Prif themâu:** Mae bywyd yn gwbl ddi-fudd os na fyddwch yn cydweithio â Duw

## Teitl ac Arddull

Teitl fersiwn Hebraeg llyfr y Pregethwr ydy *Koheleth*, sef 'athro' neu 'yr un a gynullodd', ac ystyr y teitl Groeg hefyd ydy 'cynulliad'. Athro neu bregethwr oedd yr awdur, yn casglu pobl at ei gilydd; yn ôl traddodiad Iddewig, Solomon oedd yr awdur hwnnw (Pregethwr 1:1, 12, 16).

Mae'r gwaith yn perthyn i'r casgliad o lên doethineb sy'n cynnwys llyfr y Diarhebion a llyfr Job. Mae'n defnyddio gwahanol arddulliau a welir yn y math yma o lên Iddewig, megis diarhebion byr a dywediadau bachog, ac yn trafod pynciau megis bywyd, marwolaeth, cyfoeth, doethineb a ffolineb. Fel gweithiau eraill tebyg, mae'n anodd ei ddyddio am nad yw'n cynnwys datganiadau am y byd, diwylliant nac arweinwyr y cyfnod.

## Lleoliad

Hyd yn oed os nad Solomon oedd awdur llyfr y Pregethwr, teyrnas Solomon yn sicr oedd y lleoliad. Ef oedd yn gyfrifol am adeiladu'r Deml gyntaf yn Jerwsalem; roedd yn ddoeth, yn gyfoethog, yn bwerus, ac yn uchel ei statws. Byddai llywodraethwyr gwledydd eraill, wrth ymweld â Solomon, yn rhyfeddu at ysblander a gogoniant ei deyrnas, ac at ei gyfoeth aruthrol. Roedd gan Solomon brofiad o fyw'n fras; gwyddai hefyd sut brofiad oedd bod yn berchen ar bopeth dan haul, ond eto heb ddim yng ngolwg yr Arglwydd.

## Cefndir

Roedd Solomon yn gyfoethog, ond roedd hefyd yn ddoeth, ac yn llyfr y Pregethwr ceir ymateb i'r cyfoeth a gasglwyd ganddo. Un o rinweddau Solomon oedd y doethineb roedd Duw wedi'i roi iddo, a hynny'n deillio o'i awydd i farnu ei bobl yn deg ac i wybod y gwahaniaeth rhwng da a drwg (1 Brenhinoedd 3:9). O hyn y tarddodd llyfr y Pregethwr, wrth i'r awdur sylweddoli cymaint oedd awydd gwamal dynolryw am gyfoeth, a gweld realiti bywyd: prif ddyletswydd dynolryw ydy ofni Duw a chadw'i orchmynion

'Ni ddigonir yr ariangar ag arian, na'r un sy'n caru cyfoeth ag elw' (Pregethwr 5:10).

## Y Manylion

- Doedd gan ddiwylliant byd y Pregethwr ddim dirnadaeth o fywyd tragwyddol, felly daeth i'r casgliad nad ydy'r ffôl a'r doeth, y drwg a'r da, yn cael eu gwobrwyo yn ôl eu gweithredoedd: mewn marwolaeth mae pawb yn gyfartal, a'r hyn sy'n bwysig ydy sut mae rhywun yn byw ei fywyd. Dydy e ddim yn crybwyll atgyfodi'r meirw, er bod y

'Amser i blannu, ac amser i ddiwreiddio'r hyn a blannwyd' (Pregethwr 3:2).

Brenin Dafydd yn credu mewn atgyfodiad a'r bywyd tragwyddol (Pregethwr 9:5). Yr hyn oedd yn bwysig i'r Pregethwr oedd y pleser a geid o'r teulu, gwaith a bwyd; doedd marwolaeth ddim yn cymryd eich ffordd o fyw i ystyriaeth. Dysgeidiaeth debyg oedd un y Sadwceaid yng nghyfnod Iesu, ond mae ei ddelweddau ef o'r nefoedd yn mynd yn gwbl groes i hyn (Mathew 23:13). Arweiniodd y diffyg sôn am fywyd tragwyddol, a'r pwyslais ar 'dyma'r cyfan sydd i'w gael' at awydd llawer o aelodau'r eglwys gynnar i hepgor y llyfr hwn yn llwyr o'r Ysgrythurau.

- Mae ail adnod y llyfr yn ailadrodd y gair 'gwagedd', sef cyfieithiad o'r gair Hebraeg *hevel* sy'n golygu 'diystyr', 'ofer' neu 'gwag'; mae hefyd yn awgrymu stêm yn codi o fàth poeth, neu anadl o'r geg ar ddiwrnod oer. Mae stêm ac anadl yn diflannu – ac felly hefyd *hevel*. Delwedd ydy *hevel* o rywbeth sy'n diflannu mewn chwinciad, rhywbeth na ellir gafael ynddo, a rhywbeth y gellir yn hawdd ei golli.

- Dydy'r Hebraeg yn llyfr y Pregethwr ddim yn nodweddiadol o ieithwedd cyfnod Solomon. Mae'r Pregethwr yn defnyddio geiriau a fenthycwyd o ddiwylliannau eraill, a geiriau Aramaeg a Phersiaidd sy'n awgrymu dylanwad mwy diweddar. Un dull o ddyddio testun ydy astudio'r iaith, gan fod gwahanol ddiwylliannau a chenedlaethau'n aml yn defnyddio geiriau sy'n perthyn i ddiwylliant penodol. Dychmygwch gymharu Cymraeg ysgrifenedig yr 1800au â Chymraeg cyfoes: er bod tebygrwydd rhyngddynt, maen nhw hefyd yn gwbl wahanol. Awgrym arall y gallai'r testun fod yn perthyn i gyfnod diweddarach na Solomon ydy mai'r gair Hebraeg a ddefnyddir am Dduw ydy nid Iawe ond ha-Elohim – gair sy'n perthyn i gyfnod ar ôl Solomon ac yn golygu 'y duw' – a hynny 32 o weithiau. Fodd bynnag, efallai fod ychwanegiadau diweddarach wedi peri i rai geiriau gael eu cyfieithu i iaith oedd yn fwy priodol i'r cyfnod hwnnw, ac o ganlyniad nid oes modd bod yn gwbl sicr o ddilysrwydd y testun.

- Ym Mhennod 3 ceir un o adrannau mwyaf adnabyddus y Beibl, gyda phob llinell yn agor â'r geiriau 'amser i . . .' wrth i'r awdur gyfosod datganiadau cadarnhaol a negyddol i arwain y darllenydd drwy drafodaeth ynghylch y ffaith fod yna amser ar gyfer y drwg a'r da. Gellir deall adnod 5, 'amser i daflu cerrig, ac amser i'w casglu' yn well yng nghyd-destun cymuned amaethyddol y cyfnod. Roedd ffrwythlondeb unrhyw faes yn dibynnu ar faint o gerrig oedd ynddo; trwy daflu cerrig roedd y ffrwythlondeb yn cael ei ddifetha, a thrwy gasglu cerrig roedd modd i'r tir fod yn ffrwythlon. Mae rhai wedi awgrymu bod yr adnod hon, o'i hystyried mewn cyd-destun amaethyddol, hefyd yn cymharu anfoesoldeb rhywiol a rheoli nwydau!

- Er bod y Pregethwr yn diweddu trwy ddweud bod popeth yn ddiystyr, mae llais y llefarydd i'w glywed yn dathlu geiriau dysgedig y Pregethwr ond yna'n crynhoi trwy ddweud: '*Wedi clywed y cyfan, dyma swm y mater: ofna Dduw a chadw ei orchmynion, oherwydd dyma ddyletswydd pob un. Yn wir, y mae Duw yn barnu pob gweithred, hyd yn oed yr un guddiedig, boed dda neu ddrwg*'. (Pregethwr 12:13–14)

### Llyfr arall i'w ddarllen

*The Jewish Study Bible*, gan Adele Berlin, Marc Zvi Brettler a Michael Fishbane

# CANIAD SOLOMON
## *Llên Feiblaidd erotig*

**Awdur:** Solomon

**Dyddiad ei ysgrifennu:** Anhysbys, ond o gwmpas teyrnasiad Solomon (950 cc)

**Math o lyfr:** Barddoniaeth erotig

**Prif gymeriadau:** Anwylyd, carwr, merched Jerwsalem, a chyfeillion

**Prif themâu:** Cariad, rhyw a chyfeillgarwch

### Teitl ac Arddull

Daw'r teitl 'Cân y Caniadau', neu 'Caniadau Solomon', o'r cymal Hebraeg agoriadol *Shir ha-Shirim*, sy'n chwarae ar y term 'cysegr sancteiddiolaf'. Os oedd y cysegr sancteiddiolaf yn fan lle na châi neb ac eithrio'r offeiriad fynd iddo, a hynny gyda pharchedig ofn unwaith y flwyddyn yn unig, dylid darllen y llyfr hwn, sy'n sôn am y berthynas rhwng dyn a menyw, â'r un petruster. Mae'r teitl yn canmol i'r entrychion – fel a welir yn 'Arglwydd yr Arglwyddi' neu 'Brenin y Brenhinoedd' – a hynny er mwyn cyfleu bod y caniad hwn yn well nag unrhyw ganiad arall a'i fod yn trafod perthynas rywiol rhwng dau berson.

Mae Caniad Solomon yn destun unigryw, ac yn cynnwys geiriau, termau a chymalau na cheid fel arfer yn nhestunau Hebraeg y cyfnod. Defnyddir y geiriau hyn – a fenthycwyd o'r Aramaeg, ac ieithoedd Persia a Groeg – i greu darlun o iaith fyw, organig, sy'n datblygu dan ddylanwad y byd o'i chwmpas. Cerdd ydy'r testun, yn cwmpasu absenoldeb, ac yna bresenoldeb, y ddau gariad; o ran arddull, mae'n debyg i gerddi serch yr Aifft, Persia a Babilon, ac mae'n debygol fod y rheiny wedi dylanwadu ar yr awdur. Does dim stori'n llifo drwy'r gerdd, er bod y berthynas rhwng y cwpwl yn tyfu ac yn datblygu. Er bod yr anwylyd (y ferch) a'r carwr (y dyn) yn llefaru yn y gerdd, daw'n amlwg mai'r ferch ydy'r fwyaf rhugl, a'r gallu ganddi i fynegi ei theimladau a'i phrofiadau'n huawdl.

### Lleoliad

Mae'n amlwg fod Caniad Solomon wedi dod dan ddylanwad diwylliannau eraill y cyfnod. Daeth Israel yn drwm dan ddylanwad diwylliant yr Aifft cyn yr exodus, ac yn ddiweddarach dylanwadwyd arni gan ddiwylliannau Mesopotamaidd eraill a ddaeth i ryfeddu at ogoniannau teyrnas Solomon. Defnyddir iaith debyg mewn cerddi serch o'r Aifft, yn dyddio o gyfnod Rameses (1205–1150 cc), ac fel Caniad Solomon mae'r rhain yn cyfeirio'n aml at feysydd, blodau, tyrau a bronnau.

### Cefndir

Cerdd gadarnhaol ydy Caniad Solomon, yn canolbwyntio ar gariad rhywiol rhwng dau, a does dim themâu diwinyddol na hanesyddol ynddi. Mae'r testun mor angerddol yn ei

Mae ffrwythau'n un enghraifft o'r delweddau cofiadwy yng Nghaniad Solomon.

ddarlun o berthynas rywiol fel y câi ei ystyried yn anaddas i'w roi i fechgyn ifanc Iddewig; gwaherddid hwy rhag ei ddarllen hyd nes eu bod yn 13 oed, pan gaent eu hystyried yn ddynion. Yn y gerdd ceir nifer fawr o drosiadau'n disgrifio gweithgareddau rhywiol, ac mae'n cynnwys amrywiaeth o fwytheiriau a geiriau mwys. Er enghraifft, defnyddid ffrwythau neu afalau fel symbol o organau rhywiol dynion, ac yn aml roedden nhw'n cyfeirio at gyfathrach eneuol. Disgrifir y dyn fel hydd ifanc neu afrewig, sy'n awgrymu gwrywdod rhywiol, fel anifeiliaid yn y gwanwyn. Roedd gwin yn symbol o'r nefoedd yn cwympo i'r ddaear, pleser di-ben-draw, tra bod gardd yn cyfeirio at wain merch. Ym marddoniaeth erotig y cyfnod, pan fo'r ardd ar glo mae'n awgrymu bod y ferch yn wyryf, ond pan ddarllenwn yng Nghaniad Solomon 4:16, *'Doed fy nghariad i'w ardd, a bwyta ei ffrwyth gorau,'* mae'n awgrymu cyfathrach rywiol.

Yng Nghaniad Solomon, cyffelybir y carwr i hydd ifanc (2:9).

## Y Manylion

- Mae yna 11 o eiriau Hebraeg sy'n golygu 'cariad', ond yng Nghaniad Solomon dim ond tri ohonyn nhw a ddefnyddir. Y cyntaf ydy *Dode* (1:2), sef anwesu, mwytho, neu dylino erotig. Mae'n air a gysylltir â charu rhywiol a chaiff ei ddefnyddio 31 o weithiau yn yr wyth pennod. Ystyr yr ail air, *Ahava* (2:5) ydy cariad aberthol – cariad sydd wedi'i ymrwymo i wella bywyd y cymar. Mae'n cyfeirio at y math o gariad dwfn fyddai'n fodlon gwneud unrhyw beth dros y person arall, hyd yn oed aberthu eich bywyd. Dim ond naw gwaith y cyfeirir at y math yma o gariad yn y testun. Un cyfeiriad yn unig sydd at y trydydd gair, *raya* (5:16), sef cymar neu 'enaid hoff cytûn'. Mae arwyddocâd i'r nifer o weithiau y defnyddir y gair hwn, a byddai'r darllenwyr gwreiddiol yn sylweddoli bod *raya* yn tynnu sylw ato'i hun trwy ei absenoldeb – fel petai'r awdur

am danlinellu pwysigrwydd *raya* fel gem sy'n cael ei guddio gan bopeth arall o'i gwmpas; mae e am i'r darllenydd ddod o hyd iddo a nodi pa mor anghyffredin, ond arwyddocaol, ydyw.

- Yng Nghaniad Solomon 8:6 mae'r awdur yn sôn am osod sêl ar galon a braich y cariad. Roedd seliau'n bwysig yn yr hen fyd, a byddai gan berson amlwg ei sêl ei hun yn cyfleu enw neu statws y teulu, e.e. brenin neu lywodraethwr. Credid mai'r person ei hun oedd y sêl, neu bod ei enaid rywsut yn cael ei osod arni. Yn y gerdd, mae'r cariadon wedi cydblethu i'r fath raddau nes eu bod bellach yn un: mae e'n gosod ei enaid, ei fywyd, drosti hi.

- Dywedir dair gwaith yn y gerdd, *'Peidiwch â deffro na tharfu fy nghariad nes y bydd yn barod'* (2:7, 3:5, 8:4). Delwedd o greadur gwyllt yw hon – un na ellir mo'i ddofi na'i guro, ac sy'n gorfod cael ei dawelu hyd nes y gall y cwpwl reoli ei bŵer.

- Daw uchafbwynt y gerdd serch yn 8:6–7, lle mae'r ferch yn mynegi ei barn am y berthynas, a gwir bŵer a gwerth cariad. Ni ellir trechu na diffodd cariad. O'r foment hon ymlaen mae'r gerdd yn dawelach wrth i'r cwpwl ymlacio, ac mae'n diweddu gyda'r ferch yn estyn un gwahoddiad olaf i'w chariad: *'Brysia allan, fy nghariad, a*

*'Y mae'r mandragorau yn gwasgar eu harogl'* (7:13).

bydd yn debyg i afrewig, neu'r hydd ifanc ar fynyddoedd y perlysiau' (8:14).

- Dyma rai enghreifftiau o iaith symbolaidd o lenyddiaeth erotig y cyfnod:
- *'Fy ngwinllan fy hun'* – cyfeiriad at gorff y ferch (1:6).
- *'Pan yw'r brenin ar ei wely'* – term yn cyfeirio at led-orwedd, gan mai dyna sut roedd pobl yn bwyta bryd hynny (1:12).
- *'Colomennod'* – symbol o wyryfdod a diniweidrwydd y ferch (1:15).
- *'Cofleidio'* – defnyddir y gair mewn enghreifftiau eraill o lên erotig i gynrychioli mwytho gwain y ferch (2:6).
- *'Gafrewig'* a *'hydd ifanc'* – delweddau o wrywdod rhywiol dyn, yn awgrymu anifeiliaid yn paru yn y gwanwyn.
- *'Bugeilio'i braidd ymysg y lilïau'* – cyfeiriad at gusanu rhannau tyner cyrff y cwpwl (2:16).

- *'Arlais'* – nid disgrifiad o'r croen o amgylch ei llygaid, ond yn hytrach ei bochau (4:3).
- *'Gwin'* – yn nelweddaeth y Beibl mae gwin yn cynrychioli pleser di-ben-draw, y nefoedd yn cwympo i'r ddaear, rhodd Duw (4:10).
- *'Y mae dy wefusau'n diferu diliau mêl'* – disgrifiad o'i chusanu gwefreiddiol (4:11).
- *'Gardd'* – cyfeiriad at y wain; pan fo'r ardd 'wedi cloi' mae'n golygu bod y ferch yn dal yn wyryf (4:12).
- *'Fy nhraed'* – mwythair am yr organau rhywiol (5:3).
- *'Mandragorau'* – planhigyn deiliog a ystyrid yn affrodisiad. (7:13)

**Llyfrau eraill i'w darllen**

*Solomon on Sex*, gan Joseph Dillow
*Ecclesiastes/Song of Solomon*, gan David Hubbard

# Y proffwyd

**Awdur:** Eseia
**Dyddiad ei ysgrifennu:** 700 cc
**Math o lyfr:** Proffwydoliaeth
**Prif gymeriadau:** Eseia, Ahas, Heseceia, y Brenin Senacherib a byddin Asyria
**Prif themâu:** Rhowch y gorau i ymddiried mewn pobl, a dechrau ymddiried yn Nuw

## Teitl ac Arddull

Caiff llyfr Eseia ei ddyfynnu'n amlach na'r un llyfr proffwydol arall yn holl lenyddiaeth y rabiniaid a'r Testament Newydd. Cafodd ei enwi ar ôl Eseia, yr awdur blaenllaw, y mae ei enw'n golygu 'Iachawdwriaeth ydy'r Arglwydd' mewn Hebraeg. Datganiad proffwydol maith ydy'r testun, yn sôn am Israel, yr Arglwydd, a'r Meseia sydd i ddod. Mae ei draethu maith yn herio Israel, ac yn eu galw i gyfrif trwy ddefnyddio delweddau megis goleuni, gerddi, cartrefi, coed, distawrwydd, dŵr, aur, dicter a chariad.

## Lleoliad

Gosodir proffwydoliaethau Eseia o fewn ei ddiwylliant a'i gyfnod ei hun, a ddisgrifir yn 2 Brenhinoedd ac 1 a 2 Cronicl, ac mae ei weledigaethau a'i eiriau'n trafod materion y dydd. Yn anffodus, dydy Eseia ddim yn esbonio beth oedd y materion hyn, gan ein gorfodi i geisio ail-greu'r lleoliad yn wleidyddol ac yn hanesyddol.

Gosodir Eseia yn yr wythfed ganrif cc, pan oedd y sefyllfa wleidyddol mewn anhrefn llwyr. Wedi marwolaeth Solomon daeth ei fab Rehoboam yn frenin, a chodwyd y trethi i'w alluogi i barhau â'i brosiectau adeiladu moethus a'i safon byw uchel. Y canlyniad oedd gwrthryfel yn Israel, gyda'r deyrnas yn ymrannu; aeth Israel yn y gogledd a Jwda yn y de o ddrwg i waeth ym mhob ystyr, yn cynnwys yn ysbrydol.

Ar ôl hynny, dechreuodd ymerodraeth Asyria – a leolid yng ngogledd Irac ein dyddiau ni – drechu a dylanwadu ar y mân deyrnasoedd ar lannau'r Môr Canoldir, yn cynnwys Israel a Jwda. Roedd y berthynas gyda'r Asyriaid yn un gythryblus: weithiau roedd Israel a Jwda'n awyddus i'w defnyddio fel amddiffyniad, a bryd arall roedden nhw'n gwrthryfela yn eu herbyn. Yn y diwedd, dinistriwyd Israel mewn gwrthryfel yn erbyn yr Asyriaid yn 722 cc, gan adael dim ond teyrnas y de yn gyfan. Cymerwyd pobl teyrnas y gogledd yn alltud, a'u gwasgaru ymhlith pobl Asyria. Canlyniad yr alltudiaeth hon oedd colli deg o lwythau Israel, gan adael dim ond llwythau Jwda a Benjamin ar ôl.

O ganlyniad, roedd problem fawr yn wynebu Jwda – un roedd Eseia'n awyddus i'w datrys. Roedd yn rhaid i Jwda benderfynu naill ai greu cynghreiriau gwleidyddol a milwrol newydd gyda theyrnasoedd eraill, neu droi at Dduw i ofalu amdanynt. Yn yr hen fyd, credid fod troi at genhedloedd eraill i ofyn am amddiffyniad yn gyfystyr â throi at dduwiau'r cenhedloedd hynny.

## Cefndir

Credir fod Eseia'n perthyn i linach y brenhinoedd, ac mai dyna pam roedd yn gallu siarad mor blaen â nhw. Tad Eseia oedd Amos (Eseia 1:1), y credir ei fod yn frawd i'r Brenin Amaseia ac yn gefnder i'r Brenin Usseia.

Mae llyfr Eseia'n debycach i ddyddiadur proffwydol na llyfr hanes. Gan fod cynifer o

'Ni fydd yn dryllio
corsen ysig'
(Eseia 42:3).

diffyg ffydd Israel; byddai ychydig o bobl yn goroesi'r drychineb a anfonwyd i'w cosbi, a Seion newydd yn ymffurfio ar ôl i'r bobl gael eu barnu.

## Y Manylion

- Parhaodd gweinidogaeth Eseia am dros hanner can mlynedd, ac yn ystod y cyfnod hwnnw bu pedwar brenin ar yr orsedd: Usseia, Jotham, Ahas a Heseciea. Yn ôl traddodiad, merthyrwyd Eseia yn ystod teyrnasiad Manasse yn 687 cc, a llifiwyd ei gorff yn ei hanner.

- Un o themâu arwyddocaol y llyfr ydy dyfodiad Meseia o linach Dafydd. Mae Eseia'n sôn am sefydlu Teml newydd (Eseia 2) ac am eni plentyn a chanddo deyrnas newydd (Eseia 9). Byddai'r plentyn hwn yn un o linach Jesse, yn barnu'n wahanol i bob brenin arall (Eseia 11) ac yn cael ei aberthu (Eseia 53).

- Dyfynnai Iesu o lyfr Eseia drwy gydol ei weinidogaeth, ac mae'n dyfynnu'n uniongyrchol o Eseia 61:1 yn Luc 4:18, o Eseia 6:10 yn Ioan 12:29–41, o Eseia 35:5 yn Mathew 11:5, ac o Eseia 66:5 yn Mathew 10:22–23.

- Mae llyfr y Datguddiad hefyd yn gwneud defnydd o adrannau helaeth o Eseia, ac mae rhai'n honni bod yr allwedd i'r Datguddiad i'w chael yn Eseia. Mae'r cysylltiad rhwng y ddau lyfr yn cynnwys Eseia 65:17 a 60:19, gyda'r ddwy adran yn sôn am ddinas newydd Seion, y bydd Duw'n oleuni iddi.

- Nid rhag-weld y dyfodol yn unig a wneir mewn proffwydoliaeth; yn hytrach, mae'n dangos cariad Duw tuag at ei blant, y cynllun sydd ganddo ar eu cyfer, a'r meini prawf mae Duw wedi eu paratoi fel bod y bobl yn cadw'u hochr nhw o'r fargen. Gellir deall proffwydoliaethau Eseia ar dair lefel: proffwydoliaeth ar gyfer pobl y cyfnod; proffwydoliaeth ynghylch pethau

ddyfyniadau'n ymddangos yn y Testament Newydd, rydyn ni'n aml yn meddwl am lyfr Eseia fel un sy'n canolbwyntio'n bennaf ar ddyfodiad y Meseia – ond, mewn gwirionedd, mae Eseia'n trafod llawer mwy na hynny. Un newid cymdeithasol mawr a welwyd yng nghyfnod Eseia oedd twf stadau mawr y tirfeddianwyr cyfoethog, a arweiniodd at dlodi enbyd. Soniai Eseia'n aml am yr annhegwch hwn, ac am gefnogaeth Duw i'r tlodion (Eseia 1:17, 3:15, 11:4). Siaradodd ar faterion eraill hefyd, yn cynnwys y dinistr a ddisgynnai ar Jerwsalem o ganlyniad i bechodau a

Copi o'r ganrif gyntaf oc o waith Eseia yw'r sgrôl hon.

a ddigwyddodd yn y cyfnod rhwng ychydig gannoedd o flynyddoedd wedi cyfnod Eseia hyd at gyfnod Iesu; ac fel proffwydoliaeth sy'n siarad wrth eglwys Dduw ac wrthon ninnau heddiw. Dyna, sut mae deall y rhan fwyaf o'r geiriau proffwydol yn yr Ysgrythurau.

• Yn Eseia 11 mae'r awdur yn defnyddio'r gair 'cyff', sef symbol am frenin oedd ar ddyfod, neu frenin delfrydol. Mae'n defnyddio'r gair i gyfeirio at Iesu fel un a fyddai, yn y dyfodol, yn frenin pobl Dduw.

• Yn draddodiadol, cyfieithwyd y gair *almah* yn Eseia 7:14 fel 'gwyryf', ond mewn gwirionedd yr ystyr ydy 'merch ifanc' – er y gallai'r term hefyd gyfeirio at ferch oedd yn wyryf. Dyfynnir yr adnod hon yn Efengyl Mathew, lle cyfieithwyd y gair i'r iaith Roeg fel *parthenos*, a allai olygu gwyryf; mae hyn yn awgrymu bod Mathew yn ei weld fel gair proffwydol yn cyfeirio at y Forwyn Fair.

## Llyfrau eraill i'w darllen

*The Jewish Study Bible*, gan Adele Berlin, Marc Zvi Brettler a Michael Fishbane
*Isaiah (Word Biblical Commentary)*, gan John D. W. Watts

# Proffwydoliaeth, trychineb a galarnad

**Awdur:** Jeremeia
**Dyddiad ei ysgrifennu:** 622–580 cc
**Math o lyfr:** Proffwydoliaeth/naratif
**Prif gymeriadau:** Jeremeia, Baruch yr ysgrifennydd, Nebuchadnesar, Jehoiacim, Sedeceia a Hananeia
**Prif themâu:** Mae pethau wedi mynd yn rhy bell: mae'n Duw'n gadael i Fabilon gipio Jerwsalem, ac mae Jeremeia'n codi ei lais yn erbyn hyn

## Teitl ac Arddull

Ystyr Jeremeia, neu *Yirmeyahu* yn yr Hebraeg wreiddiol, ydy 'mae'r Arglwydd wedi dyrchafu' neu 'mae'r Arglwydd yn sefydlu'. Mae rhai wedi dadlau y byddai 'mae'r Arglwydd yn taflu' yn ddehongliad gwell, oherwydd bod Duw wedi taflu Jeremeia i fyd dryslyd a gelyniaethus, er mwyn iddo allu siarad ar ei ran. Casgliad o broffwydoliaethau a gweledigaethau Jeremeia ydy'r llyfr, ac ychwanegwyd ato dros amser. Mae'r awdur yn defnyddio naratif cofiannol fel fframwaith i gyflwyno rhagor o wybodaeth am Jeremeia a'i eiriau proffwydol.

Ceir dau fersiwn o'r llyfr, ac efallai mai'r rheswm dros hynny ydy bod Baruch fab Nereia, ffrind ac ysgrifennydd Jeremeia, wedi llunio nifer o gopïau o'r testun (Jeremeia 36). Y fersiwn Hebraeg a ddefnyddir yn y Beiblau Iddewig – a dyna sail y fersiwn a geir ym Meiblau'r Protestaniaid. Fersiwn Septuagint y Groegiaid a ddefnyddir ym Meiblau'r Catholigion ac Eglwys Uniongred y Dwyrain; er bod y fersiwn hwn yn debyg i'r un Hebraeg, ac yn cynnwys yr un wybodaeth, mae'r testun ychydig yn fyrrach ac yn dilyn trefn ychydig yn wahanol.

## Lleoliad

Mae Jeremeia'n canolbwyntio ar ddinas Jerwsalem, oedd wedi parhau i dyfu ers dyddiau Dafydd; roedd ei hamddiffynfeydd mor gryf fel ei bod yn anodd iawn ei choncro. Ond yn y diwedd ymosododd y Babiloniaid ar Jerwsalem, ac wedi deunaw mis fe gwympodd oherwydd bod y trigolion yn newynu (Jeremeia 52:5). Mae'r sylw 'nid oedd bwyd i'r werin' yn awgrymu bod yna fwyd ar gael i'r cyfoethogion ond, yn eironig, y werin oedd aelodau'r fyddin, a chwympodd y ddinas oherwydd nad oedden nhw'n gallu ei hamddiffyn.

## Cefndir

Dechreuodd gweinidogaeth broffwydol Jeremeia yn 626 cc, a daeth i ben tua 585 cc, gan osod Jeremeia yn y cyfnod cyn ac yn ystod ymosodiad Babilon ar Jerwsalem. Yn ystod teyrnasiad Solomon, 400 mlynedd yn gynharach, roedd y ddinas yn ganolbwynt

Mur y Gorllewin yn Jerwsalem – dyma'r unig ran sy'n weddill o Deml Solomon, a ddinistriwyd pan orchfygwyd Jerwsalem gan y Babiloniaid yn 586 cc.

i addoliad yr Arglwydd. Bu nifer o frenhinoedd yn teyrnasu wedi hynny, a'r rheiny'n rhannu eu haddoliad rhwng duwiau eraill. Byddai un brenin yn gwrthod gadael i'r bobl addoli'r Arglwydd, a'i olynydd yn eu troi'n ôl ato. O ganlyniad i genedlaethau o symud yn ôl ac ymlaen rhwng gwahanol dduwiau, roedd y bobl wedi drysu'n llwyr.

Y Brenin Joseia o Jwda oedd ar yr orsedd pan ddechreuodd Jeremeia ei weinidogaeth. Roedd ei dad-cu, y Brenin Manasse, wedi gwrthdroi diwygiadau crefyddol ei dad, y Brenin Heseceia, ac wedi ailsefydlu trefn baganaidd o addoli. Pan ddaeth y Brenin Joseia i'r orsedd trodd y bobl yn ôl at yr Arglwydd gan wneud y Deml yn Jerwsalem yn ganolfan addoliad unwaith yn rhagor.

Gwyddai Jeremeia beth oedd dymuniad Duw ar gyfer ei bobl, a gwyddai hefyd fod y Brenin Joseia'n gwneud ei orau glas i ailgyflwyno'r Arglwydd i'r bobl. Gyda marwolaeth y Brenin Joseia yn 609 cc roedd unrhyw beth yn bosibl, a gallai'r Brenin Jehoahas eu troi oddi wrth yr Arglwydd unwaith eto. Ond roedd Jeremeia'n wynebu problem hyd yn oed yn fwy na phroblem y rhes o frenhinoedd difater a rhanedig; yn 586 cc ymosododd y Babiloniaid ar Jerwsalem, gan ddinistrio'r Deml a chipio'r bobl i alltudiaeth ym Mabilon. Roedd Jeremeia'n gandryll; teithiodd i'r Aifft, ac oddi yno y dechreuodd ymbil ar Dduw.

## Y Manylion

• Roedd Jeremeia'n fab i Hilceia, un o'r offeiriaid yn Anathoth yn ardal llwyth Benjamin. Hilceia ydy'r archoffeiriad a ddaeth o hyd i gopi coll o'r Torah yn Nheml Jerwsalem yn ystod teyrnasiad y Brenin Joseia, a dywedir mai ei araith ef a berswadiodd Joseia i addoli'r Arglwydd unwaith eto (2 Brenhinoedd 22:8). Gŵr dylanwadol a chyfoethog oedd Hilceia, yn byw rhyw dair milltir o Jerwsalem.

Oherwydd bod ei gartref mor agos at y ddinas sanctaidd, roedd Jeremeia'n gyfarwydd iawn ag arferion y byd crefyddol gan ei fod wedi cael profiad personol ohonyn nhw.

• Yn yr oes honno, roedd tri dull o gasglu dŵr. Un oedd defnyddio tarddell naturiol, ond byddai honno'n aml wedi'i hamgylchynu â llystyfiant. Yr ail ddull oedd ffynnon wedi'i chodi dros ffynhonnell naturiol, gan ddefnyddio bwced i godi'r dŵr ohoni. Roedd y trydydd dull i'w weld

Seston ddŵr hynafol – mae Duw'n rhybuddio'r Israeliaid eu bod, wrth gefnu arno, wedi 'cloddio iddynt eu hunain bydewau, pydewau toredig na allant ddal dŵr' (Jeremeia 2:13).

Rhaeadr yn En-gedi, symbol o '*ffynnon y dyfroedd byw*' a wrthodwyd gan Israel (Jeremeia 2:13).

fel arfer ar gyrion dinas neu wrth ochr tŷ mawr, lle byddai gwteri'n casglu'r dŵr glaw a'i sianelu i seston a gloddiwyd i mewn i wyneb craig. Defnyddid y dull yma pan nad oedd dŵr naturiol gerllaw, ond yn aml roedd y dŵr yn sefyll am amser hir, a byddai'n rhaid ei ferwi cyn ei yfed. Ystyr sylw Duw, bod ei bobl wedi cefnu ar '*ffynnon y dyfroedd byw, a chloddio iddynt eu hunain bydewau, pydewau toredig na allant ddal dŵr*,' ydy bod y bobl yn awyddus i fod yn hunangynhaliol a chefnu ar ei ddarpariaeth ef – er bod honno'n rhad ac am ddim, ac yn gwbl naturiol (Jeremeia 2:13).

- Mae Jeremeia'n ein helpu i ddeall lle emosiynau mewn gweddi, wrth i'w gyffesion ddangos y proffwyd yn rhegi, yn galarnadu, yn gweiddi allan, yn ffrwydro mewn dicter, ac yn dangos pa mor real ydy ei boen. Yn aml, cyfeirir yr emosiwn hwn at elyn Israel, ond mewn ffordd onest, deimladwy mae e hefyd yn anelu'r mynegiant hwn o'i boen at Dduw. Mae'r llyfr yn cyfleu dicter Jeremeia at realiti'r sefyllfa, ac at y gwrthdaro y tu mewn iddo ac o'i gwmpas. Mae'r cyffesion hyn yn lleisio'r paradocs dwfn rhwng y Duw sy'n caru ac yn aberthu, a'r Duw sy'n ymddangos fel petai'n gadael i bobl ddioddef. Mae'r cyffesion i'w gweld mewn chwe adran yn y llyfr, pob un ohonynt yn galarnadu ac yn mynnu bod Duw'n dangos ei awdurdod (Jeremeia 11:18–23; 12:1–6; 15:10–21; 17:14–18; 18:18–23; 20:7–18).

- Mae llên Iddewig o'r cyfnod rabinaidd yn ystyried bod Jeremeia yn gyfartal â Moses. Yn y testun Iddewig *Aggadah* ystyrir bod y ddau'n byw bywydau cyfochrog: bu'r ddau'n proffwydo am ddeugain mlynedd; proffwydodd y ddau ynghylch llwythau Jwda a Benjamin; cafodd y ddau brofiad o'u llwythau eu hunain yn troi yn eu herbyn; taflwyd Moses i'r dŵr, tra taflwyd Jeremeia i bydew. Mae darllen Jeremeia â'r math yma o awdurdod yn ein helpu i ddeall y rhan bwysig y galwyd arno i'w chwarae.

### Llyfrau eraill i'w darllen

*Jeremiah 1–25 (Word Biblical Commentary)*, gan Peter C. Craigie, Page H. Kelley a Joel F. Drinkard
*Jeremiah (Smyth & Helwys Bible Commentary)*, gan Terence E. Fretheim

# 'Aflendid yng ngodre'i dillad'

**Awdur:** Anhysbys, ond Jeremeia yn ôl traddodiad
**Dyddiad ei ysgrifennu:** 586–520 cc
**Math o lyfr:** Barddoniaeth
**Prif gymeriadau:** Dinas buteiniedig Jerwsalem, a'r Arglwydd
**Prif themâu:** Bydd Duw'n gwrthod ei bobl os byddant hwy'n ei wrthod ef

## Teitl ac Arddull

Teitl Hebraeg Galarnad ydy *Ekhah*, gair cyntaf y testun, sy'n golygu 'och' neu 'gwae'; mae'n ddelwedd o bobl yn beichio wylo wrth weiddi 'Pam, Dduw?' Yn y Talmud (llyfr o destunau ac athrawiaeth Iddewig) cyfeirir at y llyfr fel *Kinot*, sef 'galarnadau'. Yn y diwylliant Iddewig mae galarnadu'n golygu beichio wylo'n gyhoeddus, i gyfleu'r math o dristwch a galar sy'n torri'ch calon.

Casgliad o bum cerdd ydy'r llyfr (i gynrychioli pum llyfr y Torah), yn mynegi galar am fod lluoedd Babilon wedi dinistrio dinas Jerwsalem. Os mai'r Torah ydy llyfr y Gyfraith, yna mae llyfr Galarnad yn fynegiant o'r ffaith na wireddwyd y Gyfraith honno. Mae'r cerddi'n drosiadol, yn cynnwys geiriau Hebraeg prin, ac o bryd i'w gilydd defnyddir ffurfiau gramadegol anghyffredin i dynnu sylw at y testun.

## Lleoliad

Lleolir y cerddi yn Jerwsalem – y ddinas sanctaidd sydd bellach yn wag ac wedi'i hanrheithio'n llwyr; lle unig, llawn gwarth, yn galaru ar ôl ei thrigolion; dinas oedd unwaith yn gryf a ffyniannus, ond bellach yn gaethwas i Fabilon.

Dinistriwyd Jerwsalem yn 586 cc gan Nebuchadnesar, ac alltudiwyd y bobl. Yn ystod ymosodiad y Babiloniaid difethwyd y Deml, y palas a'r ddinas, a thiroedd a chnydau yn yr ardal gyfagos. Cipiodd y concwerwyr drysorau'r ddinas a'u cludo i Fabilon; gorfodwyd yr ychydig bobl oedd yn weddill i symud i rywle arall. Roedd y dinistr economaidd a gwleidyddol yn erchyll, ac oherwydd bod y meysydd wedi cael eu llosgi, dioddefodd yr ardal newyn mawr. Nid yn unig roedd y bobl yn galaru ar ôl colli Jerwsalem a'u cartrefi, ond roedden nhw hefyd yn llwgu. Ar un adeg roedd y sefyllfa mor argyfyngus fel bod mamau hyd yn oed yn coginio'u plant eu hunain a'u bwyta, ac mae'r awdur o'r farn bod y rhai a laddwyd yn fwy ffodus na'r rhai a adawyd yn fyw (Galarnad 4:9–10).

I'r Iddewon, roedd Jerwsalem yn fwy na dinas i'w haddolwyr a'i thrigolion: roedd lleoliad Teml Dduw wedi magu'i phersonoliaeth ei hun, a'r bobl yn trysori eu dinas arbennig. Fodd bynnag, roedd y proffwyd Jeremeia'n ystyried Nebuchadnesar nid fel gormeswr drwg, ond fel cynrychiolydd cyfreithlon yr Arglwydd, ac roedd hyn yn rhan o'i broffwydoliaeth (Jeremeia 25:9, 11).

Gosodir llyfr Galarnad mewn cyfnod pan oedd Jerwsalem yn adfeilion.

## Cefndir

Mae'r ddelwedd o bobl Dduw fel merch yn gyffredin trwy'r Ysgrythurau: er enghraifft, portreadir cyflwyno'r Deg Gorchymyn fel seremoni briodas rhwng priodfab a phriodferch, ac mae'r ddelwedd o'r eglwys a Christ fel priodfab a phriodferch i'w gweld drwy'r Testament Newydd. Yn llyfr Galarnad, portreadir Jerwsalem fel menyw gywilyddus a gwarthus, putain y mae ei 'chariadon' yn ei gadael yn unig, yn ffiaidd ac yn llawn cywilydd (Galarnad 1:8–9). Mae Jerwsalem wedi dategelu ei noethni, ac mae hi'n gwbl

Mae llyfr Galarnad yn mynegi galar dros y dewisiadau a wnaed gan Jerwsalem a'r cyfan mae hi wedi'i golli.

anfoesol wedi iddi ei phuteinio'i hun gyda duwiau eraill. Yn ôl y Gyfraith, roedd yn rhaid i ddyn oedd wedi cael cyfathrach rywiol olchi ei gorff yn drwyadl, a golchi unrhyw ddillad oedd ag ôl ei had arnynt, cyn ei fod yn ddigon glân i allu addoli (Lefiticus 15:16–24). Y ddelwedd a gyfleir ydy bod Jerwsalem wedi'i gorchuddio ag olion ei godineb, a bod angen iddi ymolchi'n lân cyn gallu addoli Duw unwaith eto.

Mae'r ddinas gyfan yn '*ffieidd-dra*' (Galarnad 1:17) – trosiad am fenyw yn ystod ei misglwyf, a ystyrid yn rhy aflan i allu cymryd rhan mewn addoliad. Unwaith eto, mae'r awdur yn pwysleisio bod Jerwsalem yn amhûr mewn ystyr defodol, ac na all hi felly ddod o flaen ei Duw.

## Y Manylion

- Er bod yr awdur yn gwybod mai'r Babiloniaid a ddinistriodd y ddinas sanctaidd, dydy e ddim yn cyfeirio atynt wrth eu henwau. Mae'n gwneud hyn er mwyn i'r darllenydd sylweddoli er mai'r Babiloniaid oedd y concwerwyr, nad oedden nhw'n gwneud dim ond dilyn cyfarwyddiadau Duw. Bwriad yr awdur ydy pwysleisio bod y ddedfryd wedi dod oddi wrth Dduw, o ganlyniad i anufudd-dod Jerwsalem.

- Ym Mhennod 1 mae'r bardd yn cyffelybu'r ddinas i fenyw sy'n wylo'n hidl am ei bod yn annheilwng o bresenoldeb Duw: does dim gobaith iddi, gan ei bod wedi cael ei halogi gan elynion Duw; bellach mae hi'n wrthodedig ac yn golledig. Ym Mhennod 2 gwelwn fod pechodau'r fenyw yn rhai cenedlaethol, a bod Duw yn llawn dicter am fod ei blant wedi cael eu puteinio. Ym Mhennod 3 sonnir am obaith i blant Duw, gan fod yr Arglwydd yn drugarog wrth y rhai sydd wedi rhoi eu gobaith ynddo. Ym Mhennod 4 disgrifir anghyfanhedd-dra Jerwsalem, sy'n destun galarnad, ond cydnabyddir y rhan a chwaraewyd gan y bobl. Ym Mhennod 5 ceir gweddi dros y plant amddifad, a'r rhai heb dadau, yn edifarhau ac ymbil am dosturi Duw, gan obeithio nad ydy e wedi'u gwrthod yn llwyr.

- Cerdd acrostig ydy'r pedair pennod gyntaf, gyda phob llinell yn dechrau â llythyren wahanol o'r wyddor Hebraeg – dyfais a ddefnyddid i wneud y testun yn haws ei gofio. Roedd hi'n ddyfais gyffredin hefyd mewn diwylliannau eraill: ym Mesopotamia ceid nifer fawr o gerddi galarnad, yn cynnwys rhai'n sôn am ddinasoedd a ddinistriwyd, a'r rheiny wedi'u cyfansoddi o leiaf 100 mlynedd cyn y gerdd feiblaidd.

- Ystyr '*wylo'n chwerw*' (Galarnad 1:2) ydy sgrechian wylo'n swnllyd wrth alaru – mae'n ymateb gweledol yn ogystal â llafar. Gellir cyfieithu'r geiriau Hebraeg gwreiddiol, *bakhoh tivkeh*, hefyd fel 'wrth wylo, mae hi'n wylo' – dull Iddewig o ddisgrifio wylo dwfn ac ystyrlon.

- Yn Galarnad 1, gwelir Jerwsalem fel rhywun esgymun – merch y mae ei hanes yn glynu at ei sgert fudr – ond yna mae Duw'n camu mlaen ac yn siarad o'i phlaid gan ailddiffinio'i ddinas buteinaidd a chyfeirio ati fel '*y forwyn, ferch Seion*' (Galarnad 2:13). Er bod y gerdd yn tynnu sylw at ddicter Duw, mae hi hefyd yn dangos ei allu i ailddiffinio'i bobl, ac i lefaru geiriau newydd o'u plaid.

### Llyfrau eraill i'w darllen

*The Middle East: The Cradle of Civilization Revealed*, gan Stephen Bourke a Maree Browne
*Song of Songs/Lamentations (Word Biblical Commentary)*, gan Duane A. Garrett a Paul R. House

# Esgyrn sychion

**Awdur:** Eseciel
**Dyddiad ei ysgrifennu:** 570 cc
**Math o lyfr:** Proffwydoliaeth
**Prif gymeriadau:** Eseciel a Gog, a nifer o leoliadau – Ammon, Moab, Edom, Philistria, Tyrus, Sidon a'r Aifft
**Prif themâu:** Nid yw Duw wedi'i gyfyngu i Jerwsalem; gall ei bobl ei addoli ym Mabilon, ond rhyw ddydd caiff y Deml a Jerwsalem eu hadfer

## Teitl ac Arddull

Ystyr yr enw Eseciel, a ddaw o'r Hebraeg *Yechezqe'l*, ydy 'Mae nerth Duw gydag ef', neu 'Mae Duw yn cryfhau'. Hunangofiant ydy'r llyfr, o waith Eseciel – proffwyd ac offeiriad o linach Sadoc (a benodwyd yn archoffeiriad gan y Brenin Solomon oherwydd ei ffyddlondeb (1 Brenhinoedd 2:35)). Roedd tras Eseciel yn dylanwadu nid yn unig ar ei broffwydoliaethau, ond hefyd ar ei arddull lenyddol.

Mae tair prif adran i'r llyfr: proffwydoliaethau yn erbyn Jerwsalem ac Israel (Eseciel 1–24); proffwydoliaethau yn erbyn cenhedloedd eraill (penodau 25–32), a phroffwydoliaethau ynghylch adfer Jerwsalem a'r Deml (penodau 33–48).

## Lleoliad

Mae Eseciel yn ysgrifennu'n hunangofiannol wrth beintio darlun lliwgar a chynhwysfawr o brif ddigwyddiadau ei gyfnod. Roedd yn ddyn dysgedig iawn ac yn hynod wybodus am y Torah, stori'r Iddewon eu hunain, a materion y dydd yn y Dwyrain Canol. O'i gymharu â phroffwydi eraill megis Eseia, Amos a Micha, mae'n gosod mwy o bwyslais

ar addoliad y Deml. Dysgwn o'i waith ei fod yn gwybod llawer am adeiladu llongau, am lenyddiaeth gyfoes, ac am y diwylliant o'i amgylch.

Roedd Eseciel yn un o'r 10,000 o bobl a gymerwyd yn alltud gan Nebuchadnesar, brenin Babilon, yn 597 cc. Disgrifiodd ei brofiadau, gan gyfeirio at ei gartref ei hun, a lleoli'r alltudion mewn man o'r enw Tel-abib (Eseciel 3:15) – yr unig gyfeiriad at eu lleoliad yn ystod rheolaeth y Babiloniaid. Ystyr Tel-abib ydy 'bryn y dilyw', ac mae'n debyg mai tir anial, diffaith oedd e. Mae disgrifiadau

Porth mawreddog Ishtar, a adeiladwyd ym Mabilon trwy orchymyn Nebuchadnesar.

Eseciel ohono'n eistedd yn ei dŷ yng nghwmni henuriaid Jwda yn awgrymu bod yr alltudion yn byw bywyd cymharol rydd, ac yn gallu symud o un lle i'r llall (Eseciel 8:1). Roedd diwylliant Babilon yn ei gwneud yn lle braf i fyw: rhwng 600 cc a 350 cc hi oedd y ddinas fwyaf yn y byd a'r gyntaf, o bosib, i fod â phoblogaeth o dros 200,000 o bobl.

Yn wahanol i'r exodus, pan oedd pobl Dduw'n byw ar gyrion cymdeithas yn yr Aifft, ymdoddodd yr Iddewon i gymdeithas Babilon, gan addasu i'w hamgylchiadau newydd. Dywedodd Jeremeia – oedd yn cydoesi ag Eseciel – wrth y bobl bod modd iddyn nhw ddod yn rhan o ddiwylliant Babilon cyn belled â'u bod yn gwrthod addoli duwiau eraill. Felly dechreuodd y bobl ymdoddi i'r gymdeithas a setlo yn eu cartref newydd. Roedden nhw mor llwyddiannus wrth wneud hyn fel bod galw arnyn nhw i ddefnyddio'u sgiliau fel artistiaid, cerddorion, siopwyr a rheolwyr prosiect er budd y Babiloniaid. Câi'r Iddewon hefyd gadw eu hunaniaeth grefyddol a'u calendr eu hunain.

Mae dysgu am y ffordd gysurus hon o fyw, a gwybod faint o Iddewon a aned ym Mabilon, yn ein helpu i ddeall pam roedd rhai ohonyn nhw wedi dewis aros yn y fan roedden nhw'n ei ystyried yn gartref – hyd yn oed pan roddwyd caniatâd iddyn nhw ddychwelyd i Jerwsalem.

Halen o'r Môr Marw. Mae Eseciel yn rhybuddio Israel bod y tir yn mynd yn debyg i'r Môr Marw, lle na allai unrhyw beth dyfu.

### Cefndir

Eseciel ydy un o dri phrif broffwyd y Beibl, ynghyd ag Eseia a Jeremeia. Roedd yn broffwyd ecsentrig ac egnïol, a chanddo ddulliau creadigol o rannu ei neges; er enghraifft, eillio'i wallt (Eseciel 5), cloddio twll yn ochr ei dŷ a dringo i mewn iddo (Eseciel 12:5–12), a threulio 390 diwrnod yn gorwedd ar ei ochr chwith ac yna 40 diwrnod ar ei ochr dde (Eseciel 4). Mae'r llyfr yn esbonio mai cosb ddwyfol oedd dinistr Jerwsalem, oherwydd bod y bobl wedi pechu; mae'n eu cyfeirio'n ôl at drugaredd cariadus Duw, a dyfodol newydd gyda Theml newydd. Oherwydd ei gefndir fel offeiriad, mae Eseciel yn aml yn trafod purdeb a sancteiddrwydd, ac yn cyfeirio at ddefodau a delweddau'r Deml: er enghraifft, delwedd arch adeiniog y cyfamod a geir yn y cysegr sancteiddiolaf (Eseciel 1) a'i bortread o ddinistr y ddinas yn defnyddio elfennau o aberth offeiriad wrth yr allor, er mwyn pwysleisio'r aberth a wneir gan Dduw (Eseciel 9).

### Y Manylion

- Mae Duw'n dweud wrth Eseciel am goginio gan ddefnyddio carthion dynol yn lle tail gwartheg fel tanwydd. Roedd carthion dynol yn ffynhonnell dda o ynni, ac yn cael eu defnyddio mewn rhai diwylliannau, ond – fel gyda phethau eraill a nodwyd yn Lefiticus – roedd yn rhaid eu gadael y tu allan i'r gwersyll er mwyn sicrhau bod y bobl yn bur ac yn lân ar gyfer Duw. Roedd coginio gyda charthion dynol yn mynd yn groes i burdeb yr offeiriad, ac yn ddull arall roedd Duw'n ei ddefnyddio i nodi diffyg sancteiddrwydd Israel (Eseciel 4:12).

- Roedd rhai o'r bobl oedd wedi dianc rhag dinistr Jerwsalem bellach yn byw yn yr Aifft. Dywedir yn Eseciel 16:26: 'Puteiniaist gyda'r Eifftiaid, dy gymdogion trachwantus, ac ennyn fy nig â'th buteindra diddiwedd', ond roedd y fersiwn Hebraeg gwreiddiol yn llawer mwy uniongyrchol ac aflednais. Yn Eseciel 23:20 dywedir: 'Yno yr oedd yn chwantu ei chariadon, a oedd â'u haelodau fel rhai asynnod ac yn bwrw eu had fel stalwyni.' Roedd yn well gan y proffwyd weld y bobl yn alltud na'u gweld yn byw fel Eifftiaid. Erbyn cyfnod y Rhufeiniaid roedd maint organau rhywiol dyn yn arwydd o'i

foesoldeb, ei ddoethineb a'i allu i reoli ei 'reddfau anifeilaidd'. Ar gerfluniau byddai organau mawr yn arwydd o ddiffyg rheolaeth ac anfoesoldeb rhywiol, gyda'r gwrthwyneb yn wir gydag organau bach. Mae'n bosibl bod y syniad yma eisoes yn bodoli yng nghyfnod Eseciel, ac mai sylw cynnil am foesoldeb yr Eifftiaid ydy'r cyfeiriad at eu horganau rhywiol.

- Mae'n annhebygol fod gweledigaeth Eseciel ym Mhennod 37 – am ddyffryn o esgyrn sychion – yn ddisgrifiad o unrhyw ddyffryn go iawn, ac nad oes iddo unrhyw arwyddocâd arbennig fel lleoliad yn ymwybyddiaeth yr Iddewon. Fodd bynnag, gallem yn hawdd golli'r cyfeiriad diwylliannol at arfer yr Iddewon o gladdu'r meirw, ac nid eu gadael allan yn yr awyr agored. Er mwyn gallu parhau'n sanctaidd a glân i gymryd rhan mewn addoliad, gwaherddid offeiriad a gweithwyr Duw rhag mynd yn agos at gorff marw, hyd yn oed aelod o'r teulu (Lefiticus 21:11). O safbwynt Iddewig, nid darlun o fywyd a marwolaeth yn unig ydy'r dyffryn hwn; mae'n cyfeirio at sancteiddrwydd. Mae'r dyffryn yn llawn o gyrff aflan, a byddai'n rhaid eu claddu cyn iddynt wneud pawb arall yn aflan hefyd. Roedd y bobl wedi marw a doedd neb ar gael i'w claddu; gadawyd hwy yn y fan a'r lle, i halogi unrhyw un oedd yn cerdded heibio. Pwrpas y weledigaeth oedd nid yn unig codi braw ar y darllenydd, ond hefyd rhoi gobaith mewn Duw oedd yn cynrychioli bywyd newydd ac atgyfodiad, hyd yn oed y rhai oedd wedi torri cyfraith y Lefiaid.

- Mae'r teitl 'Mab Dyn' yn ymddangos sawl tro yn llyfr Eseciel. Yn aml, cyferbynnir y term hwn, sy'n dod o'r Hebraeg *ben adam*, â'r term *ben Elohim* ('Mab Duw')

a chredir ei fod yn pwysleisio dynoliaeth rhywun. Fodd bynnag, yng nghyfnod y Babiloniaid, roedd 'mab dyn' yn cyfeirio at etifedd neu olynydd brenhinol, neu ddyn rhydd o'r dosbarth uchaf; defnyddir y term yn llyfr Daniel i ddisgrifio ffigur gwych a dyrchafedig (Daniel 7:13). Ysgrifennwyd llyfrau Eseciel a Daniel mewn cyfnod pan oedd ystyr penodol a chyfarwydd i'r term hwn, ac mae hynny hefyd yn esbonio defnydd Iesu ohono yn yr efengylau. Roedd Eseciel yn wybodus iawn am y Torah a'i ddysgeidiaeth, ac yn gwneud defnydd ohono yn ei waith. Yn ogystal, roedd yn gyfarwydd iawn â gweithiau proffwydi eraill, megis Hosea (Eseciel 37:22) ac Eseia (Eseciel 8:12; 29:6). Mae Eseciel hefyd yn crybwyll dyn o'r enw Daniel, gan ei gysylltu â Noa a Job (Eseciel 14:14) a'i ddisgrifio fel rhywun hynod ddoeth (Eseciel 28:23). Roedd Eseciel a Daniel ill dau'n byw ym Mabilon, ac mae'n bosib eu bod wedi cwrdd â'i gilydd. Mae dysgeidiaeth yr Iddewon yn dweud bod Sadrach, Mesach ac Abednego wedi gofyn am gyngor Eseciel a ddylent wrthwynebu gorchymyn Nebuchadnesar i addoli ei eilun, neu ddewis marw yn y ffwrnais dân.

Yn niwylliant yr Iddewon, câi cyrff marw eu claddu ar frys mewn beddau fel hyn, yn hytrach na'u gadael yn yr awyr agored.

**Llyfrau eraill i'w darllen**

*The Book of the Prophet Ezekiel (Cambridge Bible Commentaries)*, gan Keith W. Carley
*The Lion Atlas of Bible History*, gan Paul Lawrence

# Mae'r Arglwydd gyda chi bob amser

**Awdur:** Daniel
**Dyddiad ei ysgrifennu:** 500 cc
**Math o lyfr:** Hanes/proffwydoliaeth
**Prif gymeriadau:** Daniel, Mesach, Sadrach, Abednego, Nebuchadnesar, Belsassar a Dareius
**Prif themâu:** Mae'r Arglwydd yn cofio am ei bobl, hyd yn oed pan fyddant wedi eu halltudio i wlad arall

## Teitl ac Arddull

Mae'r llyfr hwn – sy'n dwyn enw'r awdur, Daniel (o'r Hebraeg *Daniyyel*, sef 'Duw yw fy marnwr') – yn cynnwys cymysgedd cyfartal o hanes a phroffwydoliaeth. Mae'r stori, a luniwyd yn y trydydd person, yn disgrifio bywyd ym Mabilon gan ganolbwyntio ar y llysoedd a hanesion am Daniel a'i ffrindiau. Mae'n gwbl nodweddiadol o'r dull Iddewig o adrodd stori mewn Hebraeg, gan gyflwyno persbectif difyr – a doniol, hyd yn oed – ar y digwyddiadau dan sylw, ac mae e hyd yn oed yn gwneud hwyl ysgafn am ben y rhai oedd yn eu gormesu (Daniel 1–6). Yna, mae'r proffwydoliaethau'n tynnu sylw'r darllenydd at y dyfodol sy'n cyfeirio at ddychwelyd i Jerwsalem, a'r 'amser diwethaf' (Daniel 7–12). Pedair gweledigaeth apocalyptaidd ydy'r chwe phennod olaf, yn cyfleu darlun o ddiwedd trychinebus. Llyfr Daniel ydy'r unig lyfr apocalyptaidd yn yr Ysgrythurau Hebraeg.

## Lleoliad

Lleolir llyfr Daniel ym Mabilon, Media a Phersia tua'r chweched ganrif cc, yn ystod teyrnasiad tri brenin – Nebuchadnesar (605–562 cc), Belsassar a Dareius. Yn fuan, daw Daniel – un o'r Iddewon a alltudiwyd i Fabilon – yn fonheddwr pwysig a doeth, sy'n cael ei barchu gan eraill. Mae'r llyfr yn trafod sut y gallai ffydd barhau i ffynnu tra bod pobl yn byw dan rym brenhinoedd estron, a hynny mewn byd oedd yn rhoi pwysau arnyn nhw i gydymffurfio. Ymerodraeth amlddiwylliannol oedd Babilon, yn rhoi bri mawr ar wybodaeth ac ar drechu ymerodraethau llai. Roedd hi hefyd yn deyrnas hynod gyfoethog, ac yn mwynhau'r pleserau a ddeuai yn sgil cyfoeth o'r fath.

I awduron fel Daniel, nid cywirdeb hanesyddol oedd yn bwysig ond yn hytrach yr hyn roedden nhw'n dewis ei ddweud wrthym. Ni ellir darllen stori Daniel heb yn gyntaf ystyried lleoliad a stori Babel, gan fod yr enw 'Babilon' yn deillio o'r gair Groeg *Akkadian Babilu*, sef 'porth y duwiau'; yn Genesis 11:9 mae'n ymddangos fel *Babel*, sef 'dryswch'. Ym Mabel y lleolwyd stori am grŵp o bobl yn adeiladu eu teyrnas a'u cyfoeth eu hunain, er mwyn ennill clod a bri. Ychwanegiad Daniel at y stori hon ydy cynnwys grŵp o Iddewon yn gwneud eu gorau glas i fyw o fewn y diwylliant hwn, ond heb fyw yn ôl ei reolau, ac ar yr un pryd yn adeiladu teyrnas yr Arglwydd.

Dinas hardd oedd Babilon yng nghyfnod Nebuchadnesar – 2,500 erw o dir wedi'i amgylchynu â mur allanol 17 milltir (27 km) o hyd, a hwnnw'n ddigon llydan i gerbydau rhyfel allu pasio'i gilydd wrth deithio ar ei hyd. Adeiladwyd y ddinas ag afon Ewffrates yn llifo drwy'i chanol, fel bod digonedd o ddŵr ar gyfer y gerddi ffrwythlon. Roedd dros 100 o byrth yn y ddinas, a'r mwyaf prydferth – sef porth y gogledd – wedi'i gysegru i'r dduwies Ishtar. Er bod y ddinas ei hun yn drawiadol o brydferth, câi'r trigolion eu hystyried fel paganiaid llygredig oedd yn addoli amryw o dduwiau, yn cynnwys duwiesau ffrwythlondeb a fynnai gael addoliad rhywiol yn y deml, yn ogystal ag anifeiliaid ar ffurf delwau bychan. Gwyddai pawb pa mor falch oedd y brenin o'i gyfoeth a'i rym, a dyna pam roedd yr Arglwydd yn casáu ac yn herio'i agwedd yn llyfr Daniel. Roedd y sefyllfa'n gwneud yr alltudiaeth yn anodd i bobl Dduw; er eu bod wedi derbyn croeso, roedd yn rhaid iddyn nhw ddysgu sut i fyw bywydau sanctaidd o fewn y diwylliant llygredig hwn.

Roedd y Brenin Nebuchadnesar wedi meddiannu'r Deml a dinistrio Jerwsalem yn 586 CC. Yn ddiweddarach, roedd y Brenin Cyrus o Bersia wedi ymosod ar y Mediaid, a'u concro, cyn concro'r Babiloniaid hefyd yn 539 CC. Felly roedd gan yr Iddewon arweinydd newydd, o Bersia. O'u cymharu â brenhinoedd Babilon, roedd brenhinoedd Persia'n llawer mwy hael a thrugarog tuag at yr Iddewon, gan roi caniatâd iddyn nhw ddychwelyd i Jerwsalem i ailadeiladu eu teml a'u dinas.

## Cefndir

Llanc ifanc oedd Daniel pan alltudiwyd ef, a chafodd ei hyfforddi i wasanaethu'r llys dan awdurdod Aspenas. Roedd yn drigain oed, o leiaf, erbyn i'r Brenin Cyrus ddod i'r orsedd, pan ddychwelodd y fintai gyntaf o alltudion i Jerwsalem; penderfynodd Daniel, fodd bynnag, aros ym Mabilon, ei gartref newydd. Yn yr hen fyd, os oedd grŵp o bobl yn cael eu gorchfygu, y gred oedd bod hynny'n arwydd o wendid eu duw. Roedd y ffaith fod pobl Israel wedi cael eu gorchfygu yn brawf pellach fod ymerodraeth a duwiau Babilon yn drech nag Israel a'r Arglwydd. Mae llyfr Daniel yn cyflwyno ymateb gofalus i'r syniad hwn, gan ddangos bod yr Arglwydd yn parhau i fod yn holl-bwerus. Wrth i Daniel a'i ffrindiau benderfynu sefyll yn gadarn yn erbyn defodau crefyddol pobl Babilon, mae Duw'n dangos ei hun fel amddiffynnydd ei bobl, a'r un sy'n eu rhyddhau.

Mynegir neges ganolog Daniel pan deflir ef i ffau'r llewod gan y Brenin Dareius: '*Ef yw'r Duw byw, y tragwyddol: ni ddinistrir ei frenhiniaeth, a phery ei arglwyddiaeth byth. Y mae'n achub ac yn gwaredu, yn gwneud arwyddion a rhyfeddodau yn y nefoedd ac ar y ddaear; ef a achubodd Daniel o afael y llewod*' (Daniel 6:26–27).

## Y Manylion

• Gall y cyfeiriad at y llawysgrifen ar y mur yn ystod gwledd Belsassar ymddangos fel elfen ryfedd iawn o'r stori, hyd nes yr ystyrir enghreifftiau eraill o 'fys Duw' (Daniel 5); bys Duw sy'n dod â'r plâu (Exodus 8:19),

Ail-greu Babilon, yn agos at ei lleoliad gwreiddiol yn Irac ein dyddiau ni.

Un o'r straeon mwyaf adnabyddus yn llyfr Daniel ydy'r hanes amdano'n cael ei daflu i bydew'n llawn llewod.

roedd Eseciel yn ddig iawn, gan fod y tri dyn yn rhai oedd yn weddill o lwyth Jwda. Ond ar ôl i'r dynion adael y tŷ gyda'r bwriad o aberthu eu bywydau, datgelodd Duw wrth Eseciel y byddai'n eu diogelu rhag y fflamau – ond doedd e ddim am iddyn nhw wybod hynny ymlaen llaw.

• Yn Daniel 6 adroddir y stori am Daniel yn cael ei daflu i ffau'r llewod. Hon ydy un o hanesion mwyaf adnabyddus a phwerus yr Hen Destament, ond am gyfnod maith bu'n achos cryn ddryswch i haneswyr gan nad oes llawer o sôn am gosbau tebyg mewn testunau Babilonaidd. Dywedir fod Daniel wedi cael ei daflu i bydew yn llawn llewod (mae 'pydew' yn gyfieithiad gwell o'r Aramaeg na'r 'ffau') a gosodwyd carreg fawr dros y fynedfa. Mae darganfyddiadau diweddar ymhlith olion Babilon wedi profi bod yr arfer o daflu drwgweithredwyr i mewn i bydew o lewod, nadroedd neu anifeiliaid gwyllt eraill, yn fwy cyffredin nag y tybid yn wreiddiol.

• Yn Daniel 6:10 dywedir fod Daniel yn gweddïo deirgwaith y dydd – defod Iddewig oedd yn gyffredin erbyn y cyfnod hwnnw. Er bod enghreifftiau cynharach i'w gweld, doedd e ddim yn arfer cyffredin hyd ar ôl yr alltudiaeth.

• Yn y diwylliant Babilonaidd roedd yn gyffredin i ddynion ymfalchïo yn eu hymddangosiad, a byddai'r dynion cyfoethog yn treulio llawer o amser ac arian yn ceisio sicrhau eu bod yn edrych yn ifanc. Yn 10:3 mae Daniel yn ymddwyn yn groes i'r arfer trwy ddweud '*nid irais fy hun am y tair wythnos gyfan*', fel rhan o'i ddefod alaru.

bys sy'n ysgrifennu'r Deg Gorchymyn (Exodus 31:18), ac mae Iesu'n bwrw cythreuliaid allan â 'bys Duw' (Luc 11:20). Mae bys yr Arglwydd yn ddelwedd o Dduw yn camu i mewn i hanes ac yn rhoi trywydd newydd i'r digwyddiadau.

• Yn ôl dysgeidiaeth yr Iddewon, aeth Mesach, Sadrach ac Abednego at y proffwyd Eseciel i ofyn cyngor – a ddylen nhw wrthod gorchymyn Nebuchadnesar i addoli ei eilun, ai peidio? Yn ôl y stori, roedd yr Arglwydd wedi datgelu i Eseciel na allen nhw obeithio am achubiaeth wyrthiol;

### Llyfrau eraill i'w darllen

*Babylon: Myth and Reality*, gan I. L. Finkel ac M. J. Seymour
*The Lion Atlas of Bible History*, gan Paul Lawrence

# Priodas anhapus

**Awdur:** Hosea
**Dyddiad ei ysgrifennu:** 740–715 CC
**Math o lyfr:** Proffwydoliaeth
**Prif gymeriadau:** Hosea, Gomer, yr Arglwydd ac Israel
**Prif themâu:** Mae Duw'n caru ei bobl ac am iddynt ddychwelyd ato

## Teitl ac Arddull

Enwyd llyfr Hosea ar ôl y proffwyd o'r un enw; ei ystyr ydy 'iachawdwriaeth', sef thema ganolog y llyfr: bydd yr Arglwydd yn achub popeth. Stori ddramatig am gariad gŵr duwiol tuag at ei wraig odinebus sydd yma. Drwy gydol yr amser mae Hosea'n ymgorfforiad o Dduw, ac yn dangos cariad, trugaredd, gras a maddeuant wrth i Dduw ddangos pa mor anffyddlon ac anghyfreithlon fu ei briodferch, sef Israel.

Wyddon ni fawr ddim o hanes Hosea, ac eithrio'r hyn a geir yn y llyfr – er bod y Talmud (llyfr o destunau ac athrawiaeth Iddewig) yn datgan mai ef oedd proffwyd mwyaf ei genhedlaeth, gan gynnwys Eseia, sy'n fwy adnabyddus. Roedd Hosea'n byw yn nheyrnas ogleddol Israel, a threuliodd ddeugain mlynedd yn byw yn ôl ei neges broffwydol ei hun. Gwyddom mai enw'i dad oedd Beeri, sef 'dyn iach', ond does dim gwybodaeth ynghylch statws na chyfoeth Hosea, na chwaith beth oedd ymateb ei deulu pan briododd â phutain.

## Lleoliad

Yn dilyn marwolaeth y Brenin Solomon yn 922 CC, roedd teyrnas Israel wedi ymrannu'n ddwy – Israel yn y gogledd a Jwda yn y de.

Dros y blynyddoedd, bu amryw o frenhinoedd yn teyrnasu yn y ddwy deyrnas – rhai'n dda, yn arwain y bobl yn ôl at Dduw, a rhai'n ddrwg, yn addoli duwiau eraill.

Gosodir y stori yn 780–715 CC, sef blynyddoedd olaf teyrnas Israel cyn iddi gael ei threchu gan yr Asyriaid. Cafodd Israel, teyrnas y gogledd, gyfnod braf o sefydlogrwydd a heddwch dan y Brenin Jeroboam II, ond yn dilyn ei farwolaeth ef yn 750 CC roedd y sefyllfa'n dra gwahanol, a bu chwe brenin yn teyrnasu mewn cyfnod cymharol fyr.

Mae llyfr Hosea'n dweud bod y cyfan yn digwydd yn ystod teyrnasiad Usseia, Jotham, Ahas a Heseceia – brenhinoedd Jwda – a Jeroboam, brenin Israel. Roedd y Brenin Usseia'n ymfalchïo yn ei bŵer, a'r balchder hwn – ynghyd â'i ddiffyg ffyddlondeb i Dduw – oedd achos ei gwymp, gan ei orfodi i drosglwyddo'r deyrnas i'w fab (2 Cronicl

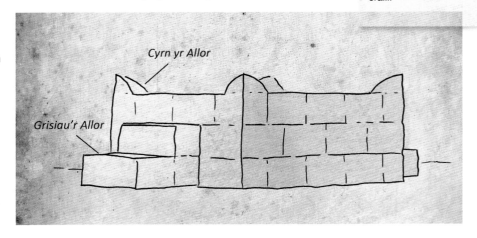

Cyrn yr Allor

Grisiau'r Allor

Roedd Israel yn defnyddio allorau fel hon i gynnig aberthau i Baal a gau-dduwiau eraill.

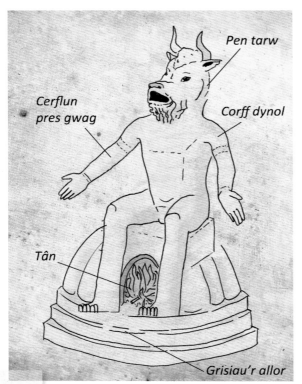

Pen tarw

Cerflun pres gwag

Corff dynol

Tân

Grisiau'r allor

Molech, y duw pen tarw roedd Israel yn aberthu offrymau iddo, yn cynnwys eu plant eu hunain.

26:16). Parhaodd ŵyr Usseia, y Brenin Ahas, i amharchu Duw, gan adeiladu delwau i Baal, a hyd yn oed aberthu ei blant ei hun i Molech (2 Cronicl 28:3). Roedd Molech, y duw pen tarw, yn derbyn plant yn aberthau yn gyfnewid am fendithio teuluoedd, gan roi grym milwrol iddyn nhw a gwireddu eu dymuniadau (Hosea 13:2). Roedd y ddwy deyrnas wedi ildio i bŵer, balchder a thrachwant, ac yn addoli duwiau eraill.

## Cefndir

Yn wahanol i rai o'r llyfrau proffwydol mwy llym, mae Hosea'n ysgrifennu mewn llais tyner iawn. O'i brofiad personol gyda'i wraig, gallai uniaethu gyda Duw. Roedd Hosea'n deall ymateb yr Arglwydd yn dda gan mai ymateb Hosea ei hun ydy e: doedd y ffaith fod ei briodferch wedi ei wrthod, a'i diffyg ymroddiad, ddim yn golygu bod Duw wedi

rhoi'r gorau i garu ei bobl.

Priododd Hosea â Gomer, enw sy'n golygu naill ai 'cyflawn' neu 'diflannu'. Ar ôl byw gyda Hosea am ychydig, diflannodd Gomer i fyw gyda dyn arall. Yn ddiweddarach, gwelwyd hi'n cael ei gwerthu fel putain yn y farchnad. Aeth Hosea yno a'i phrynu, a dod â hi adref i fyw fel merch rydd. Daw'r berthynas rhwng Hosea a Gomer yn ddarlun o'r Arglwydd a phobl Israel. Mae'r bobl wedi ymddwyn fel putain; maen nhw wedi bod yn anffyddlon, ac wedi cefnu ar y berthynas gyfamodol gyda Duw er mwyn meithrin perthynas anghyfreithlon gyda duwiau eraill. Ond, fel Hosea, dydy Duw ddim yn gwrthod ei wraig, ac mae'n fodlon iddi ddychwelyd adref. Roedd Hosea'n dal i garu Gomer, ac roedd yr Arglwydd yn dal i garu'i bobl; roedd y ddau'n awyddus i adfer eu perthynas. Roedd posibilrwydd y gallai byddinoedd yr Asyriaid gyrraedd unrhyw bryd, ond pwysleisiai'r Arglwydd fod cyfle o hyd i osgoi'r boen. Pe bai'r bobl yn dod yn ôl adref, fel Gomer, a dychwelyd at y gwir Dduw, fyddai dim rhaid iddyn nhw ddioddef y canlyniadau.

## Y Manylion

• Yn aml yn y Beibl mae ystyr arbennig i enwau; maen nhw'n cyfleu rhywbeth am y person a'i werthoedd, a'i berthynas â'r Arglwydd. Yn y cyd-destun hwn, mae ystyr proffwydol i enwau plant Hosea: Jesreel ('mae Duw yn hau' neu 'rhai a wasgarwyd'), Lo-ruhama ('nid yw'n cael ei garu') a Lo-ammi ('nid fy mhobl i').

• Roedd y Brenin Heseceia o Jwda'n frenin da a doeth. Wrth iddo baratoi ar gyfer ymosodiad yr Asyriaid fe drefnodd un peth pwysig sy'n nodwedd o ddinas Jerwsalem hyd heddiw, sef adeiladu twnnel 1,750 (533 metr) o hyd, o'r enw Twnnel Heseceia, i gysylltu'r ddinas â Ffynnon Gihon neu Bwll Siloam. Drwy sianelu dŵr i mewn i'r ddinas o'r tu allan, roedd yn sicrhau cyflenwad digonol yn ystod gwarchae, ac ar yr un pryd yn gofalu mai ychydig iawn o ddŵr fyddai at ddefnydd unrhyw fyddinoedd y tu allan i furiau'r ddinas (2 Cronicl 32:2–4).

- Mae Hosea'n dweud y bydd Duw'n cosbi Israel '*am ddyddiau gŵyl y Baalim*', pan ddaeth hi ag offrymau, a gwisgo addurniadau a modrwyau (Hosea 2:13). Gwyliau ac achlysuron eraill pryd yr aberthid offrymau i wahanol dduwiau Baal oedd 'dyddiau gŵyl y Baalim'. Duw ffrwythlondeb y Canaaneaid oedd Baal; ystyr yr enw ydy 'arglwydd' neu 'perchennog', ond gall hefyd olygu 'gŵr' neu, fel berf, 'priodi' neu 'gymryd merch yn gymar rhywiol'.

- Mae Hosea'n cysylltu ymddygiad dynol â chyflwr yr amgylchedd, filoedd o flynyddoedd cyn bod sôn am gynhesu byd-eang: '. . . *am nad oes ffyddlondeb, cariad na gwybodaeth o Dduw yn y tir, ond tyngu a chelwydda, lladd a lladrata, godinebu a threisio, a lladd yn dilyn lladd. Am hynny, galara'r wlad, nycha'i holl drigolion; dygir ymaith anifeiliaid y maes, adar yr awyr hefyd a physgod y môr*' (Hosea 4:1–3).

- Rôl proffwyd oedd bod yn greadigol a defnyddio dulliau dramatig o apelio at ddychymyg y bobl, er mwyn cyflwyno neges Duw. Mae Hosea, fodd bynnag, yn defnyddio'i fywyd a'i briodas ei hun fel dull o bortreadu'r berthynas rhwng pobl anffyddlon a'u Duw ffyddlon, cariadus. Roedd Hosea'n wir yn ddyn oedd yn byw yn ôl ei neges, a hynny bob dydd o'i oes.

Pwll Siloam: trefnodd Heseceia, y brenin doeth, fod modd i Jerwsalem ddefnyddio'r pwll fel ffynhonnell o ddŵr pan ymosodai'r Asyriaid ar y ddinas.

## Llyfrau eraill i'w darllen

*The Message of Hosea: Love to the Loveless*, gan Derek Kidner
*Chronicle of the Old Testament Kings: The Reign-by-Reign Record of the Rulers of Ancient Israel*, gan John Rogerson
*Hosea–Jonah (Word Biblical Commentary)*, gan Douglas Stuart

# Mae'r locustiaid yn dod

**Awdur:** Joel

**Dyddiad ei ysgrifennu:** 400–350 cc (neu 900 cc)

**Math o lyfr:** Proffwydoliaeth

**Prif gymeriadau:** Pobl Dduw a'r haid o locustiaid

**Prif themâu:** Bydd Duw'n rhoi'n ôl yr hyn a gipiwyd gan y locustiaid

## Teitl ac Arddull

Yr unig wybodaeth sydd ganddon ni am Joel, awdur y llyfr, ydy ei fod yn fab i Pethuel a'i fod, mae'n debyg, yn byw nid nepell o Jerwsalem gan ei fod yn ymweld â'r ddinas yn aml. Mae'r enw Joel yn dod o'r Hebraeg *yo'el*, sef 'yr Arglwydd sydd Dduw'. Yn ôl yr ysgolheigion, mae'n debygol fod y llyfr yn dyddio o gyfnod yr alltudiaeth ym Mhersia, tua 400–350 cc, ond mae rhai'n dadlau o blaid dyddiad llawer cynt, sef tua 900 cc. Byddai'r cyfeiriad at bobl 'wasgaredig' yn gwneud mwy o synnwyr pe bai'r testun yn perthyn i gyfnod y '*gwasgaru ymysg y cenhedloedd*' (Job 3:2).

Y palas a adeiladwyd i'r Brenin Dareius ym Mhersepolis, Persia.

## Lleoliad

Yn y cyfnod hwn, ardal wledig oedd y Dwyrain Canol gan fwyaf, gyda chilgant o dir ffrwythlon yn gwahanu gwastadeddau cul yr arfordir a'r anialwch. Bu'r cilgant hwn yn achos nifer o ymosodiadau dros y blynyddoedd, am mai dyma lle y cynhyrchid y cnydau i fwydo pobloedd yr anialdir sych. Ar yr arfordir, lle roedd y Phoeniciaid yn byw, roedd digonedd o rawnwin yn tyfu, a defnyddid hwy i gynhyrchu gwin; tyfai amrywiaeth o gnydau mewn mannau eraill – barlys, gwenith, ffigys, olifau, datys, almonau, pomgranadau a gwinwydd bychan. Byddai'r rhan fwyaf o'r plannu'n digwydd ym misoedd Hydref a Thachwedd, ar ddiwedd cyfnod sychder yr haf. Byddai glawogydd y gaeaf yn taro Jwdea rhwng Ionawr ac Ebrill, gan greu amodau delfrydol i blannu miled, pys, ffacbys, melonau a chiwcymbrau, fel y byddent yn barod i'w cynaeafu rhwng Chwefror ac Awst. Ond os byddai parasitiaid yn ymosod rhwng Mai ac Awst, gallai ffermwyr golli'r cyfan.

Roedd ffrwythau o bob math yn hollbwysig, a châi grawnwin eu bwyta'n ffres yn ogystal â'u sychu fel resins. Byddai colli unrhyw gnydau'n effeithio ar drigolion yr ardal gyfan, ac yn ergyd ariannol drom i'r ffermwyr. Roedd masnach yr ardal yn dibynnu'n llwyr ar y cnydau; hebddyn nhw, gallai Jwda gyfan ddioddef dirwasgiad.

## Cefndir

Yr alltudiaeth ydy'r gefnlen ar gyfer llyfr Joel. Roedd Jerwsalem yn adfeilion, a'r rhan fwyaf o'r trigolion bellach wedi eu cludo'n gaethweision i Bersia (a elwid yn Babilon yn y cyfnod hwnnw). Roedd yr ychydig bobl oedd yn weddill yn Jerwsalem yn araf iawn yn ailadeiladu'r Deml a muriau'r ddinas, a theimlai pawb yn hynod rwystredig. Roedd angen i'r ffermwyr adfer eu tiroedd yn dilyn ymosodiad milwyr Persia, pan gafodd llawer o'r tir ei losgi a'i sathru. Ar ben yr holl ddinistr hwn, cafwyd proffwydoliaeth yn darogan trychineb naturiol yn ymwneud â locustiaid. Yn Joel 1:13–14 mae'r awdur yn galw ar y bobl i gynnal dydd o alar, gweddi ac edifeirwch yn wyneb y drychineb, ac yn eu hannog i ofyn am faddeuant Duw.

## Y Manylion

- Roedd ymosodiadau gan locustiaid yn ddigwyddiad blynyddol yn yr ardal, ond roedd yr un a ddisgrifir yma yn fwy difrifol o lawer. Mae plâu o 'locustiaid yr anialwch' wedi bygwth amaethyddiaeth yn y Dwyrain Canol ers cyn cof. Hwn yn sicr ydy'r trychfilyn mwyaf peryglus o'i fath oherwydd gallu'r haid i hedfan yn gyflym dros bellter mawr – ac weithiau ceid dau neu dri ymosodiad mewn blwyddyn. I'r darllenwyr Iddewig roedd y stori'n eu hatgoffa o'r Aifft, pan anfonodd Duw bla i rybuddio Pharo i adael ei bobl yn rhydd. Ond, y tro hwn, mae Duw wedi bwriadu'r pla ar gyfer ei bobl ei hun, gan eu rhybuddio eu bod unwaith eto'n gaeth i bethau dieithr a bod angen eu harwain i ryddid ynddo ef.

- Mae ymosodiad gan locustiaid yn ddelwedd gref iawn: mae'r locust yn tyfu ac yn amlhau'n gyflym iawn, ac mae'n bwydo'n fuan ar ôl ei enedigaeth. Fel arfer, mae'r locustiaid yn ymddangos fel cwmwl du ar y gorwel. Mae'r 'cwmwl' yn teithio gan wneud sŵn brawychus, fel daeargryn, a chaiff popeth ei orchuddio'n llwyr – waliau allanol a mewnol y cartrefi, basgedi dillad, offer fferm, caeau ac anifeiliaid.

- Yn Joel 2:13 mae'r Arglwydd yn dweud

wrth ei bobl am beidio â rhwygo'u dillad, ond yn hytrach am rwygo'u calonnau. Roedd rhwygo dillad – gweithred ddramatig iawn – yn arwydd allanol o alar a thristwch mawr. Fel arfer, roedd yn adwaith i drychineb ofnadwy, neu ddigwyddiad oedd yn gwneud i'r person deimlo mor ddig neu drallodus fel bod rhaid iddo ddangos ei alar yn gyhoeddus. I'r Iddewon, roedd yn arwydd o'r tristwch a'r loes dwfn a ddaw o golli rhywun agos, neu ddigwyddiad a ystyrid fel un trallodus i'r bobl fel cenedl. Doedd Duw ddim am i'w bobl rwygo'u dillad, ond yn hytrach droi ato ef â'u calonnau wedi torri.

- Crybwyllir Joel 2:28–32 ddwywaith yn y Testament Newydd, y tro cyntaf yn Actau 2:17–21, lle mae Pedr yn atgoffa'r bobl o'r broffwydoliaeth, '*a bydd pob un sy'n galw ar enw'r Arglwydd yn cael ei achub*'. Yn ddiweddarach, yn y llythyr at y Rhufeiniaid, mae Paul hefyd yn atgoffa'r eglwys o'r broffwydoliaeth allweddol hon (Rhufeiniaid 10:13).

- Chwarae ar eiriau yn yr Hebraeg ydy cyfeiriad Joel at '*fe gasglaf yr holl genhedloedd a'u dwyn i ddyffryn Jehosoffat*' (Joel 3:2). Mae'r ffaith mai 'dedfryd' ydy ystyr yr enw Jehosoffat yn ffordd gyfrwys o ddweud bod y dyffryn hwn yn 'ddedfryd' ar genhedloedd eraill.

Pomgranadau – un o'r cnydau a dyfid yn yr ardal ffrwythlon rhwng gwastadeddau'r arfordir a'r anialwch.

Haid o locustiaid yr anialwch.

## Llyfr arall i'w ddarllen

*Hosea–Jonah (Word Biblical Commentary)*, gan Douglas Stuart

# Proffwyd y tlodion

**Awdur:** Amos
**Dyddiad ei ysgrifennu**: 750 cc
**Math o lyfr:** Proffwydoliaeth
**Prif gymeriadau:** Amos, y Brenin Jeroboam, Amaseia, a'r cyfoethogion crefyddol
**Prif themâu:** Mae'n well gan Dduw gyfiawnder a thrugaredd na chaneuon gwag

### Teitl ac Arddull

'Baich' ydy ystyr yr enw Amos, sef yr hyn roedd yr awdur yn ei gario yn ei broffwydoliaeth: mae'r hyn a wêl o'i gwmpas yn faich arno, ac mae'n codi'i lais i roi mynegiant i eiriau heriol Duw. Amos ydy un o lyfrau hiraf y mân broffwydi, ac mae'n gosod y sialens fwyaf a'r mwyaf tanbaid, o bosib, ymysg holl broffwydi'r Hen Destament.

Ysgrifennai Amos yn yr wythfed ganrif cc, yr un pryd ag Eseia, Micha a Hosea, gan gondemnio arweinyddion y genedl a'u diffyg ymrwymiad i'r Arglwydd.

### Lleoliad

Ar yr wyneb, roedd Israel mewn sefyllfa fanteisiol wrth iddi fwynhau cyfnod prin o heddwch, ac roedd y Brenin Jeroboam yn

Bugail syml o Jwda oedd Amos ac nid oedd yn ddyn cyfoethog.

arweinydd da. Mwynhâi'r genedl y manteision a ddeuai yn sgil heddwch, megis tir ffrwythlon a chynnydd mewn masnach. Roedd y sefyllfa ariannol yn sefydlog hefyd a'r wlad yn cael prisiau uchel am ei chynnyrch, gan arwain at economi lewyrchus. O ganlyniad, roedd ffermwyr yn adeiladu cartrefi mwy o faint, a'r tirfeddianwyr yn adeiladu plastai. Roedd crefydd hefyd yn ffynnu, gyda Jerwsalem yn mwynhau cyfnod llewyrchus o addoli ag aberthau, a'r Deml yn derbyn incwm da. Ond roedd ochr arall i'r geiniog hefyd, wrth gwrs; tra oedd y cyfoethogion yn mwynhau bywyd bras roedd y tlodion yn llwgu, a llawer ohonyn nhw'n cael eu gorfodi i'w gwerthu eu hunain a'u plant fel caethweision.

Er mwyn gwerthfawrogi sefyllfa Amos mae'n bwysig sylweddoli bod cyfoeth a chrefydd, i'r Iddewon, yn mynd law yn llaw. Credent, os oedden nhw'n derbyn ffafr a bendith Duw, y bydden nhw'n gyfoethog. Wrth iddyn nhw ddod yn fwy cyfoethog ac yn fwy crefyddol, doedden nhw ddim yn sylwi ar amgylchiadau pobl eraill o'u cwmpas; yn hytrach, roedden nhw'n edrych tuag at y nefoedd, yn ddigon bodlon anwybyddu'r tlodion yn eu plith.

## Cefndir

Roedd nifer o'r proffwydi, megis Sechareia, yn ddynion cyfoethog ac eraill, megis Eseia, yn treulio amser yn y llysoedd brenhinol; meibion i offeiriaid y Deml oedd rhai megis Jeremeia. Ond bugail syml o Jwda oedd Amos, yn disgrifio'i hun nid fel mab i broffwyd ond fel bugail oedd hefyd yn '*arddwr coed sycamor*' (Amos 7:17). Dyn cyffredin oedd e, yn hanu o Tecoa (Amos 1) – tref dafliad carreg o Fethlehem, ac yn debyg iawn o ran maint, cymdeithas a sefyllfa economaidd. Roedd y dref yn enwog am ei hamaethyddiaeth ac am fugeilio defaid a geifr – yn sicr, doedd hi ddim yn dref i'r cyfoethogion. Roedd y tlodion ym mhobman, ac fel ffermwr a bugail byddai Amos wedi cyflogi gweision tlawd i'w helpu.

Er nad oedd yn ddyn cyfoethog, doedd e ddim chwaith yn dlawd o'i gymharu ag eraill. Mae Duw yn galw Amos oddi wrth ei waith bob dydd ac yn ei anfon i Israel i addysgu, pregethu a phroffwydo, gan geisio cyflwyno neges fyddai'n beryglus ac anodd iawn i'r bobl yno.

Mae neges Amos yn un gignoeth, yn tanlinellu'r llygredigaeth a'r anghyfiawnder sy'n effeithio ar y tlodion. Mae'n codi'i lais ynghylch difaterwch y bobl grefyddol ac yn pwysleisio'u parodrwydd i ormesu'r tlodion. Yn ôl Duw, all Israel ddim ddianc i guddio – bydd yn eu herlid a'u difa. Bydd yn dod o hyd iddyn nhw – hyd yn oed yn y bedd, neu ar waelod y môr (Amos 9).

Roedd y bobl grefyddol yn mwynhau eu gwleddoedd addoli, yn mwynhau cael eu gweld yn y Deml, ac yn mwynhau darllen yr Ysgrythurau mewn gweddi gyhoeddus – ond ffug oedd y cyfan. Yn Amos 5:21 mae Duw'n datgan, '*Yr wyf yn casáu, yr wyf yn ffieiddio eich gwyliau; nid oes imi bleser yn eich cymanfaoedd.*' Gwyddai mai dim ond esgus bod yn sanctaidd roedd pobl Israel, a bod eu cyfoeth wedi eu gwneud yn falch o'u grym. Bellach, doedden nhw ddim yn ymddiried yn Nuw oherwydd roedd popeth ganddyn nhw eisoes; doedd dim rheswm dros gael Duw byw, ac adloniant – nid yr Hollalluog – oedd Duw iddyn nhw.

## Y Manylion

- Roedd proffwydi'r Hen Destament nid yn unig yn proffwydo ar ran Israel a Jwda, ond hefyd ar ran cenhedloedd eraill. Cyflwynodd Amos broffwydoliaethau i chwech o genhedloedd eraill oedd yn ffinio ag Israel a Jwda – Ammon, Damascus, Edom, Gasa, Moab a Tyrus. Byddai Israel a Jwda wedi mwynhau clywed y newyddion damniol, ond doedden nhw ddim mor awyddus i wrando pan ddechreuodd Amos siarad amdanyn nhw (Amos 1:3–2:3).

Tecoa, y dref lle maged Amos, yn y bryniau i'r de o Jerwsalem.

- Mae llyfr Amos yn enwog am ei awydd angerddol am gyfiawnder, gyda geiriau megis 'Ond llifed barn fel dyfroedd a chyfiawnder fel afon gref' (Amos 5:24). Y gair Hebraeg mae Amos yn ei ddefnyddio am gyfiawnder ydy *mishpat* – gair cyffredin a gyfieithir fel 'barn' neu 'gyfiawnder', gan gysylltu'r ddau gysyniad: ni all barnwr farnu heb roi cyfiawnder. Dydy'r gair ddim yn ymddangos yn aml iawn yn y testun, ond mae'n enghraifft o Amos yn defnyddio iaith gyffredin bob dydd, yn hytrach nag iaith y bobl gyfoethog, ddysgedig (Amos 5:7, 15, 24; 6:12).

- Mae llyfr Amos yn ymosodiad ffiaidd ar grefydd y bobl gyfoethog. Yn 6:4 mae'n datgan, '[Gwae chi sydd] yn gorwedd ar welyau ifori ac yn ymestyn ar eich matresi'. Math o soffa hir, gul oedd y 'gwely ifori', yn eiddo i'r bobl gyfoethog a'r Phoeniciaid ar yr arfordir. Dim ond y bobl gyfoethog iawn allai eu fforddio, a dyna lle bydden nhw'n lled-orwedd yn gysurus tra oedd gweision yn gweini bwyd a diod. Roedd y Phoeniciaid yn meddwl y byd o'u duwiau paganaidd, ac yn mwynhau eu haddoli wrth ymlacio'n braf ar eu gwelyau moethus.

**Llyfr arall i'w ddarllen**

*Hosea–Jonah (Word Biblical Commentary)*, gan Douglas Stuart

# Daw dinistr i Edom

**Awdur:** Obadeia
**Dyddiad ei ysgrifennu:** Cyfnod yr alltudiaeth ym Mabilon, tua 586 cc
**Math o lyfr:** Proffwydoliaeth
**Prif gymeriadau:** Edom, Israel, Jacob, Esau
**Prif themâu:** Yr Arglwydd sy'n llywodraethu, a bydd yn sicr o ddinistrio Edom

## Teitl ac Arddull

Obadeia ydy'r byrraf o holl lyfrau'r proffwydi yn yr Hen Destament, gyda dim ond un bennod a honno'n cynnwys 21 adnod. Wyddon ni fawr ddim am yr awdur, heblaw ystyr ei enw, sef 'un sy'n addoli'r Arglwydd'. Dydy e ddim yn rhoi unrhyw fanylion amdano'i hun – cyflwyno'i weledigaeth ydy ei unig fwriad. Yn ôl traddodiad Iddewig, roedd y proffwyd Obadeia'n was i'r Brenin Ahab o Israel. Roedd Ahab yn cuddio proffwydi mewn dwy ogof ar wahân i sicrhau y byddai un grŵp yn ddiogel, hyd yn oed pe byddai'r grŵp yn yr ogof arall yn cael eu darganfod (1 Brenhinoedd 18:3–4). Credir fod Obadeia'n ŵr cyfoethog iawn, ac yn defnyddio'i arian ei hun i fwydo'r 128 o broffwydi oedd gydag ef yn yr ogof.

## Lleoliad

Roedd Obadeia'n broffwyd i grŵp o bobl oedd yn byw yn Edom. Yn ôl y Beibl, gellid olrhain llwyth yr Edomiaid i Esau yn Genesis 25; Esau oedd gefaill Jacob, a ddaeth yn dad yr Israeliaid ar ôl i Dduw ailenwi Jacob yn 'Israel'. Yn ôl y traddodiad Iddewig, roedd Esau wedi rhannu croth ei fam gyda sylfaenydd Israel ond – er mai ef a aned gyntaf – roedd Jacob wedi cipio bendith y teulu oddi arno. Gwlad i'r de o'r Môr Marw oedd Edom, a'i phobl yn grwydrol ers peth amser. Roedd lliw coch y garreg leol, sef yr un lliw â gwallt Esau, yn eu hatgoffa o'u tras, ac mae'r enw Edom hefyd yn golygu 'coch'. Yng ngweithiau'r Eifftiaid cyfeirid at yr Edomiaid fel herwyr crwydrol a symudai o un ardal i'r llall yn chwilio am adnoddau. Câi Israel ac Edom drafferth i fyw'n gytûn â'i gilydd, ac arweiniodd hyn at ddefnyddio Edom fel enghraifft o sut i beidio â dangos cariad at gymydog mewn trafferthion, ac fel symbol o'r holl bobloedd na ddewiswyd gan Dduw, oherwydd eu drygioni.

## Cefndir

Neges Obadeia oedd fod Edom ar fin dod i ben. Ymhyfrydai'r trigolion yn y ffaith nad oedd y wlad yn un hawdd i elynion ymosod arni, oherwydd natur fynyddig y tir, ond mae Obadeia'n eu hatgoffa na fydd hynny'n ddigon i'w hamddiffyn rhag Duw. Mae'n cyfleu darlun o bobl sydd ar fin dioddef ymosodiad ac anrhaith, a hynny bron yn ddiarwybod iddyn nhw. Roedd yr Edomiaid yn perthyn i linach Esau, a'r Israeliaid i linach Jacob; roedden nhw'n frodyr, i bob pwrpas, ond pan ymosododd y Persiaid ar Israel safodd yr Edomiaid o'r neilltu heb godi bys i helpu. Achosodd hyn ddrwgdeimlad enbyd rhwng y ddwy genedl, ac aeth pethau o ddrwg i waeth pan ymosododd yr Israeliaid ar yr Edomiaid wrth iddyn nhw chwilota am ysbail ymhlith y dinistr a adawyd ar ôl yr ymosodiad. Meddai Obadeia, *'Ar y dydd y sefaist draw, ar y dydd y dygodd estroniaid ei gyfoeth, ac y daeth dieithriaid trwy ei byrth a bwrw coelbren am Jerswalem, yr oeddit tithau*

Ardal fynyddig oedd Edom, i'r de o Israel.

fel un ohonynt. Ni ddylit ymfalchïo ar ddydd dy frawd, dydd ei drallod. Ni ddylit lawenhau dros blant Jwda ar ddydd eu dinistr' (Obadeia 11,12). Proffwydodd Obadeia fod hanes Edom ar fin cael ei ddirwyn i ben.

## Y Manylion

- Lluniwyd llyfr Obadeia ar ffurf cerdd Hebraeg; cafodd ei saernïo'n ofalus, gan ailadrodd cymalau megis 'Ni ddylit'.
- Yn Obadeia 9, mae Duw'n dweud: 'Y mae dy gedyrn mewn braw, o Teman.'

Enw Hebraeg am y de ydy Teman, ond ar un adeg roedd yn enw ar lwyth ac yn ddiweddarach yn enw ar un o ranbarthau'r Edomiaid. Yn wreiddiol, Teman oedd enw mab hynaf Eliffas, mab cyntaf-anedig Esau, a ddaeth yn un o arweinwyr Edom ac yn rhyfelwr enwog. Roedd llwyth Teman yn un o lwythau pwysicaf yr Edomiaid – os nad y pwysicaf o'r cyfan – ac yng ngherdd Obadeia defnyddir yr enw i fod yn gyfystyr ag Edom ei hun.

- Pan ymosododd y Persiaid ar Jerwsalem, safodd yr Edomiaid ar lethrau'r bryniau cyfagos i wylio. Wrth weld rhai o'r trigolion yn dianc aethant ar eu holau, dwyn eu holl eiddo, a chyflwyno'r ysbail i'r Persiaid. Roedd yr Edomiaid ar ben eu digon; nid yn unig roedden nhw wedi gweld eu brodyr yn cael eu lladd, ond roedden nhw hefyd wedi gallu cynnig help llaw i'r Persiaid.

- Mae llawer yn gyffredin rhwng rhai o'r proffwydi; cymharer, er enghraifft, Obadeia 17 a Joel 2:32, a hefyd Obadeia 10–14 ac Eseciel 35. Er bod rhai ysgolheigion o'r farn fod y proffwydi'n benthyg deunydd ei gilydd, mae lle i gredu bod yna gasgliad o benillion proffwydol litwrgïaidd yn y Deml, a'r proffwydi i gyd yn gwneud defnydd ohonyn nhw. Pe bai'r holl broffwydi'n troi at yr un ffynhonnell i'w hysbrydoli, byddai hynny'n esbonio pam eu bod mor glòs yn ddiwinyddol.

Map yn dangos lleoliad Edom.

- Crybwyllir y term 'dydd yr Arglwydd' (Obadeia 15) yn aml mewn testunau proffwydol fel y foment pan fernir popeth sydd wedi digwydd, a llywodraeth Duw'n cael ei gosod yn ei lle. Dydd pan fydd bendith Duw'n disgyn ar Israel, â threfn fyd-eang, barhaol yn cael ei sefydlu, a Duw'n sefydlu ei lywodraeth ei hun.

**Llyfr arall i'w ddarllen**

*Hosea–Jonah (Word Biblical Commentary)*, gan Douglas Stuart

# Fedra i mo dy glywed di

**Awdur:** Jona, yn ôl traddodiad, ond does dim sicrwydd o hynny

**Dyddiad ei ysgrifennu:** Yng nghyfnod y Brenin Jeroboam II, 793–753 cc

**Math o lyfr:** Proffwydoliaeth, ond wedi'i ysgrifennu fel naratif

**Prif gymeriadau:** Jona, y pysgodyn mawr, a brenin Ninefe

**Prif themâu:** Duw'r holl genhedloedd; ofn ac iachawdwriaeth

## Teitl ac Arddull

Daw'r enw Jona o'r Hebraeg *yonah*, sef 'colomen', oedd yn symbol o un o aberthau'r Iddewon. Mae'r enw hefyd yn ein hatgoffa o rywun sy'n cynnig ei hun yn aberth i Dduw, ond pan ddaw'r amser i gyflwyno'i fywyd iddo, mae'n cael traed oer. Er bod testun llyfr Jona'n broffwydol, mae'n wahanol i'r holl lyfrau proffwydol eraill am ei fod wedi'i ysgrifennu ar ffurf naratif. Yn yr Hebraeg wreiddiol, mae rhyw asbri arbennig yn perthyn i'r cyfan, gan fod rhyddiaith yr iaith honno'n fwy rhythmig na'i barddoniaeth.

Un o deirw adeiniog yr Asyriaid, o Khorsabad, ger Ninefe.

## Lleoliad

Mae llyfr Jona'n troi o gwmpas tri lleoliad: ei gartref yn Gath-Heffer (2 Brenhinoedd 14:25) bedair milltir o Nasareth, lle mae Jona'n clywed llais Dduw; ei fordaith mewn llong i Darsis, ac yn olaf Ninefe. Mae'n bosibl bod Tarsis, lle mae Jona'n ceisio dianc, yn ne-ddwyrain Sbaen

ein dyddiau ni. Roedd y Phoeniciaid yn mwyngloddio yn yr ardal hon; roedd yn lle gwâr, ond heb fod yn gyfoethog iawn. Cafodd ei disgrifio gan rai fel ardal ddosbarth gweithiol, lle roedd popeth yn troi o amgylch bywyd teuluol a masnach. Yn ddiwylliannol, roedd yn wahanol iawn i Ninefe – y ddinas roedd Duw'n awyddus i siarad â hi.

Roedd Ninefe, prifddinas ymerodraeth yr Asyriaid, wedi'i lleoli i'r dwyrain o afon Tigris, yng ngogledd Irac ein dyddiau ni. Cyfieithiad ydy Ninefe o enw cynnar yr Asyriaid ar y dduwies Ishtar – duwies ffrwythlondeb, cariad a rhyfel. Oherwydd y defodau oedd yn rhan o'i haddoliad – megis puteindra, yn y gobaith y byddai hyn yn annog y duwiau eraill i baru a chenhedlu – gelwid Ishtar yn 'butain llys y duwiau'.

Dinas hardd oedd Ninefe, gyda'i strydoedd llydan, ei sgwariau eang, a'i pharciau a'i gerddi hyfryd, ac roedd ei thrigolion yn ymfalchïo yn ei chasgliad helaeth o gelf. Roedd hi'n nodweddiadol o'r rhan fwyaf o ddinasoedd Asyria, gyda'i phymtheg porth anferth a phob un wedi'i enwi ar ôl duw gwahanol. Roedd yr Asyriaid yn enwog am eu gwybodaeth o'r grefft o ryfela, ac am eu trefniadaeth, ac roedden nhw'n anfodlon iawn colli unrhyw frwydr. Yn anterth ei nerth, roedd dinas Ninefe wedi'i hamgylchynu â mur 7 milltir (12 km) o hyd, a gellid gyrru tri cherbyd rhyfel ochr yn ochr ar ei ben. Gyda phoblogaeth o 120,000, Ninefe hefyd oedd y ddinas fwyaf yn y byd ar y pryd, bron ddwywaith maint yr ymerodraeth Fabilonaidd a'i dinistriodd yn 612 cc.

## Cefndir

Yng nghyfnod Jona roedd Ninefe'n fygythiad difrifol i Israel, ac yn ddrwg-enwog am ei thactegau didostur a'i galluogodd yn y diwedd i orchfygu pobl Dduw. Roedd cyfoeth a grym

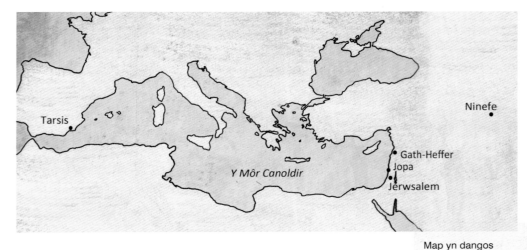

milwrol Ninefe – ynghyd â'i sgiliau rhyfela – yn ei gwneud yn anorchfygol. Oherwydd bod pobl yn ofni grym Ninefe, roedden nhw'n awyddus i gynghreirio â hi – wedi'r cwbl, gwell oedd bod yn ffrind i'r gelyn yn hytrach na'i herio. Doedd dim syndod, felly, bod Jona'n anfodlon mynd yno, hyd yn oed yn enw'r Arglwydd. Roedd yn ofni marwolaeth a charchar pan ddywedodd Duw, '*Cod, dos i Ninefe, y ddinas fawr, a llefara yn ei herbyn: oherwydd daeth ei drygioni i'm sylw*' (Jona 1:2). Mae'n ddigon hawdd deall pam roedd Jona'n teimlo mor ofnus.

Yn ddaearyddol, roedd Ninefe a Tarsis ar ddau begwn eithaf yr Hen Destament, ac yn cynrychioli dau ben y llwybr masnach a ddefnyddid yn yr hen amser. Pan alwodd yr Arglwydd ar Jona i fynd i un pen o'r byd oedd yn gyfarwydd iddo, efallai fod Jona wedi penderfynu teithio i'r pen arall yn y gobaith o ddianc.

## Y Manylion

- Yn ôl traddodiad Iddewig, Jona ydy'r bachgen a godwyd o farw'n fyw gan Elias (1 Brenhinoedd 17).
- Am 'bysgodyn mawr' y sonnir yn llyfr Jona, ond dros y canrifoedd mae artistiaid a

llenorion wedi cymryd yn ganiataol mai morfil oedd e.

- Ychydig amser ar ôl i Ninefe edifarhau a throi at yr Arglwydd, mae'n od fod y brenhinoedd yn parhau i ddibynnu ar y dduwies Ishtar mewn brwydr. Efallai fod y brenin ar y pryd wedi edifarhau, ond bod ei ddilynwyr wedi dychwelyd at eu hen ddulliau o addoli – fel yn achos brenhinoedd Israel yn yr Hen Destament.

- Roedd y morwyr wedi bwrw coelbren er mwyn darganfod pwy achosodd y storm (Jona 1:7). Yng nghyfnod y Beibl roedd yn arferol i bobl fwrw coelbren i gael ymateb dwyfol; ceir enghreifftiau eraill yn Actau 1:26, Lefiticus 16:8, 1 Cronicl 24:31, 1 Cronicl 25:8 a Nehemeia 11:1.

Map yn dangos lleoliadau stori Jona.

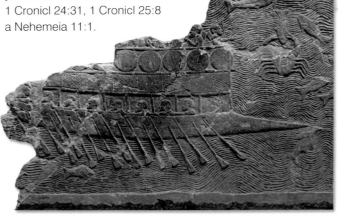

Cerfiad mewn carreg o long y Phoeniciaid o balas yn Ninefe.

- Dim ond mewn tywydd teg, a hynny rhwng Ebrill a Hydref, y byddai llongau'n hwylio; roedd ganddyn nhw hwyliau mawr i ddal y gwynt, a defnyddid y sêr fel cymorth i fordwyo. Roedd llongau masnachol yn llydan, wedi'u hadeiladu o goed pin, ac yn anodd iawn eu suddo; rhaid, felly, bod hon yn storm arbennig o nerthol.

Cerfiad yn portreadu Dagon, duw'r Asyriaid.

- Agwedd gyffredin yng nghyfnod Jona oedd gorfoleddu yn nhrugaredd yr Arglwydd tuag at Israel, ond ar yr un pryd yn dymuno dialedd ar elynion. Yn llyfr Jona, mae Duw'n condemnio'r safbwynt hwn ac yn cyhoeddi ei ras i Ninefe.

- Darllenir llyfr Jona yn ystod gwasanaeth y prynhawn ar Yom Kippur (Dydd y Cymod), i dynnu sylw at edifeirwch pobl Ninefe a gras yr Arglwydd tuag atyn nhw.

- Mae'r cyfeiriad at Jona yn 2 Brenhinoedd 14:23–29 fel proffwyd hanesyddol go iawn yn atgyfnerthu digwyddiadau hanesyddol y llyfr. I rai, gallai'r ffaith fod arddull yr ysgrifennu'n ymdebygu i lenyddiaeth werin yr Hebreaid – sy'n cynnwys anifeiliaid yn gwneud pethau rhyfedd – ddibrisio dilysrwydd stori Jona, a'i gwneud yn ddim mwy na ffuglen. Ond ceir digon o dystiolaeth fod Jona'n broffwyd go iawn, a does dim rheswm i amau stori'r pysgodyn mawr. Defnyddid yr arddull hon fel dull o drosglwyddo straeon o un genhedlaeth i'r llall, mewn dull tebyg i arddull rythmig cerdd Genesis (Genesis 1). Roedd straeon am bysgod-ddynion yn gyffredin iawn yn y Dwyrain Canol. Ysgrifennodd offeiriad o Fabilon yn y drydedd ganrif am greadur mytholegol a gododd o'r môr i lefaru geiriau o ddoethineb. Enw'r creadur oedd *Oannes*, sy'n hynod debyg i *Ioannes* – un o'r ddau air Groeg am Jona.

- Byddai taith Jona o Gath-Heffer yng Ngalilea i borthladd Jopa wedi cymryd tua tri diwrnod a hanner, a'r daith gerdded o'r Môr Canoldir i Ninefe – tua 450 milltir (724 km) – wedi cymryd tua 22 diwrnod. Cyn i Jona gyrraedd Ninefe, hyd yn oed, byddai wedi gwastraffu mis yn gwneud ei orau glas i beidio â mynd yno.

- Roedd Dagon – y pysgod-dduw oedd yn hanner dyn, hanner pysgodyn – yn un o dduwiau'r Asyriaid y sonnir amdano yn y Beibl (Barnwyr 16:23; 1 Samuel 5:2–7; 1 Cronicl 10:10). Daethpwyd o hyd i ddelwau o Dagon yn yr ardal o gwmpas Ninefe. Byddai wedi rhoi mwy o arwyddocâd i neges Jona pe câi ei weld fel llefarydd ar ran y duw hwn, gan iddo gael ei gludo gan bysgodyn.

### Llyfrau eraill i'w darllen

*The Message of Jonah: A Theological Commentary*, gan Terence Fretheim
*Myths of Babylonia and Assyria*, gan Donald A. Mackenzie
*Assyrian Sculpture*, gan Julian Reade

# Y tlodion yn cael cam

**Awdur:** Micha
**Dyddiad ei ysgrifennu:** 740 cc
**Math o lyfr:** Proffwydoliaeth
**Prif gymeriadau:** Micha, y Brenin Jotham, y Brenin Ahas a'r Brenin Heseceia
**Prif themâu:** Cyfiawnder, trugaredd a gostyngeiddrwydd – dyna mae'r Arglwydd yn ei ofyn gennym

## Teitl ac Arddull

Daw'r enw Micha o'r gair Hebraeg *mikha*, sef 'Pwy sydd fel yr Arglwydd?' ac mae'r llyfr yn un o weithiau'r deuddeg mân broffwyd ar ddiwedd yr Hen Destament. Mae Micha, fel sawl proffwyd arall, yn llenor medrus sy'n creu delweddau ac yn mynegi syniadau mewn dull barddonol. Yn aml, mae'r math yma o ysgrifennu proffwydol yn gadael argraff ddyfnach ar y darllenydd na thestun ffeithiol, llythrennol.

## Lleoliad

Roedd Micha'n byw ym Moreseth, dinas i'r de-orllewin o Fethlehem, rhwng yr arfordir a dinas Jerwsalem. Oherwydd ei lleoliad, roedd trigolion yr ardal yn cael y fantais o fod yn agos at y ddinas sanctaidd, ac eto'n ddigon pell i beidio â chael eu tynnu i mewn i'w ffordd o fyw. Pobl gyffredin cefn gwlad oedd ei thrigolion, gyda'r rhai oedd yn byw y tu allan i'r ddinas yn aml yn dlawd iawn ac yn cael trafferth dod o hyd i waith. Ond serch hynny roedd Moreseth yn ddinas hynod bwysig, gan ei bod yn amddiffyn llwybr masnach allweddol i ardal fynyddig Jwda, i'r de o Jerwsalem. Roedd cyfoethogion yr ardal wedi cofleidio arferion Jerwsalem o offrymu aberthau, a'r werin bobl yn ceisio dyfalu sut orau i ddilyn yr Arglwydd. Yng nghyfnod Micha, roedd y tlodion yn cael cam tra bod y cyfoethogion yn fodlon eu byd ac yn anwybyddu'r anghyfiawnderau oedd yn digwydd o dan eu trwynau.

## Cefndir

Fel ffermwr tir mynyddig, roedd Micha'n sylweddoli bod ffydd bellach yn ymwneud ag addoliad ac aberthu defodol yn y Deml. Tyfai ei neges o'i rwystredigaeth ei hun wrth wylio'r bobl o'i amgylch yn dioddef cam, anghyfiawnder a thlodi. Cofiai fod y stori'n dechrau gyda'r Arglwydd yn rhyddhau'r caethion; cofiai hefyd fod yr Arglwydd wedi arwain ei bobl i wlad yn llifeirio o laeth a mêl. Ond bellach roedd y ffydd hon yn llygredig, gyda phobl gyfoethog, ddifater, yn fodlon eistedd yn ôl ac anwybyddu'r bobl roedd Duw'n eu caru mor angerddol. Y peth pwysicaf i Micha oedd cyfiawnder a rhyddid, felly galwodd ar y bobl i roi'r gorau i wyrdroi'r ffydd a sylweddoli eu bod yn gwneud cam â'r tlodion. Roedd am i'r bobl gyfoethog weld mai nhw oedd y gormeswyr newydd, a bod yr Arglwydd am ryddhau ei bobl unwaith eto oherwydd ei fod wedi clywed eu cri. Byddai'r Arglwydd yn cyflwyno dedfryd – un fyddai mor llym nes dinistrio'r Deml a'r ddinas.

## Y Manylion

• Roedd Micha ac Eseia'n perthyn i'r un genhedlaeth, a llyfrau'r ddau yn adleisio'i gilydd o ran materion y dydd, er eu bod yn anelu eu sylwadau at garfanau cwbl

Sgrôl o'r Torah.

wahanol. Anelai Eseia ei neges yn bennaf at bobl Jerwsalem a'r teulu brenhinol, tra bod Micha'n anelu ei broffwydoliaethau at y werin bobl.

• Byddai sawl crefydd yn defnyddio iechyd a llwyddiant fel dulliau o ennill ymddiriedaeth a theyrngarwch pobl, a'r crefyddau paganaidd yn defnyddio rhyw fel dull o addoli. Roedd y dilynwyr wrth eu boddau, gan fod y defodau'n cyfreithloni rhyw y tu allan i berthynas sefydlog, ac yn rhoi rhwydd hynt i'w chwantau heb eu hymrwymo mewn unrhyw ffordd. Câi puteiniaid eu cludo i'r Deml o ardaloedd eraill, gan roi gwaith i'r tlodion; yr hyn oedd e mewn gwirionedd oedd dull cynnar o fasnachu mewn merched ifanc. Yn gynnar yn y broffwydoliaeth (1:7) mae Micha'n defnyddio puteiniaid y Deml, a'r anfoesoldeb oedd ynghlwm â'r arfer, fel trosiad am aberthau Jerwsalem yn y Deml. Mae Duw'n cyffelybu addoli aberthol i addoli'r duwiau paganaidd trwy gyfrwng puteiniaid.

• Yn Micha 5:2, mae'r proffwyd yn awgrymu'n gryf beth ddylid ei ddisgwyl yn y dyfodol: 'Ond ti, Bethlehem Effrata, sy'n fechan i fod ymhlith llwythau Jwda, ohonot ti y daw allan i mi un i fod yn llywodraethwr yn Israel, a'i darddiad yn y gorffennol, mewn dyddiau gynt.' Disgwylid y byddai llywodraethwyr o linach Dafydd yn cael eu geni yn Jerwsalem, y ddinas sanctaidd. Pentref bach gwledig oedd Bethlehem, fel ag yr oedd yn nyddiau Dafydd; roedd

Israel, fodd bynnag, wedi datblygu oddi ar y cyfnod hwnnw, a'i holl frenhinoedd yn hanu o deuluoedd cyfoethog, awdurdodol. Roedd y ffaith fod Micha'n mynd ag Israel yn ôl i Fethlehem yn debyg i fynd â ni'n ôl i'r oesoedd tywyll. Ar y diwedd, mae Micha'n cyhoeddi Dafydd newydd sbon, un fyddai'n arwain Israel yn ôl at werthoedd yr hen ddyddiau.

• Yn 4:2 mae Micha'n dweud rhywbeth diddorol a chraff – geiriau a ddefnyddir yn ddiweddarach gan Iesu yn y Testament Newydd: '"Dewch, esgynnwn i fynydd yr Arglwydd, i deml Duw Jacob, er mwyn iddo ddysgu inni ei ffyrdd ac i ninnau rodio yn ei lwybrau." Oherwydd o Seion y daw'r gyfraith, a gair yr Arglwydd o Jerwsalem.' Daw'r gair 'dysgu' o'r Hebraeg torah, ac felly hefyd y gair 'cyfraith' yn ddiweddarach yn yr adnod, gan greu cysylltiad uniongyrchol rhwng y Torah a 'gair yr Arglwydd'. Yn Efengyl Ioan, disgrifir dyfodiad Iesu fel 'A daeth y Gair yn gnawd a phreswylio yn ein plith' (Ioan 1:14). Felly, os mai'r Torah ydy 'gair yr Arglwydd', ac Iesu ydy'r 'gair', yna mae Iesu'n ymgorfforiad o'r Torah. Dylai hyn fod yn glir i'r Iddewon, ond erbyn cyfnod Iesu roedden nhw mor falch a thrahaus ynghylch eu ffydd fel nad oedden nhw wedi sylweddoli pwysigrwydd Iesu. Dyna pam y dywedodd Iesu, 'Peidiwch â thybio i mi ddod i ddileu'r Gyfraith na'r proffwydi: ni ddeuthum i ddileu ond i gyflawni' (Mathew 5:17).

• Mae gwaith proffwydol Micha'n cyrraedd uchafbwynt yn Micha 6:8 pan ddywed: 'a'r hyn a gais yr Arglwydd gennyt: dim ond gwneud beth sy'n iawn, caru teyrngarwch ac ymostwng i rodio'n ostyngedig gyda'th Dduw.' Roedd Micha'n deall bod yr Arglwydd yn disgwyl i'w bobl ymgorffori'r hyn a wnaeth Duw gyda nhw yn yr exodus, ac mae'n dweud wrth y darllenydd am rodio'n hatznea gyda Duw – sef yn ddirodres, gan ymatal rhag meddwl yn rhy

uchel o'ch gallu eich hun i reoli'ch bywyd.
Mae'n cyfeirio'r neges hon at yr holl bobl
gyfoethog a chrefyddol hynny sy'n gwbl
fodlon ar eu crefydd ddifater.

**Llyfr arall i'w ddarllen**

*Micah–Malachi (Word Biblical Commentary)*, gan Ralph L. Smith

Bryniau ger Bethlehem.

# NAHUM

# Cwymp y cedyrn

**Awdur:** Nahum
**Dyddiad ei ysgrifennu:** 620 cc
**Math o lyfr:** Proffwydoliaeth
**Prif gymeriadau:** Ymerodraeth Asyria, a Ninefe'n benodol
**Prif themâu:** Mae'r Arglwydd yn araf i ddigio, ond yn fawr o nerth

## Teitl ac Arddull

'Cysurwr' neu 'edifeiriol' ydy ystyr yr enw Hebraeg Nahum, a phroffwydoliaeth ynghylch Ninefe – un o ddinasoedd mwyaf ymerodraeth Asyria – ydy'r llyfr hwn. Ystyr Ninefe ydy 'golygus' neu 'dymunol', ond doedd y geiriau hyn ddim yn ddisgrifiad da o'i thrigolion yng nghyfnod Nahum. Er bod y ddinas ei hun yn 'olygus' ac yn 'ddymunol', roedd y bobl yn ormesol. Mae'r awdur yn defnyddio iaith ddialgar a delweddau cryf i gyfleu darlun o ddicter Duw yn erbyn yr Asyriaid. Mae e'n sicr, fodd bynnag, fod yr Arglwydd '*yn araf i ddigio ond yn fawr o nerth*' (Nahum 1:3) ac yn canolbwyntio ar ddaioni Duw lawn cymaint ag ar ei ddicter.

Golygfa ar fur yn Ninefe o'r Asyriaid yn brwydro. Rhybuddiodd Nahum y ddinas fod rhagor o frwydrau i ddod.

## Lleoliad

Mae Nahum yn dweud wrthym ei fod yn perthyn i'r Elcosiaid, ond wyddon ni fawr ddim amdanyn nhw. Cred rhai eu bod yn byw i'r gogledd o Jerwsalem, ond yn ôl tystiolaeth y broffwydoliaeth roedd Nahum, mae'n debyg, yn hanu o Jwda. Gan fod Ninefe wedi'i dinistrio yn 612 cc rhaid bod y llyfr wedi'i lunio cyn hynny, ond does dim modd pennu dyddiad mwy pendant.

Roedd pobl Ninefe wedi cwrdd â'r proffwyd Jona ryw 100 mlynedd ynghynt, ac yn ôl ei dystiolaeth ef ei hun roedd y bobl wedi edifarhau a chefnu ar ddrygioni. Ond rhwng y cyfnod hwnnw a dyddiau Nahum roedden nhw wedi dychwelyd at eu hen ffordd ddrygionus o fyw.

Sefydlwyd Ninefe gan Nimrod (Genesis 10:11) ac roedd hanes hir iddi fel dinas bwerus. Gyda'i lleoliad ar lannau afon Tigris, roedd y ddinas yn manteisio ar ei safle delfrydol i ddatblygu masnach lewyrchus. Roedd hi'n parhau i fod yn ddinas gryf a nerthol, fel yn nyddiau Jona, gyda phoblogaeth o ryw 115,000 a nifer o demlau paganaidd. Roedd pawb yn casáu'r Asyriaid â chas perffaith gan eu bod yn erlid unrhyw un oedd yn sefyll yn eu ffordd, ac yn ei ladd. Roedden nhw'n cael pleser mawr o losgi dinasoedd, a thorri pennau pobl a'u gosod ar bolion ger pyrth y ddinas. Doedd dim rhyfedd, felly, fod Jona'n crynu yn ei sgidiau wrth feddwl am fynd i Ninefe – a doedd fawr ddim wedi newid yn y cyfnod rhwng Jona a Nahum.

## Cefndir

Bu ymerodraeth Asyria'n codi arswyd ar bawb ers cyn cof, ond roedd grym milwrol eu cymdogion, y Babiloniaid a'r Mediaid, bellach ar gynnydd – a hynny dan drwynau'r Asyriaid, bron iawn. Mae proffwydoliaeth Nahum yn rhybuddio Ninefe bod pethau ar fin newid. Mae'n portreadu Duw fel grym dialgar, a fydd yn dedfrydu Ninefe, ond mae'n ein hatgoffa hefyd nad ydy Duw'n digio'n hawdd. Mae Nahum yn portreadu Duw'n cymryd pwyll, gan roi cyfle i genhedloedd newid eu ffyrdd – ond bydd yn cosbi'r rhai euog. Deallai Nahum fod yn rhaid dileu drygioni, ond bod gwir gariad yn ymladd dros gyfiawnder.

## Y Manylion

- Dinistriwyd dinas Ninefe gan y Babiloniaid yn 612 cc, yn dilyn gwarchae a barodd am bron i ddwy flynedd. Pan oedd y Babiloniaid ar fin rhoi'r ffidil yn y to, gorlifodd afon Tigris gan foddi'r ddinas; fel y proffwydodd Nahum, dymchwelwyd y llifddorau a rhan o'r mur dan bwysau'r dŵr, fel bod modd i'r Babiloniaid gael mynediad i'r ddinas (Nahum 1:8; 2:6; 3:13). Yn Nahum 1:9 mae'r proffwyd yn rhag-weld na chaiff y ddinas fyth ei hailadeiladu, ac mae e yn llygad ei le, oherwydd pan ymladdodd Alexander Fawr frwydr Arbela yn 331 cc doedd ganddo ddim syniad fod dinas wedi sefyll ar y safle hwnnw erioed. Bu Ninefe ar goll yn llwyr hyd nes i archaeolegwyr ddarganfod olion y ddinas mor ddiweddar ag 1850 oc.

- Dywedodd Nahum y byddai byddin y gelynion yn ysbeilio holl gyfoeth Ninefe (Nahum 2:9–10). Yn ôl y llyfrau hanes, roedd yr Asyriaid yn Ninefe wedi casglu cyfoeth eithriadol ar gefn eu holl fuddugoliaethau; pan lwyddodd y Babiloniaid i dorri i mewn i'r ddinas roedd cymaint o aur ac arian yno fel eu bod wedi rhoi'r gorau i erlid y trigolion oedd yn dianc, a dechrau llenwi'u pocedi eu hunain.

- Yn Nahum 2:11 gofynnir y cwestiwn, '*Ple mae ffau'r llew*' – ond nid cwestiwn ynghylch lleoliad ydy e. Roedd yr Asyriaid yn ymfalchïo yn eu murluniau'n portreadu delweddau o greaduriaid nerthol. Llewod oedd eu ffefrynnau, ac roedd pob wal wedi'i gorchuddio â murluniau o lewod. Y cwestiwn a holir ydy, 'Beth ddigwyddodd i'r ddinas sydd mor falch o'i murluniau o lewod?'

Murlun yn portreadu llew yn cael ei ddefnyddio fel sbort i ddiddanu'r brenin.

- Mae Nahum 3:1 yn agor gyda'r proffwyd yn dweud 'Gwae', sydd fel rhyw chwerthiniad byr, ac yn cloi yn adnod 19 gyda'r bobl yn curo dwylo oherwydd bod yr Asyriaid wedi cael eu dinistrio. Mae'n ddelwedd o berfformiad yn cael ei fwynhau gan griw o gymdogion gwrthwynebus.

- Fel ag mewn gweithiau proffwydol eraill, mae disgwyl i'r darllenydd ailddarllen y testun dro ar ôl tro, gan ddeall mwy gyda phob darlleniad. Credai'r rabiniaid fod modd dehongli gweithiau proffwydol fel llyfr Nahum mewn mwy nag un ffordd, ac y byddai pob darlleniad yn taflu golau newydd ar y testun. Credent mai dim ond pan gesglid yr holl ddehongliadau at ei gilydd y gellid dod o hyd i wir gyfoeth yr ystyr.

## Llyfr arall i'w ddarllen

*Micah–Malachi (Word Biblical Commentary)*, gan Ralph L. Smith

# O gwestiynu i ymddiried

**Awdur:** Habacuc
**Dyddiad ei ysgrifennu:** 605 cc
**Math o lyfr:** Proffwydoliaeth
**Prif gymeriadau:** Habacuc, yr Arglwydd a Babilon
**Prif themâu:** Pam mae'r holl ddioddefaint hwn yn digwydd, a ble mae Duw?

## Teitl ac Arddull

Yn yr Hebraeg, ystyr yr enw Habacuc ydy 'ymgodymu', sy'n rhoi rhyw syniad o'r materion a drafodir yn y llyfr proffwydol hwn. Roedd Habacuc yn ymgodymu â Duw dros rai o'r cwestiynau mwyaf heriol sy'n parhau i'n poeni ni heddiw: pam mae yna ddrygioni yn y byd, pam mae Duw cariad yn caniatáu drygioni, a pham mae cenhedloedd llawn drygioni yn ffynnu? Yn wahanol i lyfrau'r proffwydi eraill, mae llyfr Habacuc yn cofnodi sgwrs rhwng y proffwyd a Duw.

## Lleoliad

Proffwydodd Habacuc y byddai'r Babiloniaid yn ymosod ar Jerwsalem tua 605 cc; digwyddodd hynny lai na deng mlynedd yn ddiweddarach, gyda'r ddinas yn cwympo'n derfynol ac yn cael ei dinistrio yn 586 cc. Er bod Jerwsalem yn ddinas hardd, doedd hynny ddim yn wir am ei ffordd o fyw. Roedd hi'n llawn trais a gwrthdaro mewnol, a'r cyfoethogion yn anwybyddu'r tlodion yn llwyr. Yn dilyn teyrnasiad nifer o frenhinoedd a chanddynt farn wahanol ynghylch sut i addoli – rhai'n annog y trigolion i addoli Duw, ac eraill yn cefnu arno – roedd y bobl bellach yn ddifater a dryslyd. Roedd y Brenin Manasse, er enghraifft, wedi ailsefydlu dulliau paganaidd o addoli Baal, Asera ac eilunod eraill; datblygodd system o 'uchelfannau' addoliad, a halogi'r Deml trwy godi allorau i addoli eilunod ynddi. Roedd e hyd yn oed wedi aberthu ei feibion ei hun, gan eu llosgi i farwolaeth wrth addoli Molech.

Ychydig y tu draw i'r gorwel roedd Babilon; roedd y Babiloniaid wedi gorchfygu'r Asyriaid yn gymharol ddiweddar, a bellach tro Jerwsalem oedd hi. Doedd Habacuc ddim yn gallu deall pam fod yr Arglwydd yn caniatáu i hyn ddigwydd, ond sylweddolai pa mor llygredig oedd y ddinas a bod y tlodion yn cael cam mawr. Mae Duw'n dweud wrth Habacuc ei fod yn bwriadu i'r Babiloniaid gipio'r pethau *'nad ydynt yn eiddo iddynt'* (Habacuc 1:6). Cenedl falch oedd y Babiloniaid, ac roedd cenhedloedd eraill yn eu hofni'n fawr. Dywedir eu bod yn defnyddio tactegau milwrol oedd ymhell o flaen eu hamser, a'u bod wedi llwyddo i gipio dinasoedd caerog y tybid eu bod yn anorchfygol.

## Cefndir

Yn dilyn cyfres o frenhinoedd a gefnodd ar Dduw, roedd yr hen ffordd o fyw ar fin dirwyn i ben yn Jerwsalem. Sedeceia oedd brenin olaf Jwda; gorseddwyd ef gan y Brenin Nebuchadnesar o Fabilon yn dilyn ei fuddugoliaeth. Oherwydd bod y ddau frenin blaenorol wedi gwrthryfela yn erbyn Babilon, roedd Nebuchadnesar wedi cael llond bol ar y sefyllfa ac wedi gorfodi Sedeceia i dyngu llw i'r Arglwydd y byddai'n llywodraethu mewn dull oedd yn ddarostyngol i Fabilon. Roedd Nebuchadnesar eisoes wedi atal tri gwrthryfel yn Jwda, ac i ddangos ei

awdurdod newidiodd enw'r brenin newydd o Mataneia i Sedeceia (2 Brenhinoedd 24:17). Erbyn hyn roedd Jwda ar fin rhoi'r gorau'n llwyr i ymostwng i'r Arglwydd, a bellach dan lywodraeth Babilon. Mae Habacuc yn rhag-weld na fydd y sefyllfa hon yn para fawr hirach ac y bydd Babilon, yn y diwedd, yn dinistrio Jerwsalem.

## Y Manylion

- Pan glywodd Habacuc fod Duw yn dod, meddai yn 3:16, 'Clywais innau, a chynhyrfwyd fy ymysgaroedd.' Ffordd weddus oedd hyn o ddweud ei fod wedi cynhyrfu cymaint nes colli rheolaeth ar ei goluddion!

- Yn Habacuc 3:3 mae'r awdur yn dweud, 'Y mae Duw yn dyfod o Teman, a'r Sanctaidd o Fynydd Paran.' Credir fod Teman yn air Hebraeg am y de, ac mai Mynydd Paran ydy Mynydd Sinai. Mae'r llinell hon yn ein hatgoffa am yr exodus, sef y digwyddiad canolog a arweiniodd at ryddid Israel.

- Mae Habacuc yn defnyddio'r gair 'Gwae' mewn ffordd farddonol chwe gwaith yn y llyfr: wrth gyfarch y balch (2:4–5); y barus (2:6–8); y cyfoethog (2:9–11); y treisgar (2:12–14); y meddwon (2:15–17) ac eilun-addolwyr (2:18–20). Yn y Testament Newydd, mae Iesu'n cyfeirio at hyn wrth ddefnyddio'r un rhythm barddonol yn ei saith gwae i'r Phariseaid (Mathew 23), gan eu hatgoffa o waeau Habacuc.

Mynydd Sinai, neu Paran; oddi yma y daeth y 'Sanctaidd' (Habacuc 3:3).

Roedd milwyr Babilon yn enwog am fod yn ymladdwyr ffyrnig.

- Roedd gan Fabilon enw drwg am feddwi ei gelynion, a'u dinoethi i achosi embaras i'w cenedl. Mae Habacuc yn dweud yn 2:15, '*Gwae'r sawl sy'n gwneud i'w gymydog yfed o gwpan ei lid, ac yn ei feddwi er mwyn gweld ei noethni.*'

- Cyfeirir yn aml yn y Beibl at eilunod, sef delwau o'r duwiau ar ffurf pobl neu anifeiliaid. Roedd pobl yn eu haddoli yn eu cartrefi, yn yr awyr agored ac mewn adeiladau sanctaidd. Pan oedd eilun wedi'i lunio neu ei gerfio o garreg, metel neu bren, câi ei osod gydag eilunod eraill, ac mewn defod fer o weddi gorchmynnid iddo 'ddeffro', fel pe bai'n gwneud dim ond cysgu. Yn Hababuc 2:18–20 mae'r proffwyd yn trafod yr eilunod hyn, gan wneud hwyl am ben y person sy'n dweud wrth yr eilun am ddeffro oherwydd iddo fod mor ddwl ag ymddiried yn rhywbeth nad oes '*dim anadl ynddo*'.

- Enillodd Babilon ei holl gyfoeth nid trwy fasnach a busnes, ond trwy ddwyn ac ysbeilio eiddo pobloedd eraill a chipio trysorau o'u haddoldai. Yn Habacuc 2:6 dywedir, '*Gwae'r sawl sy'n pentyrru'r hyn nad yw'n eiddo iddo, ac yn cadw iddo'i hun wystl y dyledwr*'. Doedd dim byd gonest ynghylch eu cyfoeth, er mor falch oedd y Babiloniaid o'u holl eiddo.

### Llyfrau eraill i'w darllen

*The Middle East: The Cradle of Civilization Revealed*, gan Stephen Bourke a Maree Browne
*Micah–Malachi (Word Biblical Commentary)*, gan Ralph L. Smith

# Gobaith i'r rhai gostyngedig

**Awdur:** Seffaneia
**Dyddiad ei ysgrifennu:** 630 cc
**Math o lyfr:** Proffwydoliaeth
**Prif gymeriadau:** Jerwsalem a'r Brenin Joseia
**Prif themâu:** Caiff y rhai gostyngedig eu hachub ar ddydd yr Arglwydd

## Teitl ac Arddull

Mae nifer o ystyron i'r enw Hebraeg Seffaneia, megis 'Yr Arglwydd yw fy nghyfrinach', 'cuddiwyd gan Dduw', 'amddiffynnwyd gan Dduw' neu 'trysorwyd gan Dduw'. Roedd Duw'n trysori Israel, ac wedi'i diogelu ganddo, ond roedd amser yn dod pan na fyddai hynny'n wir. Gellir olrhain tras Seffaneia i'r Brenin Heseceia o Jwda, felly roedd ganddo statws uchel yn gymdeithasol. Thema'r llyfr ydy rhoi llai o sylw i ddamnedigaeth a dialedd, a mwy o sylw i geisio'r Arglwydd a llefain yn uchel i glodfori daioni Duw. Oherwydd arddull gymhleth Seffaneia, rhaid i'r darllenydd astudio'r testun nifer o weithiau cyn ei ddeall yn iawn.

## Lleoliad

Roedd Seffaneia'n cydoesi â Jeremeia, ac yn proffwydo yn ystod teyrnasiad Joseia, brenin Jwda (640–609 cc). Lleolir y cyfan yn Jerwsalem, a ddisgrifir – fel yng ngwaith llawer o'r proffwydi – mewn iaith lem a negyddol. Bodlonai'r trigolion ar eistedd yn ôl yn hapus eu byd, a'r cyfoethogion yn casglu mwy a mwy o gyfoeth tra oedd y tlodion yn disgyn i gyflwr enbydus. Bellach roedd y tlodion yn gaethweision i'r cyfoethogion, a'r bobl gyfoethog yn credu mai bendith Duw oedd yn gyfrifol am y drefn hon. Roedd y Brenin Manasse hyd yn oed wedi addasu'r Deml ar gyfer addoli eilunod, a llanwyd y ddinas â delwau a chanolfannau i addoli duwiau eraill. Er bod rhai brenhinoedd wedi ceisio gweddnewid y sefyllfa, roedd brenhinoedd eraill wedi gwthio'r bobl yn bellach oddi wrth Dduw. Erbyn dyddiau'r Brenin Joseia roedd popeth yn llanast llwyr, a'r bobl wedi drysu'n lân ynghylch pwy y dylen nhw ei addoli a sut. Roedd ymwelwyr o'r tu allan wedi symud i mewn i Jerwsalem, gan ei gwneud yn ddinas fwy cosmopolitaidd. Dychwelai'r bobl gyfoethog o'u teithiau'n cludo celfi, dillad a chaethweision, ynghyd â dulliau dieithr o addoli eilunod. Er bod y Deml yn llythrennol ar stepen eu drws, roedden nhw wedi gadael i'w hymroddiad at yr Arglwydd lithro'u gafael.

Stryd gefn, gul yn yr hen Jerwsalem.

## Cefndir

Fel perthynas pell i'r brenin, roedd Seffaneia mewn sefyllfa fanteisiol oedd yn ei alluogi i gyfleu neges Duw iddo mewn ffordd na allai rhai eraill ei wneud. Roedd hi'n sefyllfa

Yn Jerwsalem y lleolir y cyfan sy'n digwydd yn llyfr Seffaneia.

unigryw hefyd, gan mai Seffaneia oedd yr unig broffwyd yn yr Hen Destament i gael gwrandawiad gan y brenin, a diwygiodd yntau grefydd y ddinas ac ailddechrau addoli'r Arglwydd. Llwyddodd datganiadau Seffaneia am ddinistr a thranc i danlinellu'r gobaith y byddai'r Arglwydd yn amddiffyn y bobl petaen nhw'n edifarhau. Roedd yr Arglwydd wedi amddiffyn ei bobl yn y gorffennol, ac wedi eu harwain o gaethwasiaeth a gofalu amdanyn nhw; roedd geiriau Seffaneia, felly, yn eu hatgoffa bod gobaith yn dal yn fyw.

Yn neunawfed flwyddyn ei deyrnasiad, dechreuodd y Brenin Joseia annog y bobl i addoli'r Arglwydd yn unig. Aeth ati i lanhau'r ddinas a'i dulliau o addoli trwy ddinistrio gwrthrychau paganaidd estron megis pyst Asera (2 Brenhinoedd 23:6) a delwau eraill

oedd yn rhan o ddefodau addoli Baal. Cafodd wared hefyd ar lety'r puteiniaid gwrywaidd oedd yn byw yn y Deml (2 Brenhinoedd 23:7), a dinistrio'r delwau paganaidd oedd yn addurno'r muriau. Trefnodd i losgi'r offeiriaid paganaidd a'u holl geriach y tu allan i'r ddinas. Yn anffodus, ni lwyddodd ei holl ymdrech i wneud dim ond arafu'r broses; ymhen rhyw hanner can mlynedd dinistriwyd y ddinas yn llwyr gan y Babiloniaid.

## Y Manylion

• Mae llyfr Seffaneia'n agor gyda rhestr gynhwysfawr o enwau sy'n ymestyn yn ôl dros bedair cenhedlaeth (Seffaneia 1:1). Ystyr yr enw cyntaf, Cushi, ydy 'un o Ethiopia', ond wrth olrhain ei dras ymhellach mae'n bosibl fod Seffaneia'n awyddus i sefydlu ei awdurdod trwy ddangos ei fod yn hanu o deulu brenhinol yr Hebreaid.

- Wrth ddefnyddio'r cymal '*holl rai gostyngedig y ddaear*' (Seffaneia 2:3; 3:12), nid cyfeirio at y tlodion yn y pentrefi gwledig mae Seffaneia, ond yn hytrach at y tirfeddianwyr cyfoethog oedd wedi bodloni ar weld eu cyfoeth yn cynyddu heb rannu dim ohono gyda'r tlodion. Y rhain oedd y casglwyr cyfoeth, y soniwyd amdanyn nhw yn Lefiticus.

- Ailadroddir y cymal '*dydd yr Arglwydd*' dro ar ôl tro yn llyfr Seffaneia, gan gyfeirio at ddydd barn yr Arglwydd, pan fydd yn achub ei bobl. Ar y dydd hwn byddai gelynion Jwda'n cael eu dinistrio a phobl Dduw'n rheoli'r byd, gan ddod yn hynod gyfoethog! Mae Seffaneia'n troi'r freuddwyd hon ar ei phen wrth ddechrau disgrifio beth fydd yn digwydd mewn gwirionedd: dydd yn ymwneud â Jwda fyddai hwn, a dim ond y gostyngedig fyddai ar ôl.

- Am ennyd fer, mae Seffaneia'n troi ei sylw o Jerwsalem i Asyria, Moab, Ammon, Gasa, Ascalon, Asdod, Ecron, y Cerethiaid a'r Philistiaid. Byrdwn ei neges ydy y caiff y dinasoedd hyn eu dinistrio, ond yn wahanol i Jerwsalem does dim gobaith i'r un ohonyn nhw. Y bwriad wrth ehangu'r broffwydoliaeth ydy atgoffa'r darllenydd bod Duw yn fyd-eang, a bod yr hyn sy'n berthnasol i un grŵp o bobl yn berthnasol hefyd i grwpiau eraill.

- Mae'r gair *Seion* yn ymddangos 154 gwaith yn y Beibl Hebraeg (e.e. Seffaneia 3:14) ac mewn sgroliau'n dyddio'n ôl i'r trydydd mileniwm CC. Yn wreiddiol, cyfeiriai at y mynydd ger Jerwsalem, lle trechodd Dafydd un o gadarnleoedd y Jebusiaid (2 Samuel 5:6), a'i ailenwi'n ddiweddarach yn Ddinas Dafydd. Ond dros amser newidiodd ei ystyr a daeth i olygu nifer o leoliadau gwahanol. Yn gyntaf, cyfeiriai at y rhan benodol o Jerwsalem lle safai'r gaer wreiddiol; yn ddiweddarach, cyfeiriai at union leoliad Teml Solomon yn Jerwsalem. Yn ddiweddarach fyth daeth yr enw Seion yn gyfystyr â dinas Jerwsalem ei hun, ac yna Gwlad yr Addewid.

### Llyfrau eraill i'w darllen

*The Rough Guide to Jerusalem*, gan Daniel Jacobs
*Micah–Malachi (Word Biblical Commentary)*, gan Ralph L. Smith

# HAGGAI

## Mae'n bryd dechrau adeiladu

**Awdur:** Haggai

**Dyddiad ei ysgrifennu:** 520 cc

**Math o lyfr:** Proffwydoliaeth

**Prif gymeriadau:** Haggai, Sorobabel, a Josua, mab Josedec yr archoffeiriad

**Prif themâu:** Mae'r Arglwydd yn galw ar ei bobl i beidio â diogi, ond i adeiladu tŷ newydd ar gyfer addoli a gweddïo

### Teitl ac Arddull

Ystyr yr enw Hebraeg *Chaggai* ydy 'gŵyl' ac mae'r rabiniaid yn credu i'r proffwyd gael yr enw hwn fel arwydd o obaith am ailgysegru'r Deml yn Jerwsalem. Gosodir llyfr Haggai yn y cyfnod rhwng dinistr Babilon a Nehemeia'n dychwelyd i ailadeiladu muriau'r ddinas a'r Deml. Mae'n un o'r llyfrau beiblaidd y gellir ei ddyddio'n fwyaf manwl, gan ei fod yn cofnodi union ddyddiadau amryw o ddigwyddiadau, a proffwydoliaethau byr, bachog ac angerddol ynghylch ailadeiladu'r Deml. Trwy saernïo'i frawddegau'n gelfydd, mae Haggai'n llwyddo i drosglwyddo'i neges yn effeithiol.

Menora aur, sef canhwyllbren saith-cangen a ddefnyddid wrth addoli.

### Lleoliad

Roedd Babilon eisoes wedi dinistrio Jerwsalem, ac yna – fel roedd y proffwydi wedi'i rag-weld – dinistriwyd Babilon hefyd, gan adael y Persiaid i lywodraethu. Gadawodd y Persiaid i'r Iddewon ddychwelyd adref i ailadeiladu'r muriau, eu cartrefi a'r Deml, ond doedd fawr ddim wedi'i wneud oherwydd bod y bobl yn cael trafferth i fwydo a dilladu eu teuluoedd a dod o hyd i waith. Roedd eu bywydau mor galed nes eu bod wedi anghofio beth roedd Duw'n ei ddisgwyl ganddyn nhw. Roedd Jerwsalem hefyd mewn cyflwr gwael, ac un mlynedd ar bymtheg wedi mynd heibio ers i'r alltudion ddychwelyd yno'n llawn brwdfrydedd ac angerdd. Bellach, eu prif flaenoriaeth oedd cael dau ben llinyn ynghyd, ac roedden nhw'n rhy flinedig a digalon i allu meddwl am y dyfodol. Doedd y rhai a gofiai'r hen Deml yn ei holl ogoniant ddim yn credu y gellid ail-greu'r fath gampwaith – byddai hynny'n golygu blynyddoedd lawer o lafur caled, a doedd ganddyn nhw mo'r adnoddau i godi adeilad newydd fyddai'n cymharu ag ysblander Teml Solomon.

### Cefndir

Mae llyfr Haggai'n atgoffa'r bobl bod angen iddyn nhw ailadeiladu'r Deml. Roedd ganddyn nhw res o esgusodion pam nad oedd y gwaith wedi'i gyflawni: i ddechrau, roedd y trigolion lleol yn gwrthwynebu'r gwaith yn llwyr. Aeth y 'gelynion' hyn at Sorobabel, oedd yn ddiplomydd ac aelod o deulu brenhinol Jwda, i gynnig helpu gyda'r ailadeiladu – a hynny, mae'n bur debyg, er mwyn amharu ar y gwaith – ond pan wrthodwyd eu cais aethant ati i atal yr adeiladu trwy fygythiadau a biwrocratiaeth (Esra 4:1–5). Y broblem arall oedd fod y cyfoethogion yn fodlon eu byd, yn byw'n gysurus yn eu tai moethus; roedd eu cyfoeth wedi eu gwneud yn ddiog a difater, a doedd ganddyn nhw mo'r awydd i wario'u harian ar brosiect mor gostus.

# Y Manylion

- Yn ôl Haggai, dechreuodd y gwaith o ailadeiladu'r Deml dair wythnos ar ôl ei broffwydoliaeth gyntaf (Haggai 1:12–15). Yn ôl Haggai 1:14–15, y dyddiad yn ôl ein calendr ni fyddai 7 Medi 521 CC. Dywed Esra fod y Deml wedi'i chwblhau ar y trydydd o fis Adar yn y chweched flwyddyn o deyrnasiad y Brenin Dareius, sef 25 Chwefror 516 CC (Esra 6:15). Llwyddodd Haggai i ysgogi ac annog y bobl i'r fath raddau fel bod y gwaith wedi'i gwblhau mewn pedair blynedd a hanner.

- Safodd y Deml y bu Haggai'n helpu i'w chodi am tua 500 mlynedd – cyfnod llawer hirach na Themlau Solomon a Herod.

- Pan ddechreuodd y bobl ar y gwaith o ailadeiladu'r Deml, buan iawn y pylodd eu brwdfrydedd wrth sylweddoli maint y dasg a'u hwynebai. Gwyddai pawb pa mor drawiadol oedd Teml Solomon, a'u pryder oedd na allai eu gwaith nhw fyth gymharu â'r fath wychder. Mae'n rhaid i Haggai eu hatgoffa bod Duw ar eu hochr nhw, mai ei eiddo ef ydy'r arian a'r aur, ac mai cyflawni ewyllys Duw fyddan nhw wrth ailadeiladu'r Deml (Haggai 2:1–9). Mae Haggai'n awyddus i'w bobl fod yn uchelgeisiol, a chanolbwyntio ar godi'r adeilad gorau posib.

- Dywed Haggai yn 2:8, '*Eiddof fi yr arian a'r aur*'; roedd y rabiniaid yn dehongli hyn fel ffordd o atgoffa'r bobl mai eiddo Duw oedd y cyfan, a bod dynolryw yn gofalu am yr eiddo hwnnw ar ei ran. Wrth i ni ofalu am gyfoeth Duw, cawn ein hatgoffa o'n cyfrifoldeb i'w rannu rhwng y tlodion. Ddylen ni ddim chwennych aur ac arian, ond yn hytrach ganolbwyntio ar astudio'r Torah, sy'n cynnig bwyd a chyfoeth tragwyddol.

- Pan ddychwelodd yr alltudion, daethant â rhai o drysorau'r hen Deml yn ôl gyda nhw ar gyfer y Deml newydd. Er i honno, yr Ail Deml, sefyll am tua 500 mlynedd, wyddon ni fawr ddim amdani; credir ei bod yn debyg i gynllun gwreiddiol Teml Solomon, ond nad oedd yn cymharu o ran gwychder gan nad oedd y bobl mor gyfoethog erbyn hynny. Yn 174–164 CC halogwyd y Deml gan Antiochus IV, llywodraethwr Selewcia, a aberthodd foch i'w dduw ei hun yno. Ailgysegrwyd y Deml dair blynedd yn ddiweddarach, ac yn ystod teyrnasiad Herod ceisiodd yntau ei hadfer i'w hen ogoniant.

Argraff artist o'r Ail Deml.

## Llyfrau eraill i'w darllen

*Judaic Religion in the Second Temple Period: Belief and Practice from the Exile to Yavneh*, gan Lester L. Grabbe
*Jerusalem: Portrait of the City in the Second Temple Period*, gan Lee I. Levine
*Micah–Malachi (Word Biblical Commentary)*, gan Ralph L. Smith

# Y brenin sy'n dychwelyd

**Awdur:** Sechareia

**Dyddiad ei ysgrifennu:** 520 cc

**Math o lyfr:** Proffwydoliaeth

**Prif gymeriadau:** Josua, Sorobabel, Josedec, Jwda a Seion

**Prif themâu:** Mae'r brenin yn dod: rhaid i ni baratoi

## Teitl ac Arddull

Roedd Sechareia'n fab i Berecheia ac yn ŵyr i Ido – offeiriad a ddychwelodd o alltudiaeth (Nehemeia 12:4, Esra 2:2). 'Roedd yr Arglwydd wedi cofio' ydy ystyr 'Sechareia', sef ffordd o ddweud bod angen i bobl Dduw gofio am gariad ac ymrwymiad yr Arglwydd yn hanes yr exodus, a'u hatgoffa hefyd bod yr Arglwydd yn cofio am ei bobl, hyd yn oed mewn alltudiaeth. Heblaw am yr hyn a ddysgwn o'r llyfr, wyddon ni fawr ddim am fywyd Sechareia.

## Lleoliad

Fel Haggai, proffwydai Sechareia rhwng y cyfnod pan ddychwelodd yr alltudion, a chyn cwblhau'r gwaith o ailadeiladu'r Deml yn Jerwsalem. Er bod seiliau'r Deml newydd yn eu lle, roedd y bobl wedi colli diddordeb yn y gwaith wrth ymdrechu i roi trefn ar eu cartrefi a'u bywydau eu hunain. Roedden nhw'n dechrau setlo yn y ddinas, ac roedd angen eu hatgoffa bod y gwaith o ailadeiladu Teml yr Arglwydd heb ei gwblhau. Cydweithiodd Sechareia a Haggai i broffwydo i'r Iddewon (Esra 5:1) ynghylch pwysigrwydd y gwaith yn Jwda a Jerwsalem, gan herio henuriaid y bobl oedd yn parhau i adeiladu'r ddinas (Esra 6:14). Yn y diwedd, llwyddwyd i gwblhau'r ailadeiladu mewn pedair blynedd yn unig. Yn sgil ailadeiladu'r Deml, atgyfnerthwyd y ffydd Iddewig yn y ddinas a thu hwnt – nid yn unig yn nhermau addoliad, ond hefyd fel canolfan wleidyddol, fasnachol a diwylliannol. Roedd yr adeilad yn tra-arglwyddiaethu dros fywydau'r bobl, yn weledol ac yn ysbrydol.

## Cefndir

Mae wyth pennod gyntaf llyfr Sechareia'n debyg o ran cynnwys i lyfr Haggai, er eu bod wedi'u cyflwyno'n hollol wahanol. Cyflwynir gweledigaethau Sechareia fel cyfres o olygfeydd lle mae byd arall yn bosibl, a'r Arglwydd yn rhan ohono. O bennod 9 ymlaen, mae'n newid i fod yn weledigaeth broffwydol am ddyfodol sydd y tu hwnt i'r dychymyg: dyfodol ac iddo obaith newydd, dyfodol â Meseia'n ganolbwynt iddo, a byd a adeiladwyd ar gariad, cyfiawnder a thrugaredd. Mae gweledigaeth Sechareia'n agor byd y tu hwnt i'r Iddewon – byd lle caiff cenhedloedd eraill eu croesawu – a threfn newydd lle bydd y Meseia, y brenin, yn dod mewn grym. Yn Sechareia 9:9–13 ceir darlun o Seion yn bloeddio'n llawen wrth groesawu'r brenin newydd sy'n dod '*â buddugoliaeth a gwaredigaeth, yn ostyngedig*

Yn un o weledigaethau Sechareia, mae dwy goeden olewydd yn cynrychioli'r ddau ffigur a eneiniwyd i wasanaethu Duw (Sechareia 4).

*ac yn marchogaeth ar asyn'*. Bydd y brenin yn *'siarad heddwch â'r cenhedloedd'*: caiff arfau rhyfel eu malurio a'u dinistrio, a bydd ei lywodraeth ef yn ymestyn *'hyd derfynau'r ddaear'*. Yn adnod 11 dywedir y bydd gwaed ei gyfamod yn rhyddhau'r carcharorion o'r pydew, a bydd yr holl fyd yn rhydd. Mae llyfr Sechareia'n fwy cymhleth na gwaith y mân broffwydi eraill oherwydd ei ddefnydd o weledigaethau, llawer ohonyn nhw'n aneglur eu hystyr ac yn adlewyrchu rhaniad posibl o fewn Jerwsalem ei hun. Ond er bod y delweddau'n rhai pur ddigalon ar brydiau, mae yna obaith o ddyfodol gwell, mwy disglair.

## Y Manylion

- Dim ond yn gymharol ddiweddar y dechreuwyd disgrifio Israel a'r cyffiniau fel *'y wlad sanctaidd'*, a dim ond unwaith – yn Sechareia 2:12 – y defnyddir y term yn y Beibl. Ni chaiff ei ddefnyddio o gwbl yn y Torah; yno, gelwir yr ardal yn Wlad Canaan, Gwlad Israel a Gwlad yr Addewid.

- Mae gweledigaethau Sechareia'n rhai swreal iawn. Yn Sechareia 5:1–4 mae'n dweud iddo, un noson, weld *'sgrôl yn ehedeg'*, yna mae'n sôn am bedwar marchog yr apocalyps (Sechareia 6) a gwraig yn hedfan mewn casgen (Sechareia 5:5–11).

- Yn Sechareia 4:9–14 crybwyllir dau a eneinir i wasanaethu Arglwydd yr holl ddaear. Mae'n cyfeirio at ddau feseia, dau eneiniedig a fydd yn arwain y bobl; brenin Israel fydd un, a'r archoffeiriad fydd y llall. Bydd y ddau'n rhannu'r un orsedd, ac yn sefyll fel un: bydd y Meseia'n gyfuniad o frenin ac offeiriad.

- Mae llyfr Sechareia'n disgrifio'r Meseia mewn delweddau a welir eto yn y Testament Newydd: bugail a gaiff ei ladd (Sechareia 13:7), bugail y bobl (Sechareia 11:16), Duw yn cyd-fyw â'i bobl (Sechareia 2:10–12) a gwas a fydd gyda ni (Sechareia 3:8).

- Mae Sechareia 14 yn cloi gyda gweledigaeth o'r apocalyps – brwydr fawr derfynol Jerwsalem yn erbyn y cenhedloedd – lle mae'r Arglwydd yn fuddugoliaethus, a'r holl genhedloedd yn ei addoli yn ei ddinas. I'r Iddewon, daeth y ddelwedd gref hon o frwydr derfynol i gynrychioli dydd pan fyddai pawb yn addoli'r Arglwydd. Crybwyllir y dydd hwn yn ddiweddarach yn llyfr y Datguddiad, a daeth hefyd yn ddelwedd gref o ddyfodol Cristnogion.

- Roedd gan wahanol ddiwylliannau amryw o syniadau am y cysyniad o amser, gyda rhai'n ei weld fel cam tuag at lefel uwch yn esblygiad dynolryw, ac eraill fel ailadrodd digwyddiadau. Mae dealltwriaeth yr Hebreaid o amser i'w weld nid yn yr haul yn codi ac yn machlud, ond yn yr Arglwydd yn creu trefn o anhrefn, yn troi dinistr yn ailadeiladu, troi marwolaeth yn fywyd, a throi alltudiaeth yn Wlad yr Addewid. Pan fo'r proffwydi'n sôn am bethau'n digwydd 'yn fuan', dydyn nhw ddim yn cyfeirio at gyfnod penodol; yn hytrach, maen nhw'n cynnwys digwyddiadau cyfoes yn ogystal â rhai yn y dyfodol pell. Fel arfer, mae dehongliad triphlyg i'r proffwydoliaethau, yn cyfeirio at y presennol, y dyfodol agos a'r dyfodol pell.

Mae Sechareia'n sôn am ddinistrio *'[c]oedwig yr Iorddonen'* (Sechareia 11:3).

### Llyfrau eraill i'w darllen

*Jerusalem: Portrait of the City in the Second Temple Period*, gan Lee I. Levine
*Micah–Malachi (Word Biblical Commentary)*, gan Ralph L. Smith

# Yr olaf o'r proffwydi

**Awdur:** Malachi

**Dyddiad ei ysgrifennu:** 510 CC

**Math o lyfr:** Proffwydoliaeth

**Prif gymeriadau:** Duw fel Tad, y meseia sydd i ddod, offeiriaid y Deml, a phobl Jerwsalem

**Prif themâu:** Cywiro ymddygiad crefyddol a chymdeithasol yr Iddewon yn Jerwsalem

## Teitl ac Arddull

Ystyr yr enw Malachi (o'r Hebraeg *Mal'akhiyah*) ydy 'Fy Negesydd' neu 'Negesydd yr Arglwydd'; mae rhai'n credu nad Malachi oedd enw gwreiddiol yr awdur, ond yn hytrach ei fod wedi rhoi'r enw hwnnw arno'i hun. Mae arddull y llyfr yn unigryw, gyda'r awdur yn defnyddio delweddau diwylliannol a chymalau'n deillio o'i hyfforddiant cynnar fel offeiriad. Fel yn achos athrawon a rabiniaid diweddarach, mae Malachi'n defnyddio dull arbennig o 'holi ac ateb' i gyfleu ei neges, dull a ddaeth yn rhan allweddol o hyfforddiant rabïaidd disgyblion ifanc erbyn dyddiau Iesu.

Ail-greu addoliad yn y Deml.

## Cefndir

Mae Malachi'n cyflwyno delwedd o'r teulu traddodiadol, gyda'r tad yn benteulu. Roedd y trosiad teuluol hwn yn gyffredin iawn yn nhestunau'r cyfnod, ac yn rhan sylfaenol o ddiwylliant yr oes. Ond mae Malachi'n cyflwyno tad sydd nid yn unig yn caru ei deulu ei hun, ond hefyd yn caru teulu estynedig yr holl fyd.

Yn nyddiau'r exodus, y taid neu'r tad-cu oedd ag awdurdod dros y teulu, a châi ei barchu gan y llwyth cyfan. Fe oedd â'r gair olaf ar faterion yn ymwneud â phriodas, addoliad, cyllid a masnach, yn ogystal â datrys problemau bywyd bob dydd. Erbyn cyfnod yr alltudiaeth, fodd bynnag, roedd yr uned deuluol wedi newid, a'r tad oedd bellach mewn awdurdod; roedd ganddo hawl i werthu'i ferch – fel caethferch, neu mewn priodas – neu hyd yn oed i drefnu lladd ei blant os nad oedden nhw'n ei barchu. Ond roedd y tad yn dysgu ac yn disgyblu ei blant oherwydd ei gariad tuag atyn nhw, ac ystyrid y rhai nad oedd yn disgyblu plant gwrthryfelgar fel tadau gwan a digariad. Roedd Malachi'n perthyn i ddiwylliant oedd yn rhoi parch mawr i'r tad, ond a oedd wedi cefnu ar yr Arglwydd. Ei nod ydy atgoffa pobl bod angen iddyn nhw hefyd barchu eu Tad nefol.

## Lleoliad

Mae Malachi'n proffwydo mewn byd oedd wedi'i ddinistrio, ei gipio a'i ollwng yn rhydd. Roedd angen ailadeiladu'r ddinas, ond roedd angen hefyd i'r bobl ddod o hyd i obaith – nid mewn cyfoeth neu brosiectau adeiladu gwych, ond yn eu Tad nefol. Mae Malachi, un o broffwydi olaf yr Hen Destament, yn disgrifio dinas sydd â gwir angen y Duw byw. O'r manylion a geir, mae'n bur debyg bod y llyfr yn dyddio o gyfnod ychydig cyn Nehemeia, Haggai a Sechareia, gan fod y Deml yn parhau i gael ei defnyddio ar gyfer defodau, nid addoliad. Mae Malachi'n proffwydo y dylai'r bobl gloi drysau'r Deml, oherwydd bod aberthau'r allorau yn gwbl ofer (Malachi 1:10).

Er bod y dasg o adfer y ddinas eisoes ar waith, roedd y bobl wedi rhoi eu holl sylw i'w cartrefi a'u cysuron eu hunain; anwybyddwyd y Deml gan adael yr Arglwydd, Tad Israel, i fyw mewn Teml wag, ddigysur.

## Y Manylion

- Mae llyfr Malachi'n ddiweddglo perffaith i'r Hen Destament, gan fod y ddwy bennod olaf yn crybwyll y Meseia sydd i ddod. Yn Malachi 3:1 mae Duw'n sôn am broffwyd neu negesydd fydd yn paratoi'r ffordd: 'Wele fi'n anfon fy nghennad i baratoi fy ffordd o'm blaen'. Y gair Hebraeg am 'fi' ydy en, term personol ond anffurfiol am rywun sy'n sôn amdano'i hun. Mae'r Arglwydd am anfon negesydd i'w ragflaenu ef ei hun.

- Mae awduron efengylau ac epistolau'r Testament Newydd yn gwneud defnydd helaeth o waith Malachi am ei fod yn cynnwys proffwydoliaethau ynghylch y Meseia. Defnyddir termau megis 'anfon fy nghennad' (Malachi 3:1) yn Marc 1:2 a Luc 7:27, ac mae delweddau megis 'bwrdd yr Arglwydd' (Malachi 1:7) yn ailymddangos yn 1 Corinthiaid 10:21. Defnyddir rhan o Malachi 3:2, 'Pwy a all ddal dydd ei ddyfodiad, a phwy a saif pan ymddengys', sef cyfeiriad at angel yr apocalyps, gan Ioan yn Datguddiad 6:17. Mae awduron diweddarach yr Efengylau a'r epistolau'n dyfynnu o broffwydi'r Hen Destament i ddangos sut mae Iesu'n gwireddu datganiadau'r proffwydi.

- Yn Malachi 1:6–14 ceir sylw ar yr hyn oedd wedi digwydd i addoliad y Deml. Mae'n gwahodd y bobl i ailfeddwl ynghylch peryglon eu bywyd bob dydd, ac i weld bod addoliad y Deml bellach yn debycach i addoli eilunod. Roedd y Deml yn caniatáu aberthu anifeiliaid dall, cloff a chlaf – arfer na fyddai hyd yn oed llywodraethwyr lleol yn ei gymeradwyo, heb sôn am yr Arglwydd.

- Yn Malachi 4:2 dywedir, 'Ond i chwi sy'n ofni fy enw fe gyfyd haul cyfiawnder â meddyginaeth yn ei esgyll'. Gellir cyfieithu diwedd y frawddeg fel 'meddyginiaeth ym mhlygiadau ei wisg' – a oedd, erbyn dyddiau Iesu, yn gymal allweddol a ddefnyddid gan y rhai oedd yn aros am y Meseia. Gwisgai'r Iddewon siôl weddi, y tallit, dros eu pennau, a chyfeirir at y defnydd oedd yn hongian dros eu hysgwyddau fel 'esgyll' y siôl. Arweiniodd hyn at rai'n dehongli Malachi 4:2 fel proffwydoliaeth y byddai'r Meseia'n dod â meddyginiaeth yn esgyll ei wisg. Cyfeirir yn yr efengylau at bobl yn ceisio cyffwrdd â godre gwisg Iesu gan ddangos eu bod, mewn ffydd, yn estyn am 'esgyll' Iesu gan gredu mai fe oedd y Meseia (Marc 5:32, Luc 6:19).

Tallit, siôl weddi Iddewig, yn dangos yr 'esgyll' y cyfeirir atynt yn Malachi 4:2.

### Llyfrau eraill i'w darllen

The Jewish Study Bible, gan Adele Berlin, Marc Zvi Brettler a Michael Fishbane
The Minor Prophets: An Exegetical and Expository Commentary, gan Thomas Edward McComiskey (gol.)
Haggai, Zechariah, Malachi – An Exegetical Commentary, gan Eugene Merrill

# Teyrnas pwy?

**Awdur:** Mathew
**Dyddiad ei ysgrifennu:** 70 oc
**Math o lyfr:** Efengyl hanesyddol
**Prif gymeriadau:** Iesu, y deuddeg disgybl, Herod, y Phariseaid a Pilat
**Prif themâu:** Genedigaeth, marwolaeth ac atgyfodiad Crist – y Meseia – fel cyflawniad o'r Ysgrythurau Iddewig; Iesu'r rabi fel y Moses newydd yn galw ar bobl i ddychwelyd adref

## Teitl ac Arddull

Ystyr yr enw Mathew yn yr Hebraeg gwreiddiol ydy 'rhodd gan yr Arglwydd'. Er mai fel Efengyl Mathew y cyfeirir at y llyfr fel arfer, yn y diwylliant Iddewig fe'i gelwir yn 'Newyddion Da Iesu'r Meseia, fel yr adroddir gan Mathew'. Credir i'r efengyl gael ei hysgrifennu gan Mathew, y casglwr trethi, gan mai hon ydy'r unig efengyl i ddisgrifio Mathew yn y geiriau hyn. I'r Iddewon, doedd bod yn gasglwr trethi ddim yn rhywbeth i ymfalchïo ynddo, ond roedd yr awdur yn amlwg yn awyddus i dynnu sylw at y gwahaniaeth rhwng ei hen fywyd fel person oedd yn wrthodedig gan gymdeithas, a'i fywyd newydd yng Nghrist.

Mae'r awdur yn defnyddio'i wybodaeth am ddiwylliant, iaith, cyfraith a hiwmor yr Iddewon i bortreadu Iesu fel person hynod Iddewig.

## Lleoliad

Er bod pob un o'r efengylau'n Iddewig ei naws, mae gwreiddiau efengyl Mathew yn treiddio'n ddyfnach na'r lleill i ddiwylliant a threftadaeth Iddewig Israel. Mae'n cynnwys dylanwadau a delweddau na fyddai neb ond rhywun oedd yn gyfarwydd iawn â bywyd, lleoliadau ac Ysgrythur yr Iddewon yn gwybod amdanyn nhw. Yn y dyddiau hynny, dim ond y bobl gyfoethog oedd yn byw y tu mewn i furiau Jerwsalem; roedd y tlodion yn byw mewn tai gwael y tu allan i'r ddinas, ac mewn pentrefi bach tlawd fel Bethlehem. Roedd pawb yn ofni'r Rhufeiniaid a Herod oherwydd eu trethi uchel a'u hymddygiad treisgar.

Arweinydd cwbl ddidostur oedd Herod Fawr – yr hanner Iddew, hanner Edomiad – ac roedd yn fodlon gwneud unrhyw beth i ddal ei afael ar rym. Roedd e'n bwerus ac anwadal, a chyn dod yn frenin bu'n arweinydd milwrol treisgar a lofruddiai unrhyw un a safai yn ei ffordd. Yn ôl y llyfrau hanes, llofruddiodd Herod tua deg o'i wragedd a hyd at 43 o'i blant ei hun oherwydd ei fod yn gwbl argyhoeddedig eu bod yn cynllwynio i'w ladd er mwyn cipio'i gyfoeth a'i rym.

Roedd Herod yn codi trethi ychwanegol ar yr Iddewon, ar ben trethi arferol Rhufain, gan eu gorfodi i fyw mewn tlodi i ariannu teyrnas wych y brenin. Adeiladodd demlau (ail Deml Jerwsalem), amffitheatrau, caeau rasio, porthladdoedd, systemau carthffosiaeth a systemau dŵr, a phalas ar lethr mynydd (Masada); adeiladodd fynydd, hyd yn oed, er mwyn codi palas (Herodiwm) ar y copa! Wrth adeiladu, defnyddid cerrig mor anferth fel na wyddon ni heddiw sut yn y byd y llwyddwyd i'w codi a'u symud. Cred rhai haneswyr mai Herod oedd un o'r dynion cyfoethocaf a welodd y byd erioed.

Mynydd y Gwynfydau, lle dywedir i Iesu bregethu'r Bregeth ar y Mynydd.

Roedd addoli yn y Deml yn gwbl ganolog i'r ffydd Iddewig yng nghyfnod Iesu, gyda'r Deml ei hun yn gwch gwenyn o brysurdeb di-ben-draw, ac yn aml yn orlawn o ymwelwyr. Yn ôl yr hanesydd cyfoes Josephus, roedd mynedfa wych y Deml yn gwbl ryfeddol o ran uchder a maint. Roedd Herod wedi tynnu'r hen Deml i lawr, i bob pwrpas, a'i hadeiladu o'r newydd dros gyfnod o 40 mlynedd – gan wneud i eiriau Iesu ynghylch ei hailadeiladu mewn tridiau swnio'n wirion bost. Pwrpas y Deml oedd creu argraff ar y Rhufeiniaid, a pherswadio'r dinasyddion Iddewig i dderbyn y drefn.

Er bod llawer o drigolion y ddinas yn gyfoethog iawn, roedd pobl dlawd hefyd yn byw yno. Byddai pobl yn symud o'r pentrefi bach i'r ddinas fawr yn y gobaith o gael gwaith, ac os nad oedd swyddi i'w cael doedd ganddyn nhw ddim dewis ond cardota. Credir fod poblogaeth Jerwsalem yn nyddiau Herod tua 30,000 – er bod rhai'n credu bod y ffigur yn nes at 70,000. Yn ystod y tair prif ŵyl – Gŵyl y Bara Croyw, y Pentecost, a Gŵyl y Pebyll – roedd Jerwsalem yn llawn dop, gyda 30,000 o ymwelwyr yn heidio yno. Ychydig fyddai'n llwyddo i gael llety, gyda'r mwyafrif yn aros mewn pentrefi cyfagos neu'n gwersylla ar y bryniau o amgylch y ddinas. Credir fod tua 15,000 yn gwersylla – ac mae'n debyg fod y disgyblion yn eu plith. Byddai hyn yn esbonio pam roedd yn rhaid i'r dynion a arestiodd Iesu gael arwydd er mwyn gallu ei adnabod ymhlith miloedd o bobl eraill pan oedd yn gweddïo yng ngardd Gethsemane.

## Cefndir

Ar ddechrau Mathew ceir rhestr faith o'r rhai oedd yn rhan o stori Duw, ac mae'r achau'n cychwyn gyda llinach Abraham, tad Isaac, tad Jacob. Mae hyn yn croes-ddweud Mathew 2:1 yn llwyr: 'Wedi i Iesu gael ei eni ym Methlehem Jwdea yn nyddiau'r Brenin Herod'. Mae'r achau'n tanlinellu'r ffaith bod Iesu'n hanu o linach Jacob, yr un a ddygodd fendith y teulu,

tra bod Herod – ac yntau'n hanner Edomiad – yn hanu o linach Esau, y mab blewog. Os ydy Iesu, yn Efengyl Mathew, yn cael ei weld fel yr arwr, yna Herod yn amlwg ydy'r dihiryn. Dau arweinydd yn ymladd dros deyrnas newydd ydy cefnlen y stori hon – un yn meddu ar bŵer a chyfoeth daearol, a'r llall ar bŵer a chyfoeth nefol.

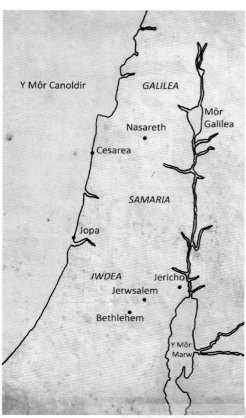

Israel yn nyddiau Iesu.

## Y Manylion

- Pan oedd Iesu'n sefyll ar Fynydd yr Olewydd ac yn ddweud 'os dywedwch wrth y mynydd hwn, "Coder di a bwrier di i'r môr"' (Mathew 21:21), mae'n debygol ei fod yn gallu gweld Herodiwm – palas gwych y Brenin Herod gyda'i byllau nofio, ei ystafelloedd pwyllgor eang, a'i neuaddau bwyta ysblennydd – a godwyd ag arian y trethdalwyr Iddewig. Mae Iesu felly'n cyfeirio at fynydd penodol, o waith dyn: mynydd oedd yn cynrychioli grym ac arian, ac awydd angerddol am foethusrwydd. I wrandawr Iddewig, byddai delwedd y môr yn cyfeirio at uffern. Mae'n bosibl fod Iesu'n dweud wrth ei ddisgyblion: 'Hei, bois, ydych chi'n sylweddoli y byddwch, gyda 'ngrym a'm nerth i, yn gallu dweud wrth bwerau mawr y byd am fynd i grafu?' Hefyd, 'Bois, mae ganddoch chi bŵer ynof i i ddymchwel holl ddrygioni'r byd, a'i daflu i uffern.'
- Fel rabi Iddewig, roedd Iesu'n dibynnu'n helaeth ar ddysgeidiaeth y Torah. Yn Nhemtiad Iesu (Mathew 4), lle mae Iesu'n ymateb yn uniongyrchol i'r diafol dair gwaith, mae'n dyfynnu'n uniongyrchol o'r Torah

Model o Balas Herod
yn Jerwsalem.

Atgynhyrchiad o Balas
Herod yn Masada.

(Deuteronomium 8:2–5). Daw'r Gwynfydau (Mathew 5) o lyfr y Salmau (e.e. Salm 119:1–2) ac o'r diarhebion (Diarhebion 3:13). Daw Gweddi'r Arglwydd (Mathew 6) yn rhannol o'r *Kaddish*, gweddi Iddewig o alar sy'n agor â geiriau hynod debyg. Iddew oedd Iesu, ac roedd llawer o'i ddysgeidiaeth yn adlewyrchu ei dreftadaeth.

- Mae Mathew'n rhannu ei lyfr yn bum adran o 'ddysgeidiaeth' (Mathew 5–7; 10; 13; 18; 24–25), â phob adran yn diweddu â'r geiriau *'Pan orffennodd Iesu lefaru'r geiriau hyn'*, neu rywbeth tebyg. Yn ôl rhai arbenigwyr, mae'r pum adran yn awgrymu bod Mathew wedi seilio'i lyfr ar strwythur y Torah, ac mae rhai diwinyddion yn dadlau ei fod yn cyflwyno Torah newydd. Mae Mathew yn portreadu Iesu fel yr ail Foses newydd, a phan fo Iesu'n galw ar y disgyblion i edifarhau (Mathew 4:17), mae'n defnyddio'r gair Groeg *Metanoeite*, neu *Teshuva* mewn Hebraeg, sef 'dychwelyd'. I ddarllenydd Iddewig, iaith yr exodus ydy hon.

  - Fel rabi Iddewig, roedd Iesu'n gweithio o fewn confensiynau'r cyfnod. Athro oedd y rabi, a byddai'n mynd allan o'i ffordd i apelio at ddychymyg ei ddisgyblion i'w hysbrydoli. Byddai bachgen ifanc o Iddew rhwng 5 a 10 oed yn mynychu ysgol o'r enw *Beth Sefer* ('tŷ llyfr'), lle byddai'n dysgu'r Torah ar ei gof. Yn nes ymlaen, gwahoddid y goreuon rhwng 11 ac 15 oed i fynychu *Beth Midrash* ('tŷ dehongliad'), lle bydden nhw'n dysgu gweddill yr Hen Destament a chael eu hyfforddi i drafod a chwestiynu'r Torah.

Yn 15 oed, byddent yn chwilio am rabi roedden nhw'n ei ffafrio oherwydd ei ddiwinyddiaeth, ac yn dechrau ar *Beth Talmud* ('tŷ dysg'), a allai bara am 15 mlynedd. Roedd y rabi'n magu'r disgybl (Talmud) fel mab, a'i groesawu i mewn i deulu newydd: symudai'r disgybl i fyw gyda'r rabi, gan ddysgu byw yn ôl rheolau'r Torah. Roedd y berthynas rhwng y ddau'n un ddwys, yn seiliedig ar garu Duw a dysgeidiaeth y Torah, gyda'r disgybl yn dysgu llawer o'r esiampl a ddangosid gan ei fentor. Yn y *Mishna* (y Torah llafar) mae cymal sy'n dweud *'Boed i ti gael dy orchuddio â llwch dy rabi'*, sef cyfeiriad at ddilyn eich rabi mor glòs fel bod llwch ei draed yn eich gorchuddio. Doedd Iesu ddim yn dewis y 'goreuon' ar gyfer ei dŷ dysg – roedden nhw eisoes yn dysgu'r grefft deuluol gan nad oedden nhw'n ddigon galluog i fynd i ysgol y Torah. Ar ddiwedd hyfforddiant y dyn ifanc, byddai'r rabi'n mynd â'r disgybl i fan uchel a'i siarsio i fynd â'i ddealltwriaeth o'r Torah – ei 'iau' – allan i'r byd mawr. Dyma mae Iesu'n ei wneud yn Mathew 28:16–19 wrth anfon ei ddisgyblion allan i ledaenu'i neges i'r holl fyd.

- Tref fechan o ryw 200 o bobl oedd Nasareth yn nyddiau Iesu, a does dim cyfeiriad ati yr Hen Destament nac mewn unrhyw destunau Iddewig eraill. Daw'r enw Galilea o'r gair Hebraeg *galil*, sef 'ardal', 'ffin' neu 'diriogaeth bell' – 'pen draw'r byd', fel petai. Roedd Nasareth yn rhy bell o Jerwsalem i apelio at y cyfoethogion, felly dim ond y tlodion oedd yn byw yno. Nasareth oedd y lle gwaethaf un i fyw, ym marn llawer – tref annatblygedig, ddisymud, yn llawn o bobl ddiddiwylliant a di-ddysg. Roedd y Samariaid wedi symud yno, yn y gobaith o ddod o hyd i waith pan oedd Herod yn codi adeiladau gerllaw; oherwydd hynny câi'r dref ei hystyried yn aflan, ac yn lle y dylai pobl grefyddol ei osgoi. I ffrindiau Iesu, roedd y teitl 'Iesu o Nasareth' yn un llawn anwyldeb,

ond i eraill roedd yn amharchus a sarhaus
– fel cael eich galw'n 'Dici Bach Dwl' lleol.
Dyna pam roedd y Rhufeiniaid wedi rhoi'r
teitl ar y groes, i sarhau Iesu. Yn Ioan 1:46
roedd gŵr o'r enw Nathanael, wrth siarad
am dref Iesu, wedi dweud, '*A all dim da
ddod o Nasareth?*'

- Yn Mathew 5:13 mae Iesu'n dweud wrth
ei ddilynwyr, '*Chwi yw halen y ddaear*'. Yn
y Dwyrain Canol, câi halen ei ddefnyddio i
sawl pwrpas, yn cynnwys glanweithdra, a
defnyddid halen rhad i ddiheintio gwastraff
dynol. Byddai pobl yn palu twll y tu allan
i'w cartrefi, yn ei ddefnyddio fel tŷ bach, ac
yna'n gorchuddio'r carthion â llond rhaw
o halen i gadw pryfed i ffwrdd ac i helpu'r
broses biodiraddio. Defnyddid halen ar
y carthion fel gwrthseptig i atal germau
rhag lledu, a'r enw am y math yma o halen
oedd 'halen y ddaear'. Mae Iesu'n dweud
wrth ei ddilynwyr mai nhw ydi ei wrthseptig
sanctaidd ef.
- Mae Iesu'n mynd â'i ddilynwyr i Gesarea
Philipi (Mathew 16:13), lleoliad hanesyddol
a ddefnyddid ar gyfer addoliad paganaidd.
Dyma lle mae 'Pyrth Hades', allor i nifer
o dduwiau, gan gynnwys Cesar a Pan,
ond hefyd Hades, duw'r isfyd. Yn yr Hen

Cesarea Philipi, safle addoliad paganaidd.

Destament gelwid y lle'n Baal-hermon
(Barnwyr 3:3), lleoliad duw ffrwythlondeb.
Ogof anferth mewn craig oedd 'Pyrth
Hades', lle byddai ffynhonnau o ddŵr
yn tarddu bob blwyddyn gan ddyfrio'r tir
sych a'i gwneud yn bosibl i dyfu cnydau.
O gwmpas y ffynhonnau roedd cilfachau
bychan i ddal cerfluniau o dduwiesau;
byddai'r addolwyr yn dod at ei gilydd i
gymryd rhan mewn defodau rhywiol od – yn
cynnwys cael cyfathrach rywiol gyda geifr,
a gâi eu haddoli oherwydd eu cysylltiad â'r
duw Pan. Roedd y lleoliad yn cynrychioli
holl elfennau gwaethaf y diwylliant, ac yma
roedd Iesu pan ddywedodd, '*ar y graig
hon yr adeiladaf fy eglwys, ac ni chaiff holl
bwerau Hades y trechaf arni*' (Mathew
16:18).

### Llyfrau eraill i'w darllen

*The Lion Atlas of Bible History*, gan Paul Lawrence
*The Jewish People in the First Century: Historical Geography, Political History, Social, Cultural and
Religious Life and Institutions*, gan S. Safrai
*Matthew for Everyone*, gan Tom Wright

# Newyddion da

**Awdur:** Ioan Marc

**Dyddiad ei ysgrifennu:** 60 oc

**Math o lyfr:** Efengyl hanesyddol

**Prif gymeriadau:** Iesu, Ioan Fedyddiwr, y deuddeg disgybl, y Phariseaid a Pilat

**Prif themâu:** Iesu ydy'r Meseia, a Mab Duw, sydd wedi dod i drechu byddinoedd y Rhufeiniaid, i gondemnio'r ymddygiad crefyddol ac i farw dros eraill

## Teitl ac Arddull

Enwir llyfr Marc ar ôl Ioan Marc, ffrind i Pedr, oedd yn adrodd yr hanesion wrtho. Dyma'r efengyl fyrraf, a'r un sy'n cynnwys y mwyaf o ddigwyddiadau, gan gyfleu brys neges Iesu.

Credir i'r testun – yr Efengyl gynharaf – gael ei ysgrifennu yn Rhufain, lle roedd Pedr yn byw. Mae Marc yn awyddus i'r darllenydd ddeall y digwyddiadau, yn enwedig marwolaeth Iesu. Credir fod Marc yn ysgrifennu ar gyfer Cenedl-ddynion Rhufain, ac mai dyna pam mae'n esbonio arferion Iddewig ac yn cyfieithu geiriau i'r Aramaeg. Rhennir yr hanes yn adrannau byr, a phlethir delweddau imperialaidd i mewn i'r stori; y fwyaf amlwg ydy saith cam coroni Cesar. Byddai'r Cesar arfaethedig yn cael ei gludo o flaen tyrfa fawr, gosodid mantell borffor amdano a phlethdorch aur o ddail olewydd am ei ben fel arwydd o awdurdod. Byddai'r dyrfa'n cymeradwyo'n uchel wrth iddo gerdded ar hyd y strydoedd at fryn uchaf Rhufain. Yno, cynigid powlennaid o win yn gymysg â myrr iddo; byddai'n gafael yn y bowlen a'i rhoi'n ôl heb yfed ohoni. Byddai aberth yn cael ei chynnig, gyda'r gwaed a'r farwolaeth yn nodi mynediad Cesar i'r byd dwyfol, a safai prif swyddogion Cesar bob ochr iddo wrth iddo esgyn i'w orsedd. I selio'r cyfamod byddai'r duwiau'n rhoi arwydd wedi'i amseru'n berffaith – colomennod gwyn, efallai, neu hyd yn oed ddiffyg ar yr haul. Mae Marc yn plethu'r defodau hyn i hanes marwolaeth Iesu. Mantell borffor, coron o ddrain, milwyr yn ei wawdio, gorymdaith, 'bryn' Golgotha, gwin yn cael ei gynnig a'i wrthod, terfysgwyr bob ochr iddo, llen y Deml yn cael ei rhwygo, a thywyllwch yn gorchuddio'r ddaear.

## Lleoliad

Lleolir Efengyl Marc mewn byd penodol yn wleidyddol a chrefyddol, gan gychwyn yng Ngalilea a diweddu yn ninas sanctaidd Jerwsalem (Marc 11). Ond hyd yn oed cyn Pennod 11, daw dynion o Jerwsalem i wrando ar Iesu'n pregethu (Marc 3:22; 7:1). O safbwynt Marc, daw Iesu'r byd crefyddol hwn i siarad – gan herio dull yr athrawon o weinyddu a rheoli'r ffydd. I unrhyw un oedd yn byw yng Ngalilea a'r cyffiniau, Jerwsalem oedd canolbwynt y ffydd Iddewig. Roedd mynd ar bererindod i Jerwsalem ar adeg gŵyl yn brofiad cwbl arbennig, gyda phobl yn dawnsio a chanu yr holl ffordd yno. Byddai Iddewon Galilea'n sôn am deithio 'i fyny' i

Yng Ngalilea y lleolir deg pennod gyntaf llyfr Marc.

Jerwsalem, er eu bod yn teithio i'r de; wrth wneud hynny roedden nhw'n cydnabod eu bod yn mynd i le sanctaidd, ac yn cyfeirio hefyd at Fynydd Moreia, y bryn yr adeiladwyd Jerwsalem arno.

## Cefndir

Roedd y gymuned grefyddol yn Jerwsalem wedi ymrannu yn ystod y cyfnod Helenistaidd (320–150 cc) wrth i wahanol grwpiau ddadlau sut orau i drefnu pethau yn y Deml, a diffinio sancteiddrwydd defodau, gan fod gan bob grŵp ei syniadau ei hun am wleidyddiaeth, addoliad, a sut i ddehongli'r Torah. Roedd y ffydd Iddewig mewn perygl o ddadfeilio yn dilyn yr alltudiaeth, gyda rhai'n awyddus i fynd yn ôl at yr hen ffyrdd, eraill yn ceisio cynllunio ffydd at y dyfodol, ac eraill eto fyth yn gwrthwynebu uno ffordd y Groegiaid o feddwl a dealltwriaeth yr Iddew o addoli'r Arglwydd. Erbyn y ganrif gyntaf oc, roedd yna o leiaf bedwar prif grŵp, a phob un yn coleddu'i syniadau ei hun: y Phariseaid, y Sadwceaid, yr Eseniaid, a grwpiau chwyldroadol megis y Selotiaid a'r Sicarii oedd yn credu mewn gwrthryfela yn erbyn ymerodraeth Rhufain..

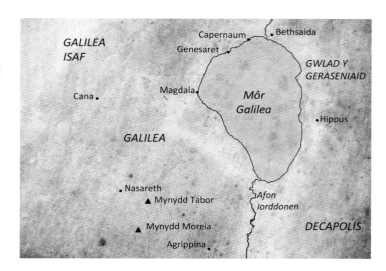

### Y Phariseaid

Roedd y Phariseaid – o'r gair Hebraeg *Perushim*, 'y rhai rhanedig' – yn deillio o grŵp o wŷr doeth ac ysgrifenyddion y gellid eu holrhain yn ôl i Esra a'r Gymanfa Fawr. Roedd tua 6,000 ohonyn nhw erbyn dyddiau Iesu; roedden nhw'n gryf, yn derbyn cefnogaeth llawer o Iddewon, ac yn unigryw yn eu cred bod yn rhaid i'r Iddewon ddilyn y cyfreithiau purdeb y tu allan i'r Deml. Roedden nhw'n gyfarwydd iawn â'r gyfraith, ac wedi datblygu deddfau ac athrawiaethau eraill yn seiliedig ar gyfreithiau'r Arglwydd, er mwyn sicrhau bod y ffydd yn parhau'n berthnasol i'r diwylliant cyfnewidiol o'u cwmpas. Fel grwpiau eraill o'r cyfnod hwnnw, roedd y Phariseaid yn credu

mai dim ond y nhw oedd gwir ddilynwyr y ffydd.

Credai'r Phariseaid fod fersiwn llafar o'r Torah yn bodoli, yn ogystal â'r un ysgrifenedig; rhoddwyd ef i Moses, fe'i dysgwyd ar y cof a'i drosglwyddo'n llafar o un genhedlaeth i'r nesaf. Bwriad y 'Torah Llafar' oedd esbonio'r hyn oedd yn aneglur i'r darllenydd yn y fersiwn ysgrifenedig, ac ymhelaethu arno. Roedd y Phariseaid yn benderfynol o barhau i arddel cyfreithiau a thraddodiadau'r Iddewon yn wyneb y cymathu oedd yn digwydd. Roedden nhw'n ddylanwadol ac yn boblogaidd yn y cyfnod hwn, ond yn aml portreadir y berthynas rhyngddyn nhw ac Iesu fel un elyniaethus.

### Y Sadwceaid

Er bod y Sadwceaid yn llai o ran nifer na'r Phariseaid, roedd ganddyn nhw fwy o ddylanwad gwleidyddol yn Jerwsalem. Plaid o offeiriaid oedden nhw, yn dilyn athrawiaeth Sadoc, yr archoffeiriad, oedd wedi eneinio Solomon yn frenin ar ddechrau cyfnod y Deml gyntaf (1 Brenhinoedd 1:38–40).

Mwgwd theatraidd. Galwodd Iesu'r Phariseaid yn rhagrithwyr – gair sy'n dod o derm Groegaidd yn gysylltiedig â'r theatr i ddisgrifio rhywun sy'n gwisgo mwgwd.

Storm yn bygwth dros Fôr Galilea.

160 cc. Yn wahanol i'r Phariseaid, doedd y Sadwceaid ddim yn credu mewn atgyfodiad, angylion nac ysbrydion. Offeiriaid, ac aelodau o gyngor y Sanhedrin, oedd y rhan fwyaf ohonyn nhw; oherwydd hynny roedden nhw ar delerau da gydag ymerodraeth Rhufain, ac yn llwyddo i gadw rheolaeth dros y Deml.

## Yr Eseniaid

Grŵp o rai miloedd o offeiriaid protestgar oedd yr Eseniaid, rhai oedd wedi cael llond bol ar gyflwr crefydd yn Jerwsalem. Am eu bod yn gwrthwynebu'r archoffeiriaid, ac yn eu galw'n anghyfreithlon, aethant ati i sefydlu eu cymuned eu hunain o addolwyr oedd yn gwrthod addoliad y Deml. Crëwyd 'Teml newydd' oedd yn gwrthwynebu'r arfer o aberthu anifeiliaid ac yn canolbwyntio ar ufuddhau i gyfraith y Torah. Oherwydd hyn, roedd mwyafrif yr Iddewon yn troi eu cefnau ar yr Eseniaid, ond roedd y Phariseaid yn cytuno â'u safbwynt bod lle i bethau sanctaidd y tu allan i'r Deml. Credir fod yr Eseniaid yn byw yn Qumran, ac mai nhw oedd cymuned y Môr Marw, dan arweiniad archoffeiriad o'r llinach gyfreithiol oedd bellach wedi cael ei disodli. Roedd yr Esenaid yn byw bywyd mynachaidd, yn credu yn y frwydr fawr olaf rhwng da a drwg, ac yn cysegru eu bywydau i astudio, addoli a gweddïo. Roedden nhw'n credu, pan ddeuai Meseia Duw i gael gwared â'r offeiriaid aflan o Jerwsalem, y byddai'n galw arnyn nhw i lywodraethu'r Deml.

## Yr Ysgrifenyddion

Nid adain wleidyddol o'r ffydd Iddewig oedd yr Ysgrifenyddion, ond yn hytrach rhai oedd yn arbenigo yn y Torah. Caent eu galw hefyd yn gyfreithwyr a rabiniaid (sef athrawon), a'u hunig ddiddordeb oedd helpu pobl i ddeall y Torah a'i ddefnyddio yn eu bywyd bob dydd. Er bod rhai ohonyn nhw'n copïo dogfennau fel rhan o'u gwaith, roedden nhw'n debycach

Doedd y Sadwceaid ddim yn credu ym modolaeth y Torah Llafar; credent mai Torah ysgrifenedig Moses oedd yr unig awdurdod, a bod unrhyw gyfraith neu ddysgeidiaeth arall yn israddol i'r geiriau a gyflwynwyd i Moses. Grŵp o offeiriadon oedd y Sadwceaid, yn gysylltiedig â gweinidogaethu ac arwain addoliad y Deml. Roedden nhw'n cynrychioli'r grŵp aristocrataidd o archoffeiriaid a ddisodlodd y llinach flaenorol wedi i'r rheiny gael eu beio am ganiatáu i ymherodr Syria halogi'r Deml trwy addoli eilunod yno oddeutu i athrawon. Daw'r gair 'rabi' o'r Hebraeg *rav*, sef 'mawr'; roedd gan yr Ysgrifenyddion awdurdod i farnu mewn achosion cyfreithiol ac i siarad â'r bobl.

## Y Manylion

- Mae llyfr Marc yn agor â'r geiriau '*Dechrau Efengyl Iesu Grist, Mab Duw*'. Daw'r gair 'efengyl' o'r Groeg *evangelion*, sef 'newyddion da' – geiriau oedd, bryd hynny, yn cyfeirio at neges o newyddion da oddi wrth Cesar. Roedd Marc, wrth ysgrifennu at gynulleidfa o Rufeiniaid, yn gwybod ystyr y cymal agoriadol hwn i'r dim: dydy Cesar ddim yn dod â newyddion da, ond mae Iesu'n dod â newyddion da go iawn.

- Yn hanes Iesu'n tawelu'r storm (Marc 4), mae'r grŵp yn teithio ar draws y llyn o gyfeiriad Galilea, at y Decapolis – deg dinas roedd yr Iddewon yn eu hosgoi oherwydd eu cysylltiad ag addoliad paganaidd, yn enwedig addoli Baal. I'r Iddewon, roedd corff mawr o ddŵr yn cynrychioli uffern, ac ystyrid llynnoedd fel Môr Galilea yn fannau di-drefn, yn cael eu rheoli gan rymoedd y fall. Mae Iesu, trwy ddweud wrth y storm a'r anhrefn dros y llyn am dawelu, yn dangos y pŵer roedd ganddo dros ddrygioni.

- Yn Marc 5, mae Iesu'n cyrraedd gwlad y Geraseniaid – lleoliad deg hen safle Rhufeinig a chwlt ffrwythlondeb oedd yn addoli Baal. Aeth Iesu ati i fwrw'r cythreuliaid i mewn i genfaint o foch – symbol o'r duw ffrwythlondeb – a'u hanfon i mewn i'r môr.

- Y gair Groeg a ddefnyddir i ddisgrifio Iesu fel saer (Marc 6:3) ydy *tekton*, y gellid ei gyfieithu hefyd fel adeiladwr cyffredinol.

- Credai'r Phariseaid fod pob pryd bwyd yn sanctaidd, felly defnyddient nifer o weddïau a rheolau i sicrhau hynny. Ond roedd y rheolau mor gymhleth fel y câi pobl drafferth i'w dilyn bob dydd: cyn bob pryd bwyd roedd yn rhaid golchi dwylo, powlenni a chwpanau, ac adrodd gweddi dros bopeth a ddefnyddid. Trwy ymateb i feirniadaeth y Phariseaid o'r disgyblion am fethu dilyn y rheolau hyn – gan ddweud nad bwyd oedd yn gwneud dyn yn aflan, ond yn hytrach ei eiriau a'i weithredoedd – roedd Iesu'n beirniadu elfen allweddol o ddysgeidiaeth y Phariseaid (Marc 7: 19–23).

- Mae'r hanes am y disgyblion yn ceisio rhwystro dyn rhag bwrw cythreuliaid allan yn enw Iesu (Marc 9:38) yn adleisio'r adeg pan ddywedodd Josua wrth rywun am

Gwlad y Geraseniaid, lle bu Iesu'n bwrw cythreuliaid allan o ddyn ac i mewn i genfaint o foch (Marc 5:1–20).

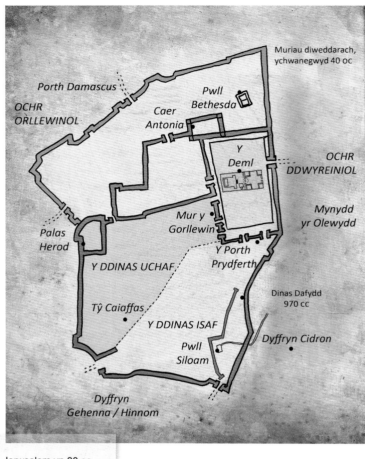

Muriau diweddarach,
ychwanegwyd 40 oc

Porth Damascus

OCHR
ORLLEWINOL

Caer
Antonia

Pwll
Bethesda

Y
Deml

OCHR
DDWYREINIOL

Palas
Herod

Mur y
Gorllewin

Mynydd
yr Olewydd

Y DDINAS UCHAF

Y Porth
Prydferth

Dinas Dafydd
970 cc

Tŷ Caiaffas

Y DDINAS ISAF

Pwll
Siloam

Dyffryn Cidron

Dyffryn
Gehenna / Hinnom

Jerwsalem yn 30 oc
– dyma leoliad ail ran
Efengyl Marc.

beidio â phroffwydo am nad oedd Moses wedi rhoi caniatâd iddo. Mae ymateb Iesu'n debyg i un Moses, ac yn enghraifft arall o Marc yn cysylltu'r ddau: Iesu ydy'r Moses newydd.

• Yn ôl traddodiad, Marc ei hun oedd y dyn ifanc a ddihangodd yn noeth pan gafodd Iesu ei arestio (Marc 14:51–52), ond does dim tystiolaeth i gadarnhau hyn. Roedd dillad yn gostus iawn yn nyddiau Iesu, a llawer o bobl yn berchen ar ddim ond dwy eitem – tiwnig ar gyfer tywydd twym, a chlogyn ar gyfer tywydd oer. Roedd rhai dynion yn gwisgo lliain neu wregys o dan y tiwnig, a rhai'n gwisgo dim dillad isaf o gwbl. Byddai dynion weithiau'n mynd allan ar noson o haf yn gwisgo dim byd ond lliain am eu lwynau, ond roedd hynny'n anghyffredin ar yr adeg o'r flwyddyn pan arestiwyd Iesu.

## Llyfrau eraill i'w darllen

*The Lion Atlas of Bible History*, gan Paul Lawrence
*The Jewish People in the First Century: Historical Geography, Political History, Social, Cultural and Religious Life and Institutions*, gan S. Safrai
*Mark for Everyone*, gan Tom Wright

# Y Goresgyniad Rhufeinig

**Awdur:** Luc
**Dyddiad ei ysgrifennu:** 70 oc
**Math o lyfr:** Efengyl hanesyddol
**Prif gymeriadau:** Iesu, Mair, Elisabeth, y deuddeg disgybl, y Phariseaid, a Pilat
**Prif themâu:** Neges ydy'r efengyl ar gyfer y rhai ar gyrion crefydd a'r ymerodraeth Rufeinig

## Teitl ac Arddull

Credir fod y llyfr hwn wedi'i lunio gan Luc, oedd yn feddyg ac yn ffrind i Paul (Colosiaid 4:14). Hanai Luc o Antioch, ac mae'n debyg mai dan ddylanwad Paul y daeth yn Gristion. Luc ydy'r drydedd efengyl, a'r hiraf. Mae'n canolbwyntio ar bobl, ac yn rhoi llawer mwy o sylw na'r un o'r efengylau eraill i ferched, y tlodion, y gorthrymedig, y rhai ar ffiniau cymdeithas, lladron, casglwyr trethi, gwahangleifion a phuteiniaid.

## Lleoliad

Mae efengyl Luc yn agor trwy ddweud bod y stori wedi'i lleoli yn nyddiau'r llywodraethwr Rhufeinig Cesar Awgwstus, oedd yn gyfnod o wrthryfela gwleidyddol i'r Iddewon. Llofruddiwyd Iŵl Cesar yn 44 cc a'i olynydd oedd Awgwstus, ei fab mabwysiedig a'i nai. Daeth Cesar Awgwstus i rym yn ifanc iawn ac adeiladodd yr ymerodraeth Rufeinig yn bŵer milwrol na ellid mo'i orchfygu. Roedd yr ymerodraeth Rufeinig yn gryf a phwerus, ac yn barod i ddinistrio diwylliannau eraill heb feddwl am neb na dim ond ei les ei hun. Credai Cesar fod angen i'r byd newid oherwydd ei fod yn llawn o ddiwylliannau gwan oedd yn ymladd ymysg ei gilydd. Disgrifiai Awgwstus nhw fel plant yn cweryla, a chredai fod angen i rywun ddangos arweiniad mewn byd cwbl ddi-drefn.

Credai Cesar fod ganddo ddigon o rym milwrol i'w alluogi i ddod â heddwch a chytgord i'r byd. Ystyriai ei hun fel 'mab duw'; gorfodid pobl i'w alw'n 'Arglwydd', a'r gosb am wrthod oedd cael eu croeshoelio. Pan oedd gan Cesar ddatganiad brenhinol i'w rannu â'i ymerodraeth, gelwid hyn yn *evangelion*, a gyfieithir yn y Testament Newydd fel 'efengyl'. Yn aml iawn, roedd y negeseuon a'r sloganau hyn yn ymddangos ar ymylon darnau o arian, gyda phobl yn rhannu'r cyfarchion a'r atebion ymhlith ei gilydd yn y strydoedd.

Roedd trefn gymdeithasol yr ymerodraeth Rufeinig yn rhanedig iawn, gyda dynion ar frig y rhestr, a merched a chaethweision ar y gwaelod. Doedd dim yn deg na chyfartal ynghylch y drefn; gwyddai pawb fod yna rywun arall mewn safle uwch na nhw, a chanddo awdurdod dros eu bywydau. Un o ddeddfau Cesar Awgwstus oedd bod pob dinesydd Rhufeinig teyrngar yn gorfod addoli'r ymherodr trwy losgi pinsaid

Y bryniau ger Bethlehem, y lle cyntaf i dderbyn y newyddion am enedigaeth Iesu.

o arogldarth – defod a barhaodd yn ysbeidiol hyd gwymp Rhufain yn 476 oc. Magodd Cesar Awgwstus nerth yn fuan iawn, gan lwyddo i gipio Jerwsalem a sefydlu Herod fel brenin Iddewig 'dibynnol', gan ddwyn y grym o ddwylo'r Iddewon oedd yn llywodraethu dros y ddinas. Ond, mewn gwirionedd, doedd gan y math yma o frenin ddim grym go iawn – dim ond y rhwysg a'r bri oedd yn rhan o'r teitl.

Er mai Jerwsalem oedd dinas y ffydd Iddewig, roedd pawb yn gwybod ei bod wedi'i darostwng. Bum can mlynedd yn gynharach roedd yr Iddewon yn gaethion ym Mabilon; bellach, roedden nhw'n gaethion yn eu dinas eu hunain.

Yn ôl Luc, Awgwstus oedd Cesar pan aned Iesu.

## Cefndir

Un o'r problemau gyda'r goresgyniad oedd bod y Rhufeiniaid wedi gorfodi dynion o'r ardal gyfagos – yn cynnwys Samaria – i ymuno â'r fyddin. O ganlyniad, Samariaid – 'y bobl fudr ac aflan hynny' roedd yr Iddewon yn eu casáu – oedd llawer o'r milwyr Rhufeinig yn Jerwsalem. Roedd y ddinas yn aml yn orlawn o ymwelwyr oedd yn dod yno i addoli, a chreai presenoldeb y Samariaid a'r Rhufeiniaid sefyllfa ymfflamychol, gan arwain at ymladd ac anhrefn. Ymateb Rhufain i hyn oedd dangos ei phŵer a'i nerth er mwyn profi i Jerwsalem pwy mewn gwirionedd oedd mewn grym yn y ddinas sanctaidd – gyda'r canlyniad mai gwaethygu wnâi'r sefyllfa. Dyma oedd y drefn

Y ffordd rhwng Jerwsalem a Jericho, lleoliad stori'r Samariad Trugarog (Luc 10:25–37).

filwrol ormesol pan ddeallodd Mair ei bod yn feichiog ac y byddai'n rhoi genedigaeth i feseia Iddewig. Ei hymateb oedd canu Emyn Mawl Mair (Luc 1:46–56), gan ddatgan rhyfeddod trugaredd Duw. Wrth i efengyl Luc fynd rhagddi yn erbyn y gefnlen filwrol hon, daw'n amlwg mai haelioni a chariad, ac ymostwng i'r un gwir Dduw, ydy prif ffocws teyrnas Dduw – nid casglu trysorau, cynllwynio ac addoli eich hun fel duw.

## Y Manylion

- Y rhai cyntaf i glywed am enedigaeth Iesu yn yr efengyl (Luc 2:8) ydy'r llanciau ifanc oedd yn 'gwarchod eu praidd' y noson honno. Roedd bugeiliaid ifanc ar ffin cymdeithas, a phobl yn eu dirmygu oherwydd eu diffyg addysg; o'r cychwyn cyntaf, roedd Luc am sicrhau bod y darllenydd yn gwybod i bwy y bwriadwyd y neges hon.

- Pan mae rhieni Iesu'n cynnig offrwm i ddiolch am enedigaeth eu plentyn (Luc 2:24) maen nhw'n dewis pâr o durturod; ystyrid y rhain (ynghyd â cholomennod) fel offrwm pobl dlawd (Lefiticus 12:8).

- Pan adroddodd Iesu stori'r Samariad Trugarog (Luc 10:25–37), mae'n debyg bod y gynulleidfa wedi ei chlywed o'r blaen. Defnyddiai llawer o'r rabiniaid stori debyg wrth ddysgu am bwysigrwydd gofalu am y tlodion. Yn y stori honno, mae offeiriad a Lefiad yn cerdded heibio, heb allu cynnig help rhag bod yn aflan a methu cymryd rhan mewn addoliad; y trydydd person yn eu fersiwn nhw ydy lleygwr Iddewig nodweddiadol, sy'n helpu'r dyn ac yn gofalu amdano. Yn fersiwn Iesu o'r stori, Samariad oedd y trydydd person. Os mai bwriad Iesu wrth adrodd y stori oedd tanlinellu pwysigrwydd gwasanaethu'r tlodion neu helpu eraill, byddai'r fersiwn gwreiddiol wedi gwneud y tro yn iawn.

Roedd casineb yr Iddewon tuag at y Samariaid yn dyddio'n ôl i'r alltudiaeth ym Mabilon, pan oedd y rhai a arhosodd ar ôl wedi cymysgu â chenhedloedd eraill ac adeiladu eu teml eu hunain ar Fynydd Gerisim fel lle i addoli'r Arglwydd. Erbyn cyfnod Iesu, roedd y berthynas rhyngddyn nhw wedi dirywio'n fawr, ac ni fyddai Iddew hyd yn oed yn yfed o'r un cwpan â Samariad. Mae dysgeidiaeth yr Iddewon yn cyffelybu bwyta bara'r Samariaid i fwyta cig mochyn (roedd mochyn yn anifail aflan). Yn 200 cc, cyfeiriodd Ben Sirach, awdur Iddewig, at y Samariaid fel '*y bobl dwp o Shechem*'. Roedd athrawiaeth Iesu'n chwyldroadol: gan herio casineb oedd wedi bodoli ers amser maith, roedd ei stori ef yn troi'r holl drefn ben i waered, gan mai'r person a achubodd y dyn oedd '*un o'r bobl hynny o Sechem*'.

- Enw Cesar ar y pentrefi a'r trefi oedd yn dewis ei addoli oedd *ekklesia* – gair a gyfieithir fel 'eglwys' yn y Testament Newydd. Ystyr hyn oedd eu bod dan ei ofal ef, ac yn eiddo iddo. Defnyddiodd Iesu air oedd eisoes yn gyffredin iawn pan ddywedodd mai Pedr oedd y graig y byddai'n adeiladu ei *ekklesia* arni; yr 'eglwys' hon fyddai cyfrwng Iesu ar y ddaear, a'r dull a ddefnyddiai i ddadlennu ei atgyfodiad i'r ymerodraeth. Grŵp o bobl oedd wedi cael profiad o'r atgyfodiad oedd eglwys wreiddiol Iesu, a bellach roedden nhw'n galw rhai eraill atynt. Gwahoddiad i rannu yn atgyfodiad Iesu oedd yr eglwys.

- Dangosir parch dwfn at ferched yng ngwaith Luc, sy'n beth anghyffredin iawn gan mai dinasyddion eilradd oedd merched yn y cyfnod. Yn ôl safonau ein dyddiau ni, mae'r ddelwedd o ferched yn yr Ysgrythurau'n aml yn cael ei hystyried yn un ddirmygus a gormesol, ond mewn gwirionedd mae llawer o'r Ysgrythurau'n flaengar iawn o ystyried diwylliant yr oes, a dydy efengyl Luc ddim yn eithriad yn hyn o beth. Yn fersiwn Luc o hanes Iesu, mae dwy wraig yn dathlu'r ffaith bod yr Arglwydd wedi eu dewis i roi genedigaeth i'w stori newydd trwyddyn nhw, a thrwy gydol y llyfr caiff Iesu sawl cyfarfyddiad arwyddocaol gyda merched. Yn ddiweddarach, merched ydy'r rhai cyntaf i gwrdd ag Iesu ar ôl yr atgyfodiad. Byddai'r diwylliant cyfoes wedi defnyddio'r manylyn hwn i danseilio gwirionedd stori Iesu fel y cofnodir hi yn yr efengyl, oherwydd ar y pryd ni châi merched eu hystyried fel tystion dibynadwy, na chwaith gyflwyno tystiolaeth mewn llys barn.

Bedd yr Ardd, lle dywedir fod Iesu wedi'i gladdu, a lle gwelodd y merched y bedd gwag (Luc 24:1–3).

### Llyfrau eraill i'w darllen

*The Lion Atlas of Bible History*, gan Paul Lawrence
*The Jewish People in the First Century: Historical Geography, Political History, Social, Cultural and Religious Life and Institutions*, gan S. Safrai
*Luke for Everyone*, gan Tom Wright

# Gwrthryfel politicaidd

**Awdur:** Ioan, mab Sebedeus

**Dyddiad ei ysgrifennu:** 85–90 oc

**Math o lyfr:** Efengyl hanesyddol

**Prif gymeriadau:** Iesu, Ioan y disgybl annwyl, yr un disgybl ar ddeg arall, y Phariseaid, a Pilat

**Prif themâu:** Iesu ydy Duw, yn gwersylla yn ein plith

## Teitl ac Arddull

Credir mai awdur efengyl Ioan oedd awdur llythyrau Ioan a Datguddiad Ioan hefyd. Ystyr yr enw Groeg Ioan ydy 'Mae Duw yn raslon' a thrwy'r llyfr mae Ioan yn cyfeirio ato'i hun fel 'y disgybl annwyl' neu 'y disgybl roedd Iesu'n ei garu'. Roedd yn fab i Sebedeus, yn un o bileri'r ffydd Gristnogol, ac yn parhau i fyw yn Jerwsalem 14 mlynedd ar ôl marwolaeth ac atgyfodiad Iesu, pan gafodd Paul ei dröedigaeth. Yn ôl traddodiad, cafodd ei alltudio i ynys Patmos ac yn ddiweddarach merthyrwyd ef a'i frawd Iago oherwydd eu teyrngarwch i'r ffydd. Dim ond yn efengyl Ioan mae Iesu'n siarad amdano'i hun, ac

mae'r llyfr yn cynnwys llawer o wybodaeth nad oedd Iesu wedi'i rhannu â neb heblaw ei ddisgyblion agosaf. Mae'r efengyl yn cyflwyno'i fersiwn unigryw ei hun o fywyd Iesu a'i weinidogaeth, gan dynnu ar yr Hen Destament i helpu'r darllenydd i weld mai Iesu oedd y Meseia Iddewig, a Mab Duw.

## Lleoliad

Cefndir yr efengyl hon eto ydy Galilea, Jerwsalem a'r cyffiniau. Maged Iesu yng nghyfnod goresgyniad yr ymerodraeth Rufeinig ac ymerodraeth grefyddol y ffydd Iddewig. I'r Iddewon, roedd crefydd a gwleidyddiaeth yn gyfystyr â'i gilydd: os oedd rhywun yn dymuno bod yn frenin, roedd hefyd yn hawlio'r teitl Meseia. Roedd llawer o wrthdaro rhwng Rhufain a'r Iddewon, ac ychydig cyn geni Iesu roedd llawer o Iddewon a Phariseaid wedi gwrthod ufuddhau i Rufain a thyngu llw i Gesar Awgwstus. Flynyddoedd yn ddiweddarach, ar ôl clywed si bod Herod Fawr wedi marw, aeth dau Iddew ati i ddinistrio eryr aur (arwydd o oruchafiaeth y Rhufeiniaid) a osodwyd gan Herod uwchben porth y Deml. Wrth i'r si am farwolaeth Herod ledaenu, arestiwyd 40 o'r gwrthdystwyr a'u dienyddio. Sylweddolodd Herod y byddai'r Iddewon yn dathlu ei farwolaeth, nid yn galaru, felly datganodd y câi nifer fawr o Jwdeaid eu rhoi i farwolaeth cyn gynted ag y byddai'n marw – gan sicrhau y byddai Jwdea gyfan yn wylo drosto, un ffordd neu'r llall!

Un genhedlaeth yn unig cyn dyddiau Iesu,

Yn Efengyl Ioan, mae Iesu'n disgrifio'i hun fel y winwydden, a'i bobl fel y canghennau.

dinistriwyd trefi cyfan yn y gwrthdystiadau yn erbyn y Rhufeiniaid. Dinistriwyd dwy dref yn llwyr – Emaus, lle cerddodd Iesu gyda'r ddau ddisgybl, a Magdala, cartref Mair Magdalen – oherwydd bod y trigolion yn gwrthod derbyn awdurdod Rhufain. Yn ystod llencyndod Iesu dechreuodd un o'r pleidiau cenedlaethol mwyaf treisgar ffynnu: sefydlodd Jwdas y Galilead a Sadoc y Pharisead blaid y Selotiaid, sef mudiad chwyldroadol yn annog pobl i wrthwynebu llywodraeth Rhufain a gwrthod talu trethi. Credai'r Selotiaid mewn dulliau treisgar i gael gwared â'r Rhufeiniaid o'r wlad sanctaidd unwaith ac am byth. Gosodwyd eu symbol – cangen balmwydd – ar furiau o amgylch Jerwsalem fel arwydd i Rufain nad oedd ar neb eu heisiau. Yn Actau 5:34–39, mae Gamaliel yn annerch y Sanhedrin gan gymharu Pedr ac Ioan â Jwdas y Galilead, ac â gŵr o'r enw Theudas, oedd yn ceisio ennyn casineb ymysg y bobl. Wyddon ni ddim beth ddigwyddodd i Jwdas y Galilead, ond ni lwyddodd y Rhufeiniaid i gael gwared â'r Selotiaid yn llwyr. Un o grwpiau'r Selotiaid oedd y *Sicarii*, sef 'dynion treisgar'; cawsant yr enw oherwydd eu dull o ladd yr Iddewon hynny oedd yn gwrthwynebu'r gwrthryfel yn erbyn Rhufain. Yn y cyfnod hwn o wrthryfela gwleidyddol yr oedd Iesu'n byw ac yn gweinidogaethu.

iddo deithio ar gefn ebol asyn, roedd y bobl yn chwifio canghennau palmwydd (Ioan 12:13), symbol chwyldro, ac yn canu '*Hosanna! Bendigedig yw'r un sy'n dod yn enw'r Arglwydd, yn frenin Israel*', sef geiriau tebyg i'r rhai a ganwyd pan goronwyd Herod. Mae Ioan am bwysleisio brenhiniaeth Iesu, a chan fod y brenin a'r Meseia yn un yn nealltwriaeth yr Iddewon, mae'n datgan yn glir ei fod yn credu mai Iesu ydy Duw.

I'r Selotiaid, roedd canghennau palmwydd, a chwifiwyd wrth i Iesu fynd i mewn i Jerwsalem, yn symbol o chwyldro.

## Y Manylion

- Mae'r prolog (Ioan 1:1–18) yn efelychu stori'r creu yn Genesis 1, ac yn gosod Iesu ar ddechrau amser. Mae'n grynodeb o'r Efengyl gyfan, a chredir fod y testun yn emyn a ddefnyddid gan yr eglwys fore. Roedd y gair Hebraeg am 'breswylfa' yr un fath â'r gair am 'dabernacl', gan atgoffa'r darllenydd o stori'r exodus pan fu Duw'n gwersylla gyda'i bobl mewn pabell

## Cefndir

Yng nghanol yr holl bleidiau a sectau gwahanol hyn, roedd Ioan yn awyddus i bwysleisio mai Iesu oedd y Meseia, ac na ddylai'r bobl ddilyn neb arall. Gwrthryfel di-drais oedd ffordd Iesu; edrychai'n wan o'i gymharu ag un y Selotiaid a'r Sicarii, ond i Ioan roedd yn hynod arwyddocaol. Roedd gan Iesu gysylltiad â'r Selotiaid, a Simon y Selot (Marc 3:18) oedd un o'i hoff ddisgyblion. Yn ystod protest heddychlon Iesu yn erbyn Pilat, wrth

Aeth Iesu i mewn i Jerwsalem mewn heddwch, ar gefn ebol asyn, gan wireddu proffwydoliaeth Sechareia 9:9.

arbennig. Mae Duw – oedd bryd hynny'n byw ar y ddaear mewn pabell – bellach yn byw ar y ddaear yn y cnawd. Adleisio cais Moses am gael gweld gogoniant yr Arglwydd (Exodus 33:18) mae'r cymal 'gwelsom ei ogoniant ef' (Ioan 1:14).

- Mae stori'r briodas yng Nghana'n cynnwys nifer o elfennau ac iddynt arwyddocâd dyfnach i'r Iddewon. Byddai priodas yn atgoffa'r bobl o Fynydd Sinai a'r Deg Gorchymyn, lle 'priododd' yr Arglwydd â'i bobl. I'r Iddewon, roedd gwin yn cynrychioli gofal yr Arglwydd, a chysylltid ef â'r gwaed ar ddrysau'r cartrefi adeg yr exodus, yn dangos nad oedd croeso i farwolaeth yno. Roedd gwin hefyd yn cynrychioli prynedigaeth a diwrnod newydd. Yr enw ar y cwpan a ddefnyddiodd Iesu yn ystod Gŵyl y Bara Croyw oedd 'cwpan prynedigaeth' – ffordd o ddangos pwrpas Duw yn y byd. Roedd gwin hefyd yn cynrychioli llawenydd a chyfeillgarwch, gan y dylai bob amser gael ei yfed yng nghwmni eraill. Yn y wledd hon – lle mae'r gwin wedi darfod, a does yna ddim llawenydd, dim darpariaeth a dim prynedigaeth – mae Iesu'n sefyll yn y bwlch ac yn darparu'r cyfan sydd ei angen.

- Cyn i Iesu olchi traed y disgyblion, mae'n penlinio ac yn 'cymryd tywel ac yn ei glymu am ei ganol' (Ioan 13:4). Arwydd o gaethwas oedd lapio tywel am eich canol; gwaith ar gyfer Cenedl-ddyn, caethwas neu ferch oedd golchi traed, ac mae Iesu'n gosod ei hun ar yr un lefel â nhw.

- Wrth gael ei groesholi gan Pilat mae Iesu'n dweud, 'Nid yw fy nheyrnas i o'r byd hwn' (Ioan 18:36). Yn aml, dydyn ni ddim yn llawn sylweddoli ystyr dyfnach, gwleidyddol, y cymal yma. Y gair a gyfieithir fel 'teyrnas' ydy basileia, term Rhufeinig i ddisgrifio teyrnas dan eu hawdurdod a gipiwyd trwy rym. Rhufeiniwr oedd Pilat, yn credu bod awdurdod yn dod o rym a

pherswâd milwrol. Mae Iesu'n dweud wrth Pilat nad ydy ei deyrnas ef yn rhan o'r kosmos (h.y. y byd hwn). Roedd Cesar yn dod o'r byd hwn, ond nid felly Iesu – mae ef a'i awdurdod yn perthyn i drefn uwch. Yna dywed Iesu, 'Pe bai fy nheyrnas i o'r byd hwn, byddai fy ngwasanaethwyr i yn ymladd' (Ioan 18:36). Y gair mae Iesu'n ei ddefnyddio am 'ymladd' ydy egonizonto, sef ymdrech gorfforol galed yn erbyn gwrthwynebydd cryf: brwydr sy'n ennill goruchafiaeth trwy'r cleddyf. Os oedd Iesu'n ymladdwr, roedd hynny oherwydd ei fod yn ymladd â gwaed ar ei arddyrnau – nid â chleddyf.

- Doedd Pilat ddim yn awyddus i weld Iesu'n marw, gan nad oedd yn fygythiad iddo. Ychydig flynyddoedd cyn hyn roedd Pilat wedi adeiladu traphont ddŵr i wasanaethu Jerwsalem, gan ddefnyddio arian a gipiwyd o drysorlys y Deml. Arweiniodd hyn at derfysg, gyda'r Iddewon yn heidio i'r ddinas i gynnal protest ddi-drais. Roedd Pilat mor flin nes iddo anfon milwyr i'w canol, wedi'u gwisgo mewn dillad bob dydd, a rhoi gorchymyn iddyn nhw guro'r protestwyr yn ddidrugaredd. Ond ni chododd y bobl ddwrn i'w hamddiffyn eu hunain.

  Er bod gan Pilat enw fel person na fyddai'n dioddef chwyldroadwyr Iddewig, doedd e ddim yn gweld Iesu fel bygythiad. Ac eto, gadawodd iddo gael ei ladd, gan wrthod derbyn unrhyw gyfrifoldeb am ei weithred.

- Dethlid y Sukkot, neu ŵyl y Pebyll (Nehemeia 8:14), yn y Deml yn Jerwsalem gyda dawnswyr yn cario ffaglau o dân i gyfeiliant telynau, symbalau a thrwmpedi'r Lefiaid. Yr olygfa ryfeddaf un oedd cannwyll fawr y Menora, a osodid yng nghyrtiau'r Deml i gynrychioli fflam Duw yn arwain yr exodus yn yr anialwch. Yn yr ŵyl hon y dywed Iesu, 'Myfi yw goleuni'r byd', gan ychwanegu, 'Ni bydd neb sy'n fy nghanlyn i byth yn rhodio yn y tywyllwch, ond bydd ganddo oleuni'r bywyd' (Ioan 8:12). Trwy ddefnyddio'r geiriau hyn, roedd Iesu'n dangos yn glir pwy oedd e.

Golgotha: mae'n bosibl mai yma y croeshoeliwyd Iesu.

## Llyfrau eraill i'w darllen

*The Lion Atlas of Bible History*, gan Paul Lawrence
*The Jewish People in the First Century: Historical Geography, Political History, Social, Cultural and Religious Life and Institutions*, gan S. Safrai
*John for Everyone*, gan Tom Wright

# Twf mudiad Iesu, rhan 1

**Awdur:** Luc y ffisigwr (2 Timotheus 4:11)

**Dyddiad ei ysgrifennu:** Credir mai tua 60 oc, gan na chrybwyllir marwolaeth Paul

**Math o lyfr:** Hanes

**Prif gymeriadau:** Iesu, Pedr, a Steffan

**Prif themâu:** Mudiad Iesu'n tyfu'n gyflym; sut mae dysgeidiaeth Iesu – yn nhermau gwleidyddiaeth, cymdeithas a'r deyrnas – yn gweithio mewn amgylchiadau crefyddol a phaganaidd

## Teitl ac Arddull

Credir mai teitl llawn llyfr yr Actau oedd 'Actau'r Apostolion', er iddo gael nifer o deitlau eraill yn y gorffennol, gan gynnwys 'Actau Iesu' a hyd yn oed 'Actau'r Ysbryd Glân'. Stori hanesyddol ydy'r llyfr, yn adrodd yr hanes am ledaenu neges Iesu i'r byd.

Fel gyda llyfr Luc, ysgrifennwyd yr Actau ar gyfer un person penodol, sef Theoffilus (Actau 1) – enw sy'n golygu 'un sy'n caru Duw'. Mae rhai wedi dehongli hyn i olygu bod y llyfr wedi'i ysgrifennu ar gyfer pawb sy'n caru Duw, ond mae hynny'n annhebygol. Mae Luc yn cyfeirio at 'yr ardderchocaf Theoffilus', gan awgrymu ei fod yn swyddog Rhufeinig, neu'n berson cyfoethog, uchel ei statws. Seiliwyd y llyfr ar ymchwil fanwl, er mwyn tanseilio adroddiadau di-sail ynghylch Iesu trwy esbonio beth oedd wedi digwydd a phwy oedd yno ar y pryd, a thrwy gyflwyno adroddiadau tystion.

## Lleoliad

Mae lleoliad llyfr yr Actau yn rhychwantu ardal eang yn ddaearyddol, o Jerwsalem – y ganolfan grefyddol – i Rufain, y ganolfan wleidyddol. Dywedir yn Actau 1:8 fod y neges wedi cyrraedd Jerwsalem, Jwdea a Samaria, 'a hyd eithaf y ddaear'.

Roedd y dilynwyr cynnar yn amlwg iawn yn weledol, gan eu bod yn addoli bob dydd yng nghyrtiau'r Deml (Actau 2). Lleolid y cyrtiau hyn y tu mewn i furiau allanol y Deml – yr union fan, mae'n debyg, lle roedd Iesu wedi taflu allan y masnachwyr a'r cyfnewidwyr arian (Ioan 2:13–16). Gyda dilynwyr Iesu'n addoli ar bwys y rhai oedd yn offrymu aberthau y tu mewn i adeilad y Deml ei hun, roedd Cristnogaeth yn llythrennol ar stepen drws y ffydd Iddewig – ac roedd hynny'n dechrau creu problemau.

## Cefndir

Dylid darllen wyth pennod gyntaf llyfr yr Actau yng nghyd-destun

Atgynhyrchiad o Golonâd Solomon, lle byddai'r eglwys fore yn cwrdd.

eglwys fore oedd yn ymbalfalu yn y tywyllwch, heb unrhyw gyfarwyddiadau i'w helpu. Doedd dim byd wedi'i drefnu; doedd yna ddim cyrsiau efengylu y gellid eu dilyn, na dim strategaethau ar gyfer y disgyblion. Y cyfan oedd gan y disgyblion oedd yr hyn roedd Iesu wedi'i ddweud wrthyn nhw, a datguddiad yr Ysbryd Glân. Ddylen ni ddim gadael i'n syniadau am yr eglwys yn yr unfed ganrif ar hugain liwio'n barn ynghylch ymddygiad y dilynwyr cynnar. Roedd y gymuned yn efelychu esiampl Iesu, gyda phawb yn cyfrannu arian i un gronfa gyffredinol, yn bwyta gyda'i gilydd ac yn mwynhau cwmni'i gilydd. Nid mynegiant newydd o fywyd Iddewig oedd hyn, ond dull o gyflawni'r holl broffwydoliaethau ynghylch y meseia.

Yn 137 oc, ysgrifennodd Aristides, hanesydd Groegaidd-Rhufeinig, at yr ymherodr ynghylch ymddygiad yr eglwys fore, gan ddweud:

*"O ymherodr, y Cristnogion yw'r rhai sydd wedi chwilio am y gwirionedd a dod o hyd iddo, oherwydd y maent yn cydnabod Duw. Nid ydynt yn cadw eu heiddo iddynt eu hunain. Nid ydynt yn chwenychu'r hyn sy'n eiddo i eraill, ond yn hytrach yn dangos cariad at eu cymdogion. Nid ydynt yn gwneud i eraill yr hyn na hoffent i eraill ei wneud iddynt hwy. Siaradant yn addfwyn â'r rhai sy'n eu gorthrymu, a thrwy hynny daw eu gelynion yn gyfeillion. Maent yn awyddus i wneud daioni i'w gelynion. Maent yn ymwybodol eu bod yn ddibwys. Mae pob un ohonynt sy'n berchen ar eiddo yn gwbl fodlon ei roi i rywun sydd heb ddim. Ac os bydd unrhyw un yn dod ar draws dieithryn digartref, bydd yn mynd ag ef i'w gartref ei hun. Os bydd unrhyw un yn dioddef tlodi, a'r Cristnogion heb ddim i'w rannu, yna byddant yn ymprydio am ddeuddydd neu dri hyd nes y bydd pawb yn gallu bwyta. Trwy wneud hyn llwyddant i ddarparu ar gyfer y tlodion. Dyma, O ymherodr, sut mae'r Cristnogion yn byw."*

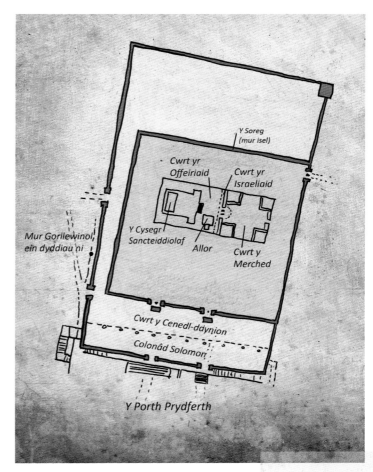

Map o Deml Herod – byddai'r eglwys fore'n cwrdd yng nghyrtiau'r Deml.

## Y Manylion

• Athro rabinaidd Paul oedd Gamaliel (Actau 22:3) – Pharisead amlwg oedd yn enwog am ei ymrwymiad i'r hen ffydd Iddewig a'i awydd i gynnal traddodiadau'r ffydd – a dysgodd Paul i lynu'n gaeth at reolau'r ffydd. Trosglwyddodd Gamaliel y ddysgeidiaeth hon i'w ŵyr, Rabi Hilel, a oedd yr un mor angerddol dros gynnal y traddodiadau Iddewig. Cynrychiolai Hilel un o ddwy brif ffrwd y gyfraith Iddewig, gyda Rabi Shammai yn cymryd agwedd llai haearnaidd. Mae ysgolheigion yn credu bod Iesu'n cefnogi dilynwyr Shammai, oedd yn golygu bod Paul wedi gorfod newid ei

Y Porth Prydferth,
lle iachawyd y dyn
cloff gan Pedr ac
Ioan (Actau 3).

Porth Damascus –
byddai Saul wedi
gadael trwy'r porth
hwn ar ei ffordd i
erlid y Cristnogion yn
Namascus, ond ar
y ffordd yno cafodd
dröedigaeth.

ddiwinyddiaeth yn llwyr pan ymunodd â
dilynwyr Iesu.

- Yn Actau 2:2, y gair Groeg am 'tŷ' ydy
*oikon*, y gellid hefyd ei gyfieithu fel 'teml'
neu 'noddfa'. Mae'n bur debyg nad mewn
goruwchystafell mewn tŷ yr ymddangosodd
yr Ysbryd Glân i'r disgyblion, ond yn
hytrach yn y Deml, lle roedden nhw'n
addoli. Wrth ddehongli'r hanes fel hyn,
mae'n haws deall pam fod Pedr wedi sefyll
ar ei draed i annerch y dorf, gan sefydlu ei
eglwys gyntaf (Actau 2:14).

- Mae'r hanes am Ananias a Saffeira'n
cwympo'n farw am gadw'n ôl beth o'r
arian gawson nhw am werthu eu heiddo'n
swnio'n ddieithr iawn i ni heddiw, ac
yn debycach i Dduw digofus yr Hen
Destament (Actau 5). Digwyddodd
rhywbeth tebyg yn Josua 7, pan labyddiwyd
Achan i farwolaeth am gymryd yr hyn oedd
wedi'i gysegru i'r Arglwydd. Mae gwraidd y
ddwy stori yma i'w weld yn Lefiticus 27:22–
28, lle dywedir '*ni ellir gwerthu na rhyddhau*

*unrhyw eiddo . . . os yw wedi'i gyflwyno'n
ddiofryd i'r Arglwydd*'. Lladdwyd Ananias
a Saffeira gan Dduw fel rhybudd na ellid
fyth ailadrodd y camgymeriad a wnaed yn
nyddiau Josua, ac nad oedd yn dderbyniol
yn y mudiad a elwid yn eglwys.

- Yn Actau 8:27, sonnir am yr eunuchiaid,
sef dynion a sbaddwyd pan oedden nhw'n
ifanc i'w rhyddhau o chwantau'r cnawd a'u
galluogi i gysegru eu hunain yn llwyr i'w
gwaith heb hel meddyliau am ddim byd
arall! Yn aml iawn, byddai brenhinoedd a
chadfridog milwrol yn defnyddio eunuchiaid
fel gweision am eu bod yn cael eu hystyried
yn fwy diogel a dibynadwy. Credai'r
Iddewon fod eunuchiaid yn aflan, a doedd
dim croeso iddyn nhw yn y ffydd Iddewig
(Deuteronomium 23:1). Ond yn awr, yng
Nghrist, roedd croeso cynnes i bawb!

### Llyfrau eraill i'w darllen

Wrth astudio llyfr yr Actau, mae'n ddiddorol ymchwilio i'r lleoliadau. Gellir gwneud hyn yn rhwydd
trwy ddefnyddio unrhyw eiriadur neu wyddoniadur beiblaidd.

*The Lion Illustrated Encyclopaedia of the Bible*, gan John Drane (gol.)
*Daily Life at the Time of Jesus*, gan Miriam Feinberg Vamosh

# Twf mudiad Jesu, rhan 2

**Awdur:** Luc y ffisigwr (2 Timotheus 4:11))

**Dyddiad ei ysgrifennu:** Credir mai tua 60 oc, gan na chrybwyllir marwolaeth Paul

**Math o lyfr:** Hanes

**Prif gymeriadau:** Paul, Barnabas, Timotheus a Silas

**Prif themâu:** Paul yn mynd â'r neges at y Groegiaid a'r Rhufeiniaid

## Lleoliad

Ar ôl Actau 9, nid Jerwsalem ydy canolbwynt y llyfr; bellach, lledaenwyd y neges y tu hwnt i ganolfan y grefydd Iddewig at genhedloedd eraill. Sonnir am nifer o leoliadau diddorol ar hyd y daith:

### Tarsus

Roedd modd cyrraedd Tarsus – oedd tua deng milltir o lannau'r Môr Canoldir, mewn ardal sydd bellach yn rhan o Dwrci – yn rhwydd mewn cwch o Jerwsalem, ond roedd y daith dros y tir yn llawer mwy anodd. Dinas eithaf pwysig o ran masnach a busnes oedd Tarsus, a man hwylus i deithio ohoni i lefydd eraill. Roedd hi hefyd yn ddinas prifysgol, ac yn enwog am ei haddysg ddiwylliannol a chrefyddol. Yma y ganed Paul, gŵr dysgedig y credir ei fod yn hanu o deulu Iddewig dylanwadol. Roedd yn rhugl mewn Groeg ac yn arbenigwr ar lunio llythyrau – dwy grefft a ddysgodd yn Nharsus, mae'n bur debyg.

### Antiochia yn Syria

Antiochia oedd un o ddinasoedd mwyaf yr ymerodraeth Rufeinig, ac erbyn i Paul gyrraedd yno yng nghwmni Barnabas hi oedd prifddinas talaith Syria. Fel Tarsus, roedd hi'n enwog am ei diwylliant, ei dysg a'i hathroniaeth. Yn wreiddiol, Antiochia oedd prifddinas rhan ddwyreiniol yr ymerodraeth – yn hytrach nag Alexandria yn yr Aifft – ond roedd y Rhufeiniaid bellach yn casáu'r

'Antiochiaid cymysgryw' oedd wedi priodi i mewn i ddiwylliannau eraill gan fabwysiadu crefyddau ac athroniaethau gwahanol. Er nad oedd yr ymerodraeth yn ffafrio'r ddinas hon, dyma lle galwyd Paul, ynghyd â Barnabas, i fod yn weinidog cynorthwyol ar yr eglwys. Roedd modd achub yr Antiochiaid cymysglyd hyn – ac roedd yr efengyl ar eu cyfer hwythau hefyd.

### Antiochia Pisidia

Dyma leoliad un o drefedigaethau milwrol Cesar, a chartref i ran helaeth o'i fyddin. Fe'i cynlluniwyd fel rhyw fersiwn llai o Rufain, ac yma y gwnaed y penderfyniadau gwleidyddol oedd yn effeithio ar yr ardal. Roedd cymuned fawr o Iddewon yn y ddinas, a'r rheiny'n enwog am eu hymrwymiad i Jerwsalem.

Ynys Sant Paul, lle dywedir i Paul ddioddef llongddrylliad ar ei daith i Rufain.

### Lystra

Roedd bron pob un o'r hen ddiwylliannau'n cynnwys hanesion am ddieithriaid yn chwilio am letygarwch, a chanlyniad eu cais. Mae cerdd Roegaidd yn adrodd chwedl am dau dduw, Zeus a Hermes, yn ymweld â Lystra wedi'u gwisgo fel gwerinwyr cyffredin. Gwrthododd y trigolion eu cais am fwyd a llety, ond cawsant groeso cynnes yng nghartref syml Baucis a Philemon. Yn y diwedd, dinistriwyd y dref gan Zeus a Hermes, ond gadawyd y cwpwl croesawgar yn fyw ar lethr mynydd. Trowyd eu cartref yn deml, gyda'r cwpwl yn gofalu amdani. Pan fu farw'r ddau, dywedir eu bod wedi eu troi'n ddwy goeden – derwen a phisgwydden.

Pan gyrhaeddodd Paul a Barnabas Lystra, doedd dim rhyfedd fod y trigolion – oedd yn gwybod am eu gwyrthiau – yn awyddus i'w addoli nhw fel Zeus a Hermes (Actau 14:12). Defnyddiodd Paul yr hanes am y duwiau Groegaidd i gyfleu ei stori newydd am Iesu – sef Duw yn y cnawd yn dod nid i ddinistrio ond i achub.

Saif y bwâu hyn – olion traphont ddŵr – yn Antiochia Pisidia.

### Cefndir

Ar ôl Actau 9, mae'r llyfr yn canolbwyntio ar Paul a'i deithiau cenhadol, a dylid darllen y deunydd ochr yn ochr â'r llythyrau a ysgrifennodd Paul yn ddiweddarach at yr eglwysi newydd. Sylweddolai Paul fod gwahoddiad i bawb fod yn rhan o fudiad newydd Iesu, ond câi'r Iddewon drafferth i ddeall pam roedd Duw'n fodlon croesawu pobl aflan ac annheilwng fel rhan o'i gymuned. Er i Paul geisio disgrifio sut roedd Iesu wedi newid popeth, ac esbonio bod croeso i bawb yn nhŷ Duw (Actau 22:1–21), roedd yr Iddewon yn ei weld fel un oedd yn annog casineb yn eu herbyn – a chynllwyniwyd i'w ladd (Actau 23:12).

Ym mhenodau diweddarach yr Actau, daw'n amlwg fod bywyd Paul yn tynnu tua'r terfyn, ond mae'n mynnu dal ati i bregethu. Er bod yr ymerodraeth bellach yn llofruddio pobl ar raddfa eang, yn y gobaith o ddileu Cristnogaeth, yr unig effaith a gaiff hynny ydy annog y grefydd i symud yn ei blaen.

### Y Manylion

- Yn Rhufain bryd hynny credid fod trwyn cam yn arwydd o arweinydd da. Daw'r disgrifiad mwyaf manwl o Paul o lyfr sy'n dyfynnu traddodiad llafar gan ddweud ei fod yn '*ddyn bychan o gorff, â phen moel a choesau cam, corff da, aeliau trwchus, a thrwyn braidd yn gam; roedd golwg raslon arno: weithiau edrychai fel dyn, a thro arall roedd ganddo wyneb angel*'.

- Sonnir am ddau Herod yn y Testament Newydd: Herod Fawr, brenin Jwdea a benodwyd gan Rufain adeg geni Iesu ac a roddodd y gorchymyn i ladd y babanod; a'i fab, Herod Antipas, fu'n llywodraethu dros Galilea ar ôl marwolaeth ei dad ac yn ystod gweinidogaeth Iesu. Dywed yr Actau fod Herod Antipas wedi marw trwy gael ei fwyta gan bryfed genwair, a chredir fod ei dad, Herod Fawr, wedi marw o glefyd yr arennau a madredd.

- Mae'r cymal *'Ysgydwasant hwythau'r llwch oddi ar eu traed'* (Actau 13:51) yn ffordd o ddisgrifio methiant i ddangos parch at berson.

- Mae hanes Paul yn enwaedu Timotheus (Actau 16) yn ymddangos yn od ar y dechrau, gan nad oedd yr arfer hwn bellach yn orfodol. Ond oherwydd mai Groegwr oedd tad Timotheus doedd e ddim wedi cael ei enwaedu, a gwyddai Paul y byddai angen iddo ennyn parch yr Iddewon cyn gallu siarad â nhw am Iesu. Roedd yr enwaediad, felly, yn ffordd o ddangos bod Timotheus yn gyfreithlon.

- Yn Actau 23:3, mae Paul yn cyffelybu'r Sanhedrin i *'bared gwyngalchog'*, sef mur a beintiwyd i guddio'r craciau a'r tolciau. Roedd Iesu wedi gwneud rhywbeth tebyg yn Mathew 23, gan alw'r Phariseaid yn *'feddau wedi eu gwyngalchu'*, oedd yn derm cyffredin am bobl ragrithiol.

- Mae llyfr yr Actau'n diweddu'n swta iawn heb unrhyw sôn am sut na phryd y bu Paul farw. Credir ei fod, erbyn diwedd yr Actau, wedi'i ryddhau o garchar ac wedi treulio amser yn pregethu yng Nghreta. Ysgrifennodd ei lythyr olaf o Rufain, at Timotheus, cyn cael ei garcharu eto yn 67 OC ac yna ei ddienyddio'n greulon. Ysgrifennodd Clement, y pedwerydd Pab:

  *'Oherwydd cenfigen a chynnen, dangosodd Paul trwy esiampl beth yw dygnwch amyneddgar. Ar ôl iddo fod mewn cyffion seithgwaith, cael ei labyddio, a phregethu yn y Dwyrain a'r Gorllewin, enillodd y clod bonheddig oedd yn wobr am ei ffydd, wedi iddo ddysgu cyfiawnder i'r holl fyd, a chyrraedd cyrion eithaf y Gorllewin; a phan oedd wedi dwyn ei dystiolaeth o flaen y llywodraethwyr, yna ymadawodd â'r byd hwn a mynd i'r lle sanctaidd.'*

Yr Areopagus yn Athen, lle siaradodd Paul â'r Groegiaid am eu hallor 'I Dduw nid adwaenir' (Actau 17:23).

### Llyfrau eraill i'w darllen

*The Lion Illustrated Encyclopaedia of the Bible*, gan John Drane (gol.)
*Daily Life at the Time of Jesus*, gan Miriam Feinberg Vamosh

# Awdurdod pwy?

**Awdur:** Paul
**Dyddiad ei ysgrifennu:** 57 oc
**Math o lyfr:** Llythyr
**Prif gymeriadau:** Abraham, Adda a'r Crist
**Prif themâu:** Neges yr efengyl, gyda phwyslais ar athrawiaeth, pechod, iachawdwriaeth, ffydd a gras

Darnau o arian yn dangos yr Ymherodr Nero.

Rhufain oedd calon ymerodraeth anferth Rhufain.

## Teitl ac Arddull

Teitl llawn y llyfr ydy 'Y llythyr at y Rhufeiniaid', sef llythyr at yr eglwys yn Rhufain. Roedd yn rhaid i Paul saernïo'i neges yn ofalus yng nghyd-destun y cynnydd a welwyd mewn annoddefgarwch crefyddol a balchder Rhufain yn ei gallu ei hun. Mae Paul yn treulio llawer o'i amser yn annog y bobl i setlo i lawr a bod yn ddinasyddion Rhufeinig da.

## Lleoliad

Yn 60 oc, Rhufain oedd calon yr ymerodraeth Rufeinig, grym milwrol mwyaf y byd, a chartref y Cesariaid. Fel prifddinas ymerodraeth mor amrywiol roedd hi'n gyfoethog a chosmopolitaidd, gyda sawl ffydd yn rhan o'i chefnlen grefyddol. Roedd Rhufain yn enwog am nifer ac ansawdd ei hadeiladau gwych – ac i lafur caethweision o bob rhan o'r byd roedd y diolch am hynny. Roedd y ddinas hefyd yn gartref i tua 45,000 o Iddewon oedd wedi symud yno, gan greu rhwydwaith gref ar gyfer y ffydd.

Nero oedd y Cesar pan oedd Paul yn llunio'i lythyr – dihiryn oedd e, a ddaeth i rym yn 16 oed. Roedd yn enwog am ei falchder trahaus, a'i benderfyniad di-ildio y byddai'r ymerodraeth Rufeinig yn ehangu ymhellach, ac yn ystod ei deyrnasiad fe ddatblygodd yr ymerodraeth yn fwy a mwy anghyfiawn a thrahaus.

Roedd Nero'n enwog am ei hunan-bwysigrwydd, ac yn ôl y stori dim ond chwarae ei grwth a wnaeth wrth i Rufain losgi'n ulw yn y Tân Mawr ar 18 Gorffennaf 64 oc. Credai trigolion Rhufain mai ef oedd ar fai am y drychineb; chwiliodd yntau am eraill i fod yn fwch dihangol, a phwyntio bys at y Cristnogion. Bu'n erlid y Cristnogion ers tro, ond o hyn ymlaen tyfodd yr erledigaeth yn ddwysach o lawer. Câi'r Cristnogion eu hamau o fod yn annheyrngar i Rufain a'r ymerodraeth, ac o ganlyniad cyhuddwyd nhw o lu o droseddau.

Yn ystod y ganrif gyntaf oc roedd crefydd yn Rhufain yn cynnwys defodau niferus i addoli gwahanol gredoau cwlt, a'r ddinas yn ymfalchïo yn ei goddefgarwch crefyddol. Roedd honiad y Cristnogion, felly, mai eu crefydd nhw oedd 'yr unig wirionedd' yn eu gwneud yn amhoblogaidd. Erbyn tua 57 oc roedd y ddinas yn ferw gwyllt o wahanol

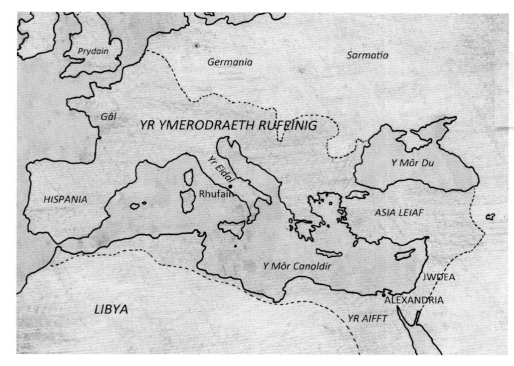

Labels on map:
Prydain · Germania · Sarmatia · Gâl · YR YMERODRAETH RUFEINIG · Yr Eidal · Y Môr Du · HISPANIA · Rhufain · ASIA LEIAF · Y Môr Canoldir · JWDEA · ALEXANDRIA · LIBYA · YR AIFFT

Map yn dangos yr ymerodraeth Rufeinig yn y ganrif gyntaf OC.

gredoau, gyda nifer o dduwiau Rhufeinig a Groegaidd wedi uno â'i gilydd, a phobl eraill yn dilyn arferion eu hynafiaid neu'n addoli'r Cesariaid fel duwiau.

## Cefndir

Yn Rhufeiniaid 13:1–7 mae Paul yn ymateb i erledigaeth y Cristnogion trwy eu hannog i ufuddhau i'r awdurdodau. Bu rhai Cristnogion diflewyn-ar-dafod yn gwneud bywyd Cristnogion eraill yn anodd, gan roi enw drwg i'r grefydd. Ar y pryd ystyrid Cristnogion yn faw isa'r domen, ac roedden nhw'n prysur gael enw drwg am godi twrw.

Roedd Paul yn galw ar Gristnogion i weithio'n galed i ennill parch yr awdurdodau. Roedd derbyn gorchymyn i barchu rhywun fel Nero'n anodd iawn iddyn nhw ei stumogi, ond roedd yn rhaid ufuddhau er mwyn i'r efengyl gael mwy o barch yn yr ymerodraeth. Mae geiriau Paul yn Rhufeiniaid 13:2, '*y mae'r sawl sy'n gwrthsefyll y fath awdurdod yn gwrthwynebu sefydliad sydd o Dduw*' yn dweud nad Cesar oedd Duw, a bod gan Dduw bŵer dros bopeth.

## Y Manylion

- Wyddon ni ddim yn union sut y daeth Cristnogaeth i Rufain, ond gwyddom fod Paul wedi ysgrifennu ei lythyr i baratoi'r ffordd ar gyfer ei daith. Un awgrym ydy bod Cristnogaeth wedi cyrraedd Rhufain yn fuan ar ôl atgyfodiad Crist, a hynny trwy'r dinasyddion Rhufeinig yn y dorf oedd yn gwrando ar Pedr yn siarad (Actau 2:10). Fe wyddom i sicrwydd fod Cristnogaeth wedi cyrraedd Rhufain mewn llai na dwy flynedd wedi marwolaeth Iesu, ac mae llythyr Paul yn cywiro rhai o'u hathrawiaethau hereticaidd.

- Ysgrifennodd Tertius y llythyr ar ran Paul (Rhufeiniaid 16:22), sy'n awgrymu bod golwg Paul yn pallu.

Defnyddid symbol yr ichthus, wedi'i lunio o lythrennau Groeg, gan y Cristnogion cynnar pan oedden nhw dan erledigaeth.

• Mae Paul yn dyfynnu'n helaeth o'r Beibl Hebraeg, gan ei fod yn awyddus i wreiddio'r dehongliad newydd hwn o'r ffydd Iddewig yn yr ysgrythurau. Er enghraifft, yn Rhufeiniaid 3:10–18, mae'n dyfynnu darnau helaeth o'r Salmau.

• Mae Paul yn awyddus i bwysleisio mai ffydd yn Iesu sy'n ein hachub, ac nad ydy iachawdwriaeth yn deillio o'r pethau rydyn ni'n eu gwneud (Rhufeiniaid 1:16–17). Roedd y syniad hwn yn ddieithr i'r Iddewon, oedd yn dal i gredu mai cyflawni gofynion y gyfraith oedd y peth pwysicaf.

• Mae Paul yn gwneud defnydd o'r iaith Roeg a siaredid bryd hynny gan drigolion Rhufain. Gwelir enghraifft yn Rhufeiniaid 6:23 lle dywedir, '*Y mae pechod yn talu cyflog, sef marwolaeth; ond rhoi yn rhad y*

*mae Duw, rhoi bywyd tragwyddol …'* Y gair mae Paul yn ei ddefnyddio am 'cyflog' ydy *opsonion*, y gellid hefyd ei ddehongli fel 'rhent', neu 'arian byw'. Y gair am farwolaeth ydy *thanatos*, sydd ag ystyr llawer ehangach na marwolaeth yn unig; roedd yn cynnwys marwolaeth barhaol y corff, yr ysbryd a'r enaid. Defnyddiai'r Groegiaid y gair wrth sôn am wahanol raddau o farwolaeth: byddai aelod o'r teulu mewn rhai crefyddau Groegaidd yn marw'n gorfforol, ond byddai'r enaid yn rhydd i fynd i mewn i gorff arall. Mae Paul yn dweud mai pris pechod ydy marwolaeth barhaol popeth sy'n rhan ohonoch chi. Y rhodd mae Paul yn sôn amdani ydy *charisma*, sef rhodd rad ac am ddim, ond un a gostiodd yn ddrud i'r person, gan awgrymu llwgrwobr.

• I grynhoi, pris pechod ydy marwolaeth lwyr, ond y rhodd a gostiodd bopeth i Dduw – yr un y mae bellach yn ei ddefnyddio fel llwgrwobr i ennill ein teyrngarwch – ydy bywyd tragwyddol.

## Llyfrau eraill i'w darllen

*Romans (New International Bible Commentary)*, gan James R. Edwards
*The Complete Chronicle of the Emperors of Rome*, gan Roger Michael Kean ac Oliver Frey
*Interlinear Greek–English New Testament*

# Dinas rhyw

**Awdur:** Paul
**Dyddiad ei ysgrifennu:** 54 oc
**Math o lyfr:** Llythyr
**Prif gymeriadau:** Eglwys Cornith, yr apostolion ac Israel
**Prif themâu:** Mae ein ffydd, yn y bôn, yn ymwneud â chariad

## Teitl ac Arddull

Yn ein Beiblau ni heddiw, teitl y llyfr hwn ydy 'Llythyr cyntaf Paul at y Cornithiaid' ond, mewn gwirionedd, hwn oedd yr ail lythyr o bedwar a ysgrifennodd Paul atynt. Does dim copi o'r llythyr cyntaf wedi goroesi, ond gwyddom i sicrwydd ei fod wedi bodoli, a'i fod yn cynnwys gwybodaeth am anfoesoldeb. Fodd bynnag, mae'n amlwg fod angen llythyr arall, ac ysgrifennodd Paul eto. Mae'r arddull yn nodweddiadol o'i waith, yn cynnwys Groeg fodern, gydag elfennau o Roeg bob dydd, a dyfyniadau helaeth o Ysgrythurau'r Hebreaid.

## Lleoliad

Roedd Corinth yn borthladd diddorol a phoblogaidd, yn denu ymwelwyr o ardal eang, a byddai'r trigolion yn ei chymharu ag Athen, canolfan ddysg oedd o fewn taith hanner diwrnod. Dinas fawr gyfoethog oedd Corinth, a'i thrigolion yn mwynhau bywyd cysurus a moethus. Roedd digon o adloniant i'w gael yn chwaraeon; yr Isthmws, a gynhelid yn nheml Poseidon, lle câi pobl eu hannog i fwynhau pleserau bywyd. Canolbwynt bywyd crefyddol y ddinas oedd teml enwog Affroditi, duwies cariad; yno, roedd 1,000 o buteiniaid, addoliad rhywiol a phartïon gwyllt yn rhan o'r rhyddid rhywiol oedd yn gwneud y ddinas yn enwog. Roedd y puteiniaid mewn lle amlwg, a'u bryd ar ddenu pawb oedd yn mynd heibio i syllu ar eu cyrff a boddhau eu chwantau rhywiol. Ar un diwrnod penodol o'r flwyddyn cynhelid gŵyl i Affroditi, pryd y câi pobl ac offeiriaid y dduwies fynd i'r meysydd i 'addoli' fel ffordd o ffrwythloni'r tir. Roedd bywyd yng Nghorinth yn ymwneud â chyfoeth, addysg, hamdden, chwaraeon, adloniant drwy'r dydd bob dydd, amrywiaeth crefyddol, gwerthoedd gwahanol, penrhyddid rhywiol, boddhad personol a phartïon diddiwedd – i'r fath raddau fel bod 'byw fel Corinthiad' yn golygu bywyd meddw, cwbl anfoesol.

Roedd y Corinth yr ysgrifennai Paul ati yn un gybolfa hedonistaidd, ac yn debyg mewn sawl ffordd i'n cymdeithas ni heddiw – gyda'r eglwys yn ceisio gwneud ei gwaith hyd eithaf ei gallu yng nghanol y llanast.

## Cefndir

Roedd llawer o'r rhai oedd wedi cael tröedigaeth yn dod o gefndir paganaidd,

Adfeilion un o'r temlau yng Nghorinth.

Roedd drychau Rhufeinig, fel hwn, yn aml yn ystumio adlewyrchiad pobl. Mae Paul yn defnyddio'r drych yn drosiadol yn 1 Corinthiaid 13:12.

ac yn sgil eu cefndir teuluol a chymdeithasol cymhleth roedden nhw'n cael trafferth i fyw'r bywyd duwiol roedd Paul yn ei gynnig. Yn ystod ei arhosiad yn Effesus y clywodd Paul gyntaf am y problemau yn y gymuned yng Nghorinth, a'r llythyr hwn oedd ei ymateb. Doedd dim byd yn newydd yn y problemau hyn – roedd yn fater o gredinwyr yn ceisio byw o fewn y byd fel ag yr oedd. Mae Paul yn ysgrifennu bod yna anfoesoldeb rhywiol ymysg y credinwyr na fyddai hyd yn oed y paganiaid (nac addolwyr Affroditi) yn cymryd rhan ynddo (1 Cornithiaid 5:1). Mae'n galw ar y Cristnogion i ymwrthod â ffordd Corinth o fyw, sef anfoesoldeb rhywiol, trachwant, eilunaddoli, athrod, meddw-dod a thwyllo. Roedd llawer o bobl yr eglwys bryd hynny'n dilyn arferion y diwylliant o'u cwmpas, gan hawlio eu bod yn addoli Iesu ond yn 'byw fel Corinthiad' yn y byd.

Yn y chwe phennod gyntaf mae Paul yn trafod materion yn ymwneud â diffyg undod ac anfoesoldeb, ac achosion cyfreithiol. Problem yr eglwys oedd ei bod yn canolbwyntio gormod ar y 'gyfraith' yn hytrach na cheisio byw yn ôl gras Duw. Roedden nhw'n dadlau am arian, ac yn mynd â'u hanghydfod at ymerodraeth Rhufain a'r rhai a lywodraethai yng Nghorinth. Mae Paul yn pwysleisio mai dynion annuwiol oedd y barnwyr, ac na ddylid eu defnyddio, gan na chaiff y rhai sy'n byw yn ôl y gyfraith 'etifeddu teyrnas Dduw' (1 Corinthiaid 6:10). Mae penodau diweddarach yn canolbwyntio ar faterion megis priodas, bwyd a aberthwyd i dduwiau eraill, addoli, rhoddion yr Ysbryd, diwinyddiaeth yr atgyfodiad, a chyfrannu arian.

## Y Manylion

- Arhosodd Paul yng Nghorinth am flwyddyn, gan ddysgu a disgyblu'r credinwyr newydd o'i ymweliad cyntaf (Actau 18). Does dim sôn am ei ail daith, fodd bynnag, er ei fod yn amlwg wedi gwneud un – a'i bod yn daith boenus, sy'n awgrymu nad oedd yn hapus o gwbl gyda'r hyn a welodd yn digwydd yn yr eglwys yng Nghorinth (2 Corinthiaid 2:1).

- Mae Paul yn defnyddio drych fel delwedd i gyfleu nad oedd ffydd ar y ddaear yn ddim ond adlewyrchiad gwael o'r hyn fydd yn ein wynebu yn nheyrnas Dduw (1 Corinthiaid 13:12). Yn y cyfnod hwnnw, darn o dun wedi'i guro'n fflat a'i sgleinio oedd drych, gan roi adlewyrchiad gwael o'r person oedd yn ei ddefnyddio.

- Roedd eglwys Corinth wedi datblygu arfer o fedyddio pobl ar ran perthnasau marw, neu yn lle perthnasau marw. Er nad ydy'r arwyddocâd yn gwbl glir, mae Paul fel petai'n dweud y byddai'r arfer hwn yn helpu'r rhai oedd yn marw heb glywed yr efengyl i gael eu derbyn i'r ffydd (1 Corinthiaid 15:29). Credir fod rhai duwiau a duwiesau Groegaidd yn cael eu haddoli ar ran perthnasau marw er mwyn i'r duwiau fod yn garedig wrth y meirw yn y byd a ddaw. Efallai fod yr arfer hwn wedi effeithio ar yr eglwys fore yng Nghorinth.

### Llyfrau eraill i'w darllen

*Urban Religion in Roman Corinth*, gan D. Schowalter
*Paul for Everyone: 1 Corinthians*, gan Tom Wright

# Corinth, ail Rufain

**Awdur:** Paul
**Dyddiad ei ysgrifennu:** 56 oc
**Math o lyfr:** Llythyr
**Prif gymeriadau:** Paul
**Prif themâu:** Mae Paul yn ysgrifennu er mwyn profi ei fod yn wir apostol

## Teitl ac Arddull

Yn ei lythyr nesaf at yr eglwys yng Nghorinth, mae Paul yn tynhau ei arddull ac yn dadlau'n llawn angerdd tanllyd dros ei apostoliaeth. Fel yn ei lythyrau eraill, mae'n dyfynnu'n helaeth o'r Ysgrythurau Hebraeg, gan ddefnyddio cyfuniad o iaith glasurol ac iaith bob dydd, er mwyn apelio at y bobl.

## Lleoliad

Cornith oedd canolbwynt daearyddol Achaia, talaith Rufeinig oedd yn cynnwys gwlad Groeg. Roedd ei safle strategol rhwng dau fôr yn allweddol i allforio adnoddau naturiol gwerthfawr, yn cynnwys deunyddiau adeiladu, clai'r crochenydd, pren a chynnyrch amaethyddol. Nid o Gorinth roedd popeth yn dod – deuai rhai nwyddau yno o'r ardal gyfagos i gael eu cludo ar longau i wledydd

Arena Rufeinig, lle cynhelid chwaraeon a gêmau oedd yn rhan mor bwysig o fywyd diwylliannol y Rhufeiniaid.

eraill – ond roedd byd masnach yno yn gwbl lygredig. Roedd y ddinas – a hithau'n ganolfan i deithwyr a masnachwyr amlieithog, amldduwiol a chosmopolitaidd – yn lle perffaith i ddosbarthu nwyddau a rhannu syniadau.

Adeiladwyd Corinth ar seiliau hen ddinas Roegaidd, ond erbyn y cyfnod hwn roedd y ddinas a'i thrigolion yn llwyr dan reolaeth Rhufain. Dinistriwyd hi yn 146 cc, a'i hailadeiladu gan Iŵl Cesar tua 44 cc. Roedd yn ddyletswydd ar bob dinesydd Rhufeinig i droi ble bynnag roedden nhw'n byw ar y pryd yn ail Rufain fach. Yn aml iawn, pobl uchel eu statws yn Rhufain oedd y trigolion hyn, ac wedi dewis symud o'r brifddinas i fyw bywyd tawelach. Roedd Corinth wedi ffynnu dan y Rhufeiniaid, gan ddod yn un o'r dinasoedd cyfoethocaf a mwyaf pwerus yng ngwlad Groeg a'r ymerodraeth Rufeinig. Ar yr un pryd magodd enw iddi'i hun fel dinas anfoesoldeb, gyda'i phartïon diddiwedd a'i hagwedd ffwrdd-â-hi at fywyd. Erbyn dyddiau Paul roedd bywyd trigolion Corinth yn troi o amgylch cael amser da, heb boeni am neb na dim.

Cerfiad yn dangos gorymdaith Rufeinig orfoleddus.

### Cefndir

Mae Paul yn gwneud defnydd cyson o ddelweddau diwylliannol i fynegi gwahanol agweddau o'r ffydd Gristnogol. Er enghraifft, 'Ond i Dduw y bo'r diolch, sydd bob amser yn ein harwain ni yng Nghrist yng ngorymdaith ei fuddugoliaeth ef, ac sydd ym mhob man, trwom ni, yn taenu ar led bersawr yr adnabyddiaeth ohono' (2 Corinthiaid 2:14).

Roedd gorymdeithiau buddugoliaethus yn rhan annatod o ddiwylliant y Rhufeiniaid ac yn cael eu cynnal yn rheolaidd, er enghraifft pan fyddai'r Cesar ar y pryd yn dychwelyd yn fuddugoliaethus o frwydr ac yn ymffrostio yn ei lwyddiant. Roedd y gorymdeithiau hyn yn hynod drawiadol, ac yn llawn o symboliaeth i ddangos gwychder yr ymerodraeth. Byddai'r seremoni'n para am ddiwrnod cyfan, neu am benwythnos, a'r bobl yn mwynhau adloniant carnifalaidd ar raddfa anhygoel. Teithiai'r concwerwr mewn cerbyd rhyfel o aur yn cael ei dynnu gan feirch gwyn, a charcharorion yn cerdded y tu ôl neu'r tu blaen iddo, yn dibynnu ar eu statws. Roedd y Cesar ei hun, a'i goron o ddail llawryf ar ei ben, wedi'i wisgo mewn tiwnig borffor a dail palmwydd wedi'u brodio arni, a thoga porffor wedi'i addurno â sêr. Roedd persawr yr arogldarth yn drwm yn yr aer yn ystod y dathliadau, a phobman yn atseinio i gerddoriaeth wrth i'r bobl ddathlu'r tiroedd newydd a gipiwyd yn y frwydr.

Mae Paul yn defnyddio'r ddelwedd hon i ddweud mai Crist sy'n ein harwain mewn gorymdaith fuddugoliaethus – a hynny bob dydd, nid dim ond yn dilyn brwydr – ac mai persawr arogldarth Crist sy'n lledaenu i bobman.

Ym Mhennod 4, mae Paul yn defnyddio delwedd ddiwylliannol arall. Roedd pobl yn yn aml yn cuddio trysorau neu gyfoeth mewn jariau digon diolwg rhag tynnu sylw at eu cynnwys gwerthfawr. Byddai nifer o jariau ym mhob cartref – i ddal defnyddiau, reis, ffrwythau, dillad ac ati – felly roedd cuddio eitemau gwerthfawr yng ngwaelod y jariau'n ffordd effeithiol o rwystro lladron rhag dod o hyd iddyn nhw. Mae Paul yn defnyddio'r ddelwedd hon i ddarlunio'n breuder ni, ac i ddangos prydferthwch nerth Duw ynom ni.

Delwedd arall ydy'r defnydd o'r gair *paradeisos*, sef 'paradwys' (2 Corinthiad 12:3). Gair Perseg oedd hwn yn wreiddiol, yn cyfeirio at ardd berffaith neu barc prydferth – lleoliad gwyrdd, ffrwythlon yn llawn blodau hyfryd a rhaeadrau. Mae Paul yn defnyddio lleoliad Persiaidd i gyfeirio at y nefoedd, gan y byddai'n ysgogi delweddau ym meddyliau'r darllenwyr, fel yr effaith mae'r ddelwedd o Erddi Crog Babilon yn ei chael arnon ninnau heddiw.

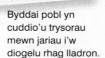

Byddai pobl yn cuddio'u trysorau mewn jariau i'w diogelu rhag lladron.

## Y Manylion

- Roedd yr ail lythyr at y Cornithiaid yn un poenus i Paul ei lunio, wrth iddo ymateb i amheuon ynghylch ei apostoliaeth. Mae'n agor 1 Corinthiad trwy ei ddisgrifio'i hun yn '*apostol Crist Iesu trwy alwad a thrwy ewyllys Duw*' ond yn yr ail lythyr geilw'i hun yn syml yn '*Paul, apostol Crist Iesu*'. Mae'n amlwg fod Paul yn teimlo bod angen iddo ddangos ei awdurdod yn glir drwy gyfrwng y llythyr.

- Yn 2 Corinthiad 11:21–33 mae Paul yn rhoi crynodeb o'r hyn y bu raid iddo ei ddioddef dros efengyl Crist.

- Mae'r cyfeiriad at '*draenen yn fy nghnawd*' (2 Corinthiad 12:7) yn disgrifio salwch rhyfedd fu'n ei blagio trwy gydol ei weinidogaeth, ond does neb yn sicr beth oedd y salwch hwnnw.

- Er mwyn deall llythyrau Paul yn well, byddai'n ddefnyddiol cymharu'r disgrifiadau o ymweliadau Paul â'r lleoliadau yn yr Actau. Pan ymwelodd â Chorinth, gweithiodd fel gwneuthurwr pebyll (Actau 18). Ystyrid y gwaith hwn yn israddol, yn enwedig i ddinesydd Rhufeinig, ond i Paul roedd yn bwysig iawn. Os oedd gan Rufeiniwr syniad neu nwyddau i'w gwerthu, neu am i bobl ei ystyried fel rhywun pwysig, byddai'n chwilio am nawdd gan Rufeiniwr cyfoethog, uchel ei statws. Byddai Paul wedi gallu cael noddwr i'w gefnogi, ond yn lle hynny roedd yn awyddus i ddangos bod ei awdurdod yn dod oddi wrth Dduw, ac felly chwiliodd am ddulliau o ariannu ei weinidogaeth ei hun gyda help gan Dduw.

- Roedd heneiddio a marw'n fater o bryder mawr i aelodau cymdeithas fel un Corinth, oedd yn troi o gwmpas pleserau bywyd. Byddai pobl yn addoli duwiau eraill neu'n yfed dŵr o ffynhonnau lleol, gan gredu y byddai hyn yn eu cadw'n fythol ifanc. Mae Paul yn herio'r pryder hwn trwy ddweud: '*Er ein bod yn allanol yn dadfeilio, yn fewnol fe'n hadnewyddir ddydd ar ôl dydd . . . Dros amser y mae'r pethau a welir, ond y mae'r pethau na welir yn dragwyddol*' (2 Corinthiad 4: 16–18). A dyna i chi bwnc arall o ddiddordeb mawr i'n cymdeithas ni heddiw!

### Llyfrau eraill i'w darllen

*Urban Religion in Roman Corinth*, gan D. Schowalter
*Paul for Everyone: 2 Corinthians*, gan Tom Wright

## GALATIAID

# Ffrwythau ffres

**Awdur:** Paul

**Dyddiad ei ysgrifennu:** 50 oc

**Math o lyfr:** Llythyr efengylaidd

**Prif gymeriadau:** Paul, yr Iddeweiddwyr, ac eglwysi Galatia

**Prif themâu:** Does dim angen enwaedu Cristnogion

## Teitl ac Arddull

Ysgrifennwyd llythyr nesaf Paul at yr eglwys yn Antiochia, Iconium, Lystra a Derbe, a chaiff ei enwi ar ôl Galatia, rhanbarth Rhufeinig yn Nhwrci ein dyddiau ni, lleoliad y mannau hyn. Yn ei arddull nodweddiadol ei hun, mae Paul yn ysgrifennu naratif bywiog, gan ddefnyddio delweddau a chymalau o'r Ysgrythurau Hebraeg.

## Lleoliad

Roedd Galatia mewn lleoliad delfrydol rhwng y mynyddoedd a'r môr, a chanddi'r cyfuniad perffaith o ddŵr poeth, haul a phridd cyfoethog i greu dyffrynnoedd ffrwythlon. Ni ellid cael gwell amodau i dyfu ffrwythau a llysiau ffres. Wrth i'r efengyl gyrraedd y Groegiaid, eglwys Antiochia oedd lleoliad y gymuned gyntaf o Genedl-ddynion Cristnogol

(Actau 11:19). Roedd Antiochia, un o 13 o drefedigaethau milwrol dan lywodraeth Cesar Awgwstus, yn ymddwyn fel rhyw ail Rufain fechan. Adeiladwyd hi i efelychu Rhufain ym mhob ffordd, a hi oedd ail brifddinas Cesar gyda phoblogaeth o tua 23,000.

## Cefndir

Ysgrifennwyd y llythyr at eglwysi Galatia fel ymateb uniongyrchol i ddadl oedd yn corddi ar y pryd (Actau 15:5). Roedd rhai o'r credinwyr – a oedd hefyd yn Phariseaid – o'r farn bod yn rhaid i'r Cenedl-ddynion gael eu henwaedu, ymwrthod â bwyta cig, a chadw'r saboth. Yr Iddeweiddwyr oedd yr enw ar yr Iddewon ffwndamentalaidd hyn o Gristnogion; roedden nhw'n dysgu bod yn rhaid i'r rhai oedd am gael mynediad i'r ffydd ddilyn y rheolau. Roedd Paul a Barnabas yn gynddeiriog pan glywson nhw hyn, ac aeth y ddau at y cyngor yn Jerwsalem i ddadlau eu hachos. Ysgrifennwyd y llythyr hwn at yr eglwysi roedd Paul wedi eu sefydlu ar ei daith gyntaf i Galatia, mewn ymateb i'r ddysgeidiaeth negyddol roeddent wedi ei derbyn gan eraill. Er mai yn Jerwsalem roedd yr Iddeweiddwyr gryfaf, roedden nhw hefyd wedi ceisio tanseilio gwaith Paul yn eglwys Galatia. Roedd Paul mor ddig wrth yr Iddeweiddwyr nes datgan yn Galatiaid 5:12, *'O na bai eich aflonyddwyr yn eu sbaddu eu hunain hefyd!'*

Er mwyn gwerthfawrogi arwyddocâd y ddadl ynghylch enwaediad yn llawn, rhaid i ni ddeall lle'r enwaediad yng Nghyfraith y Torah. Dywedir yn glir fod yn rhaid i ddilynwyr yr Arglwydd *'ufuddhau i'n cyfreithiau ac i gadw fy neddfau'* (Lefiticus 18:4–5), ac nad oedd modd bod mewn perthynas â Duw heb fyw yn llawn yn ôl cod y Gyfraith. Er mwyn i fachgen fod yn 'lân' a pherthyn i bobl sanctaidd Duw, roedd yn rhaid ei enwaedu (Lefiticus 12:3). Heb hynny, doedd dim croeso iddo yn y Deml i addoli gyda'r Iddewon eraill. Roedd

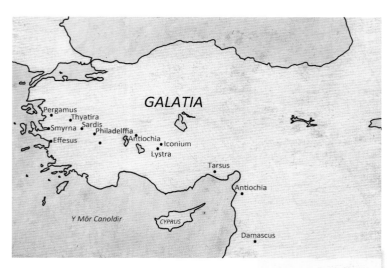

enwaediad yn arwydd o fod yng nghyfamod Duw gydag Abraham, cynrychiolydd sanctaidd y Duw sanctaidd.

Mae ymateb Paul i'r mater yn herio craidd y ffydd Iddewig. Mae'n ysgrifennu, *'Ac eto, fe wyddom na chaiff neb ei gyfiawnhau ond trwy ffydd yn Iesu Grist, nid trwy gadw gofynion cyfraith'* (Galatiaid 2:16). Dyma oedd craidd y ddadl rhwng yr Iddeweiddwyr a Paul. Credai'r apostol Paul fod Iesu'n cyflawni popeth a gyflwynwyd yn y Torah, ond barn yr Iddeweiddwyr oedd mai'n rhannol yn unig roedd Iesu'n cyflawni hynny.

Map yn dangos talaith Rufeinig Galatia.

## Y Manylion

Roedd Galatia'n enwog am dyfu ffrwythau.

- Mae Paul bob amser yn sôn am deithio 'i fyny' i Jerwsalem. I'r Iddewon, Jerwsalem oedd canol y byd, ac wrth ddychwelyd yn ôl i fyny i'r ddinas roeddech yn gwneud taith ysbrydol, fel mewn pererindod. Ble bynnag roedd eich lleoliad mewn perthynas â'r ddinas, byddech bob amser yn sôn am fynd '*i fyny i Jerwsalem*' (Galatiaid 1:18; 2:1).

• Y llythyr at y Galatiaid oedd un o'r llythyrau cyntaf i Paul ei ysgrifennu – os nad y cyntaf un. Mae sawl un wedi ei ddisgrifio fel llythyr 'blin gynddeiriog' Paul, ac ynddo mae'r awdur mor angerddol wrth bregethu'r efengyl fel y gallech bron deimlo'r poer yn saethu oddi ar y tudalennau! Yn Galatiaid 1:6 dywed Paul '*Yr wyf yn synnu*', sef cyfieithiad o'r gair Groeg *thaumazo*, y gellid hefyd ei ddehongli fel 'alla i ddim credu'r fath beth' . Mae Paul wedi cael sioc wrth ddeall bod y bobl hyn wedi '*cefnu mor fuan ar yr hwn a'ch galwodd chwi trwy ras Crist, ac yn troi at efengyl wahanol*' (Galatiaid 1:6).

Cafodd Barnabas ei gamgymryd am Zeus pan ymwelodd â Lystra gyda Paul.

• Yn Galatiaid 5:22 mae Paul yn defnyddio'r cymal 'ffrwyth yr Ysbryd'. Nid ceisio creu diwinyddiaeth newydd ar sail yr Ysbryd Glân roedd Paul, ond unwaith eto roedd yn gwneud defnydd o'r hyn oedd o'i amgylch i gyflwyno neges yr efengyl. Roedd Galatia'n enwog am ei chnydau toreithiog o ffrwythau blasus, felly roedd Paul yn defnyddio rhywbeth oedd yn gyfarwydd iawn i'r darllenydd i ddysgu gwirionedd beiblaidd. Dewisodd ffrwythau oherwydd eu bod yn ffynhonnell naturiol o fywyd. Mae'n bosibl

hefyd ei fod wedi defnyddio'r ddelwedd am i Iesu ddweud, '*Wrth ei ffrwyth y mae'r goeden yn cael ei hadnabod*' (Mathew 12:33).

• Mae Actau 13–16 yn disgrifio teithiau gwreiddiol Paul o gwmpas yr ardal, lle roedd ei daith genhadol cystal bob tamaid ag unrhyw daith seren byd pop ein dyddiau ni! Yn Actau 14 caiff Paul a Barnabas eu haddoli fel Zeus a Hermes, oherwydd y pethau mae pobl Lystra'n eu gweld yn eu cyflawni. Credid fod Zeus a Hermes wedi ymweld â Lystra o'r blaen yn chwilio am lety, ond heb dderbyn croeso gan y trigolion. Oherwydd hynny roedden nhw wedi troi pobl y pentref yn llwch. Y tro hwn, doedd pobl Lystra ddim yn fodlon cymryd unrhyw siawns. Er hynny, anogwyd rhai pobl i labyddio Paul, a phan oedden nhw'n credu ei fod wedi marw llusgwyd ef allan o byrth y ddinas. Ond cododd Paul ar ei draed a mynd yn ôl i mewn.

• Credir fod Paul eisoes yn colli'i olwg pan ysgrifennwyd y llythyr, a dyna pam mae'n dweud ar y diwedd, '*Gwelwch mor fras y mae'r llythrennau hyn yr wyf yn eu hysgrifennu atoch â'm llaw fy hun*' (Galatiaid 6:11). Credir fod Paul yn arddweud ei lythyrau, ac yna'n eu gorffen ei hun trwy ddymuno bendith ar yr eglwys.

## Llyfrau eraill i'w darllen

*Obeying the Truth: Paul's Ethics in Galatians*, gan John M. G. Barclay
*The Complete Chronicle of the Emperors of Rome*, gan Roger Michael Kean ac Oliver Frey
*Paul for Everyone: Galatians and Thessalonians*, gan Tom Wright

# Llythyr at y dduwies

**Awdur:** Paul
**Dyddiad ei ysgrifennu:** 60 oc
**Math o lyfr:** Llythyr/maniffesto at yr eglwys fore
**Prif gymeriadau:** Paul ac eglwys Effesus
**Prif themâu:** Undod, a sut y dylai'r eglwys ymddwyn yng nghanol byd mor ddrylliedig a bregus

## Teitl ac Arddull

Teitl llawn y llyfr hwn ydy 'Llythyr Paul at yr Effesiaid', ac fel gyda llythyrau eraill Paul caiff ei enwi ar ôl y bobl roedd e'n ysgrifennu atyn nhw. Sonnir am Effesus hefyd yn llyfr yr Actau, mae'n un o'r saith eglwys yn Asia Leiaf a gyferchir yn llyfr y Datguddiad, ac mae'n debyg mai yma y lluniwyd efengyl Ioan. Yn 27 cc, datganodd Cesar Awgwstus mai Effesus oedd prifddinas ranbarthol Asia. Ystyr yr enw Effesus ydy 'cyntaf' neu 'un sy'n well nag eraill'. Roedd angen i drigolion Rhufain gadw llygad ar bobl Effesus, gan eu bod yn ymwybodol fod y ddinas yn ail o ran maint i Rufain, gyda phoblogaeth o tua hanner miliwn pan ysgrifennodd Paul ei lythyr.

## Lleoliad

Wedi'i lleoli ar arfordir gorllewinol Twrci, lle roedd llwybrau masnach y tir mawr a'r môr yn cwrdd, roedd Effesus mewn man delfrydol i fod yn ganolfan fasnachol o bwys. Roedd hi'n un o borthladdoedd mwyaf yr ymerodraeth Rufeinig, a chanddi offer 'modern' i lwytho a dadlwytho llongau.

Dinas hardd oedd Effesus, yn cynnwys atyniadau i ddenu'r ymwelwyr oedd yn tyrru yno. Roedd y rhesi o siopau'n gwerthu'r nwyddau gorau o bob rhan o'r byd, ac ym marchnadoedd canol y ddinas roedd amrywiaeth o nwyddau lleol ar werth. Roedd ynddi sawl theatr a stadiwm, baddondai a champfeydd. Roedd Effesus yn lle hwylus i

deithio iddo, ond nid y siopau a'r fasnach yn unig oedd yn denu pobl yno. 'Teml Artemis Fawr' oedd prif atyniad y ddinas; roedd hi'n un o saith rhyfeddod yr Hen Fyd, ac yn ganolfan y grefydd fydeang a seiliwyd ar addoli'r dduwies. Câi Artemis ei hadnabod hefyd fel 'Diana yr Effesiaid', a'r 'Un amlfronnog': hi oedd duwies ffrwythlondeb, a'i phrif nodwedd oedd ei bronnau, oedd yn gorchuddio'i chorff. Roedd pawb yn gyfarwydd ag Artemis, ac roedd ei haddoliad yn cynnwys offrymu aberthau yn y deml, a phuteiniaid y deml mewn sgertiau cwta ac un fron noeth. Âi ffermwyr â'r puteiniaid i'r meysydd, lle roedden nhw'n 'addoli' trwy gael cyfathrach rywiol ar y ddaear i dynnu sylw Artemis yn y gobaith y byddai hi'n ffrwythloni'r tir ar gyfer y cnydau.

Roedd Effesus yn enwog fel man i addoli'r dduwies Artemis.

Roedd teml Artemis yn anferth, ac yn cynnwys banciau, orielau celf, bwytai a baddondai. Yn y pen pellaf safai cerflun 80 troedfedd (24 metr) o uchder o'r famdduwies. Dywedodd Antipater, cyfreithydd a hanesydd Rhufeinig, 'pan welais dŷ Artemis . . . dywedais . . . "ni thywynnodd yr haul ar unrhyw beth mor wych".'

Roedd economi'r ddinas yn troi o amgylch y deml a'i llu o fasnachwyr oedd yn gwerthu pob math o ddelwau o'r dduwies Artemis, wedi'u creu o ddefnyddiau gwahanol.

## Cefndir

Ar ei drydedd daith genhadol, cyflawnodd Paul nifer o wyrthiau yn Effesus (Actau 19). Poenai'r Effesiaid y byddai neges Paul yn effeithio ar fasnach y ddinas, yn enwedig y gwerthwyr delwau, felly cododd y gofaint arian mewn gwrthryfel yn ei erbyn. Roedd neges Paul yn herio ffordd Effesus o fyw; doedd dim modd i'r gofaint arian drosglwyddo'u sgiliau i'r grefydd 'newydd' gan na châi neb wneud delwau o'r Arglwydd.

Dydy Paul – yn ystod ei ymweliadau ag Effesus, nac yn ei lythyr – ddim yn difrïo'r dduwies Artemis, ac mae maer y ddinas yn atgoffa'r bobl nad ydy Paul a'i ddilynwyr *'yn ysbeilwyr temlau nac yn cablu ein duwies ni'* (Actau 19:37). Does gan Paul ddim diddordeb mewn dweud pethau hallt am y duwiau a'r duwiesau mae'r bobl yn eu haddoli, ond yn hytrach mae'n cynnig rhywbeth gwell. Yn ei lythyr at yr Effesiaid dydy Paul ddim yn ymdrin ag unrhyw faterion penodol, ond yn ysbrydoli'r darllenydd â chariad Duw a'i awydd am weld ei bobl yn dod at ei gilydd fel un corff. Yn ddiweddarach, mae Paul yn sôn am *'holl arfogaeth Duw'* (Effesiaid 6:11). Roedd bywyd yn Effesus wedi'i wreiddio'n ddwfn yn niwylliant Rhufain, ac un o amcanion yr ymerodraeth oedd dangos mai hi oedd gwir awdurdod y byd, yn llawn pŵer a nerth. Bob dydd, gwelai trigolion Effesus y swyddogion Rhufeinig yn eu lifrai milwrol yn gorymdeithio o gwmpas y ddinas, ac mae Paul unwaith eto'n defnyddio delwedd ddiwylliannol gyffredin i gynnig dewis arall. Os ydy'r ymerodraeth wedi'i gwisgo mewn arfwisg er mwyn ei hamddiffyn ei hun rhag rhyfel a marwolaeth, yna mae Paul yn defnyddio'r un symbolau i greu arfwisg yn seiliedig nid ar ryfel ond ar gariad

Yr amffitheatr yn Effesus, lle byddai tyrfaoedd wedi mwynhau gwylio gladiatoriaid yn ymladd.

amddiffynnol Duw. Mae'r arfwisg newydd yn ymwneud â bod yn gryf – nid yng Nghesar, ond yn y gwir Dduw.

## Y Manylion

- Mae Paul yn defnyddio iaith yr exodus i esbonio ein bod wedi ein cydadeiladu i fod yn dŷ (tabernacl) lle mae Duw'n byw. (Cymharer Effesiaid 2:22 ag Exodus 34.) Nid er mwyn y Rhufeiniaid y defnyddiodd yr iaith hon, ond i gyfarch yr Iddewon yn Effesus oedd angen deall sut roedd y cysylltiad rhwng Iddewiaeth a Christnogaeth yn gweithio. Mae Ioan yn gwneud rhywbeth tebyg wrth ysgrifennu bod Iesu yn 'preswylio yn ein plith' (Ioan 1:4).

- Roedd pobl yn addoli delwau o Artemis yn eu cartrefi, yn y gobaith y byddai hi'n eu bendithio. Efelychiad neu gopi oedd y ddelw, a'i phwrpas oedd tynnu sylw'r duw neu'r dduwies. Ond gwyddai Paul fod Iesu eisoes yn sylwi arnon ni, ac mai rôl yr addolwr oedd nid tynnu sylw ato'i hun, ond yn hytrach efelychu Iesu ar y ddaear. Yn Effesiaid 5:1 mae Paul yn dweud, 'Byddwch, felly, yn efelychwyr Duw'. Does dim angen i ni brynu delwau, oherwydd fel dilynwyr Crist rydyn ni'n chwarae rhan o rôl y ddelw: ni sy'n tynnu sylw ato ef.

- Cred llawer o haneswyr fod Effesus wedi gwrando ar neges Paul, a chan mlynedd yn ddiweddarach roedd mwyafrif y dinasyddion yn honni eu bod yn addoli

Twnnel yn arwain at yr amffitheatr yn Effesus.

Iesu. Erbyn 200 oc doedd dim sôn am Artemis a'i dilynwyr.

- Ysgrifennodd Paul ei lythyr at yr Effesiaid fel carcharor wedi'i gyfyngu i'w gartref, a rhoddai hyn fwy o amser iddo ysgrifennu ac annog yr eglwys (Actau 4:1). Mae'r llythyr at yr Effesiaid yn debycach i faniffesto na llythyr, gan fod Paul yn defnyddio'i amser i gyflwyno braslun o sut y dylai'r Cristion unigol a'r eglwys ymddwyn. Credir fod y maniffesto hwn wedi'i gyfeirio nid at Effesus yn unig, ond at nifer o eglwysi eraill hefyd.

- Yn Effesus mae un o'r mynwentydd mwyaf ar gyfer gladiatoriaid, felly pan ysgrifennodd Paul at Timotheus – oedd hefyd yn Effesus – mae'n defnyddio delwedd ddiwylliannol arall wrth ei annog: 'Ymdrecha ymdrech lew y ffydd' (1 Timotheus 6:12).

### Llyfrau eraill i'w darllen

*The Early Christians in Ephesus from Paul to Ignatius,* gan Paul Trebilco
*The Universe, the Gods and Mortals: Ancient Greek Myths,* gan Jean-Pierre Vernant

# Byd Rhufeinig

**Awdur:** Paul
**Dyddiad ei ysgrifennu:** 61 oc
**Math o lyfr:** Llythyr
**Prif gymeriadau:** Paul ac eglwys Philipi
**Prif themâu:** Mae Paul yn ysgrifennu i ddiolch, ac i annog yr eglwys i ddal ati gyda'r gwaith

## Teitl ac Arddull

Ac yntau'n ysgrifennu o'r carchar at yr eglwys yn Philipi, mae Paul yn diolch yn fawr i bawb am eu rhoddion a'u cefnogaeth. Mae ei lythyr yn hynod gariadus a chyfeillgar, ond hefyd yn heriol iawn. Fel o'r blaen, mae Paul yn defnyddio iaith y cyfnod, ac yn Philipiaid 2:6 mae'n dyfynnu o emyn a genid gan yr eglwys fore.

## Cefndir

Trefedigaeth Rufeinig oedd Philipi, ac yma y lleolwyd yr eglwys gyntaf yn Ewrop gyfan. Dinas fechan, ond bwysig, oedd Philipi, ychydig filltiroedd o'r arfordir, ym Macedonia. Roedd dinasyddion Philipi hefyd yn ddinasyddion Rhufeinig, ac roedd llawer o'i thrigolion yn ymfalchïo yn hynny. Byddent yn gwisgo fel Rhufeiniaid ac yn siarad Lladin, er

Adfeilion Philipi.

eu bod yn byw 1,200 milltir (1,931 km) o Rufain.

Swyddogion milwrol wedi ymddeol a chael tir yno'n rhodd oedd llawer o'r trigolion, ac roedden nhw'n ymddwyn fel presenoldeb milwrol yn y ddinas. Roedd diwylliant dinasoedd dan reolaeth Rhufain yn wahanol iawn i ddiwylliant cartref Paul yn Jerwsalem. Fel rhan o'r ymerodraeth Rufeinig, roedd gan Philipi nifer o gryfderau: economi lewyrchus, strwythur milwrol cryf a llywodraeth gytbwys.

Roedd Philipi'n ddinas gwerth ymweld â hi, gyda'i baddondai Rhufeinig anferth, trac rasio, llyfrgell, theatr a Seintwar i Dduwiau Eifftaidd. Fel ym mhob canolfan dwristaidd, roedd angen toiledau cyhoeddus, ac roedd y rhain yn sicr yn nodwedd gyffredin mewn nifer o'r trefedigaethau Rhufeinig: mae rhai enghreifftiau i'w gweld yn Philipi hyd heddiw. Roedd y toiledau mewn mannau amlwg ar y strydoedd, a doedd dim modd i neb beidio â'u gweld. Mae Paul yn cyfeirio at y toiledau hyn yn Philipiaid 3:8 trwy ddweud: *'yr wyf yn dal i gyfrif pob peth yn golled, ar bwys rhagoriaeth y profiad o adnabod Crist Iesu fy Arglwydd, yr un y collais bob peth o'i herwydd. Yr wyf yn cyfrif y cwbl yn ysbwriel, er mwyn i mi ennill Crist'.* Y gair rydyn ni'n ei gyfieithu fel 'ysbwriel' ydy *skubalon* – cyfeiriad at garthion dynol yn y toiledau cyhoeddus hynny. Mae popeth yn 'ysbwriel' o'i gymharu â Christ!

Roedd dinasyddiaeth hefyd yn ganolog i drefedigaethau Rhufeinig, ac yn rhywbeth roedden nhw'n falch iawn ohono. Mae Paul yn cyfeirio at hyn yn Philipiaid 3:20: *'Oherwydd yn y nefoedd y mae ein dinasyddiaeth ni, ac oddi yno hefyd yr ydym yn disgwyl Gwaredwr, sef yr Arglwydd Iesu Grist.'* Cyfeirio mae Paul at awdurdod ei ddarllenwyr: ydy e'n dod o arweiniad daearol, neu o arweiniad nefol – ac a ydyn nhw'n byw yn ôl rheolau Cesar neu reolau Duw? Credai Cesar Awgwstus, oedd

Cerfiad o arfwisg Rufeinig – milwyr wedi ymddeol oedd llawer o drigolion Philipi.

mewn grym adeg gweinidogaeth Iesu, ei fod e'n 'fab duw'; roedd y geiriau hynny wedi'u hargraffu ar ei ddarnau arian. Mae Paul hefyd yn cyfeirio at y ffaith bod Cesar Awgwstus wedi deddfu bod yn rhaid i bob dinesydd Rhufeinig ffyddlon addoli'r ymherodr trwy losgi pinsiad o arogldarth i Gesar; bu'r ddeddf hon mewn grym yn ysbeidiol hyd gwymp Rhufain yn 476 oc.

Mae Paul yn cadarnhau mai yn y nefoedd y mae ein dinasyddiaeth ni, a'n haddoliad hefyd. Roedd hyn yn beth heriol iawn i'w ddweud mewn dinas dan lywodraeth Cesar, felly does dim rhyfedd bod Paul wedi treulio amser yn y carchar lleol.

## Lleoliad

Roedd dinas Philipi, oedd wedi'i lleoli yng ngwlad Groeg ein dyddiau ni, yn gadarnle pwysig ar Ffordd Ignatia, gan ei bod yn cysylltu'r ymerodraeth Rufeinig a'r Dwyrain Canol. Rhedai'r ffordd hon drwy ganol y ddinas, ac roedd yn lleoliad dwy frwydr bwysig a ymladdwyd yn 42 cc; yn y brwydrau hynny y gorchfygwyd Cassius a Brutus – a gynllwyniodd i lofruddio Iŵl Cesar. Yn dilyn

Toiledau cyhoeddus yn Philipi; cyfeiriodd Paul atynt trwy ddweud ei fod yn gwrthod unrhyw beth nad oedd yn cymharu â Christ.

â grŵp o ferched, gan bregethu a dysgu efengyl Iesu iddyn nhw. Lydia, gwraig oedd yn gwerthu defnydd porffor, oedd un o'r merched; credodd hi neges Paul, a bedyddiwyd hi ac aelodau o'i theulu. Yn ddiweddarach, aeth Paul i fyw yn ei chartref.

• Credir mai'r eglwys gyntaf yn Philipi oedd adeilad bychan oedd yn eiddo i Lydia, adeilad a ddefnyddiwyd yn wreiddiol fel tŷ gweddi.

• Roedd Philipi'n ddinas gyfoethog, ac wedi'i sefydlu i fanteisio ar yr aur a gloddid yn y mynyddoedd cyfagos. Efallai mai dyna pam mae Paul yn dweud, 'Ond beth bynnag oedd yn ennill i mi, yr wyf yn awr yn ei ystyried yn golled oherwydd Crist' (Philipiaid 3:7). Mae e'n sôn hefyd am ymddiried yn y cnawd (Philipiaid 3:3); mae'r gair 'cnawd' yma'n cyfeirio nid yn unig at gnawd dynol, ond hefyd at bethau 'cyfoethog' y byd hwn.

• Sut dylen ni fyw, a pha fath o bobl ddylen ni fod, ydy her llyfr y Philipiaid. Dro ar ôl tro, mae Paul yn awgrymu sut berson ydy disgybl, gan annog y Philipiaid i weld yr hyn sy'n gywir, yn iawn, yn bur a hardd, yr hyn sy'n werth ei edmygu, a'r hyn sy'n haeddu clod – fel ffordd o fyw.

y brwydrau gwnaed Philipi'n drefedigaeth Rufeinig o 700 milltir (1,127 km) sgwâr.

## Y Manylion

• Doedd dim synagogau y tu mewn i furiau Philipi, am mai ychydig iawn o Iddewon oedd yn byw yno ar y pryd. Credir fod llai na deg o ddynion Iddewig yn y ddinas, a deg oedd y lleiafswm ar gyfer man addoli. Gan nad oedd synagog yno, cynhelid addoliad y saboth ar lan afon y tu allan i'r ddinas (Actau 16:13). Defnyddiai'r Iddewon y man cyfarfod hwn ger yr afon ar gyfer ymolchi seremonïol, ac yma y cyfarfu Paul

### Llyfrau eraill i'w darllen

*Paul's Letter to the Philippians (New International Commentary on the New Testament)*, gan Gordon D. Fee
*Paul for Everyone: the Prison Letters*, gan Tom Wright

# Ffydd a diwylliant

**Awdur:** Paul
**Dyddiad ei ysgrifennu:** 60 OC
**Math o lyfr:** Llythyr
**Prif gymeriadau:** Paul a phobl Colosae
**Prif themâu:** Y modd y mae diwylliant ac athroniaeth wedi ymdreiddio i mewn i'r eglwys

## Teitl ac Arddull

Daw teitl y llyfr o enw'r ddinas yr ysgrifennai Paul ati o'r carchar, sef Colosae. Ystyr yr enw Groeg *Kolossai* ydy 'cosb', ac er nad ydy ysgolheigion yn sicr pam y byddai dinas yn cael enw o'r fath, credir ei fod yn gysylltiedig yn wreiddiol â'r bobl a anfonwyd yno.

## Lleoliad

Roedd Colosae tua 80 milltir (129 km) o ddinas Effesus, mewn ardal o'r enw Dyffryn Lycus, yn Nhwrci ein dyddiau ni. Tua 12 milltir (19 km) oddi yno roedd Laodicea a Hierapolis, y dinasoedd mawr Groegaidd/ Rhufeinig. Yn ei hanterth roedd Colosae'n dref fasnach fywiog ar lwybr masnach pwysig – llwybr a arweiniai o afon Ewffrates yn y gorllewin i Effesus ar arfordir y dwyrain.

Roedd diwydiant gwlân mawr a ffyniannus yn Colosae, yn cynhyrchu math arbennig o wlân coch tywyll. Yn sgil cyfoeth a diwydiant y ddinas roedd gweithwyr a masnach Iddewig a Phrygiaidd wedi llifo i mewn iddi. Deuai'r gweithwyr hyn â'u hathroniaeth a'u crefydd eu hunain gyda nhw, gan greu dinas yn llawn syniadau crefyddol amrywiol, â'r bobl yn fodlon creu crefydd 'dewis a dethol' allan o'r gymysgfa hon o ffydd ac ideoleg o bob rhan o'r byd.

Yn gynharach bu Colosae yn borthladd Rhufeinig, ond erbyn i Paul ysgrifennu ei lythyr roedd hi'n ddinas ar drai, yn bennaf oherwydd i'r ymerodraeth Rufeinig greu llwybr masnach newydd, cyflymach.

Roedd y llwybr newydd yn agosach at Laodicea a Hieropolis, gan osgoi Dyffryn Lycus ac amddifadu Colosae o ymwelwyr. Erbyn cyfnod y llythyr doedd hi'n ddim namyn tref farchnad fechan yn gwasanaethu pobl

Prif stryd Laodicea. Mae llyfr y Colosiaid yn cynnwys cyfarwyddiadau y dylid ei throsglwyddo i eglwys Laodicea.

Y tir lle safai Colosae unwaith.

leol oedd yn masnachu mewn anifeiliaid, gwlân a chnydau. Cymdeithas o bobl yn byw ar atgofion y gorffennol oedd hi, pan oedd hi'n ddinas bwerus; credent fod modd adennill y gogoniant a fu. Ar un adeg roedd ei duwiau wedi darparu'n hael; parhâi'r dinasyddion i ddilyn yr hen grefydd a'r hen ddefodau oedd, yn eu barn nhw, wedi dod â blynyddoedd lawer o fri iddynt – yn y gobaith y gallen nhw godi'r ddinas ar ei thraed unwaith eto.

## Cefndir

Mae cynnwys llythyr Paul yn adlewyrchu'r ffaith bod Colosae'n gartref i amryw o syniadau crefyddol, gwleidyddol a chymdeithasol. Nid ar bechod neu'r gyfraith mae prif sylw Paul, ond ar y diwylliant, gyda phwyslais ar nodweddion unigryw Iesu nid fel un ymhlith rhestr faith o dduwiau, ond fel yr un gwir Dduw. Roedd diwylliant wedi dylanwadu ar yr eglwys, ac roedd Paul yn awyddus i ddatrys y dryswch. Roedd eglwys Colosae – a'i haelodau'n Gristnogion cenedlaeth-gyntaf ac ail-genhedlaeth – yn gryf a sefydlog. Yn dilyn taith Paul i Effesus, credir fod rhai o'r dilynwyr – yn cynnwys Epaffras – wedi troi'r

trigolion at Gristnogaeth. Mae'n gwbl amlwg fod Epraffas yn poeni am Colosae, ac yn pryderu bod y credinwyr hyn wedi cael eu denu i dderbyn syniadau crefyddol dieithr a drosglwyddwyd yn ystod y gwyliau Iddewig a phaganaidd. Felly aeth at Paul, pan oedd wedi'i garcharu yn Rhufain, i ddysgu sut i arwain yr eglwys newydd.

Roedd pedwar mater yn bygwth yr eglwys yn Colosae:

1. Roedd pobl yn dysgu bod yna wybodaeth gudd am iachawdwriaeth oedd yn rhagori ar yr hyn a gynigiai Paul, a'i fod i'w gael ym mhob unigolyn.

2. Roedd rhai Cristnogion Iddewig yn dysgu y dylai Cristnogion fabwysiadu'r defodau enwaedu, a hyd yn oed rhai o gyfreithiau llafar Lefiticus yn ymwneud â bwyd.

3. Roedd crefyddau Groeg yn dylanwadu ar yr eglwys, gan honni bod yna fyd ysbrydol oedd yn llawer mwy pwerus nag Iesu, a bod popeth corfforol yn gynhenid ddrwg. Canlyniad hyn oedd dysgu mai'r unig ffordd o gyrraedd dealltwriaeth ysbrydol uwch oedd trwy osgoi pethau corfforol.

4. Credai'r eglwys yn Colosae mewn addoli

angylion; roedden nhw'n dysgu pobl
i gredu mewn angylion gwarcheidiol
ac angylion amddiffynnol, oedd â'u
gwreiddiau mewn chwedlau Groegaidd.

## Y Manylion

- Cludwyd y llythyr at y Colosiaid gan
ddau ddyn – Onesimus (enw'n golygu
'defnyddiol') a Tychicus, a oedd mae'n
debyg yn cludo llythyr at yr Effesiaid hefyd.
Gwas ar ffo oedd Onesimus; roedd wedi
dwyn peth o arian ei feistr, ond cyfarfu
â Paul yn Rhufain a throi'n Gristion. Yn
ddiweddarach, anfonodd Paul ef yn ôl
gyda'r llythyr hwn at y Colosiaid, ynghyd
ag un arall ar gyfer ei feistr; y llythyr hwnnw
ydy'r llyfr a elwir yn Llythyr Paul at Philemon
yn y Testament Newydd.

- Mae Paul yn herio rhai athroniaethau oedd
yn ddylanwad allweddol ar y Groegiaid,
ac a oedd wedi treiddio i mewn i'r eglwys
(Colosiaid 2:8).

- Credai pobl Colosae mewn angylion ac
mewn hierarchiaeth ymhlith yr angylion.
Ond nid eu cred mewn angylion oedd yn
achosi problemau: poenai Paul eu bod
yn dewis gweddïo ar yr angylion ac nid ar
Iesu. Credent mai Mihangel oedd pennaeth
yr holl angylion, a'i fod yn y gorffennol
wedi amddiffyn y ddinas. Dywedir ei fod
wedi ymddangos i'r bobl ar un achlysur,
ac wedi achub y ddinas rhag dilyw. Y gred
hon mewn angylion ydy sail geiriau Paul yn
Colosiaid 2:18.

Enghraifft o fwrdd
taplas (*backgammon*)
yn Laodicea. Roedd
y ddinas yn nes at
lwybrau masnach
newydd y Rhufeiniaid
na Colosae, felly roedd
yn lle prysur iawn yn y
cyfnod hwn.

- Yn Colosiaid 3:11 mae Paul yn defnyddio
dau gyfeiriad diwylliannol i bwysleisio'i
bwynt, sef mai barbariad oedd rhywun
nad oedd yn gallu siarad Groeg, ac mai
cenedl o ffermwyr crwydrol, creulon, oedd
y Scythiaid.

- Mae disgrifiad Paul o oruchafiaeth Iesu
yn debyg iawn i'r disgrifiad o Dduw yn yr
emyn Iddewig a welir yn Colosiaid 1:13–23.
Mae'n bosib fod Paul yn defnyddio hen
emyn i atgoffa'r Iddewon mai'r un un ydy
Iesu a Duw.

**Llyfrau eraill i'w darllen**

*Explorer's Notes: The Bible*, gan Nick Page
*Paul for Everyone: The Prison Letters*, gan Tom Wright

# 1 THESALONIAID
## Y llythyr cynharaf

**Awdur:** Paul
**Dyddiad ei ysgrifennu:** 51 oc
**Math o lyfr:** Llythyr
**Prif gymeriadau:** Paul, Silas, a Timotheus
**Prif themâu:** Mae Paul yn ysgrifennu at y Cristnogion newydd ynghylch ailddyfodiad Iesu, ac yn mynegi ei falchder ohonynt

## Teitl ac Arddull

Cyrhaeddodd Paul Thesalonica yn 49 oc, ar ôl ei brofiad poenus yn Philipi (Actau 16). Enwyd y llythyr at drigolion y ddinas hon ar ôl y lleoliad, Thesalonica – o'r Groeg yn golygu 'buddugoliaeth y Thesaloniaid'. Gelwid y ddinas hefyd yn Thessaloniki, sef enw chwaer Alexander Fawr. Mae'r llythyr yn un syml, yn datgan neges gref y 'bydd Iesu'n dychwelyd', ac ar yr un pryd yn galw ar yr eglwys i fyw fel pobl arbennig a duwiol.

Mae'n debyg mai llythyr cyntaf Paul at y Thesaloniaid ydy'r llythyr cynharaf o waith Paul sydd wedi goroesi. Gyda'i bwyslais ar y dyddiau olaf ac ailddyfodiad Iesu, caiff ei alw'n llyfr eschatolegol (o'r Groeg *eschatos*, 'y pethau olaf'). Prif fyrdwn neges Paul at eglwys newydd Thesalonica oedd eu helpu i weld y byddai Iesu'n dychwelyd yn fuan, a bod angen iddyn nhw baratoi. Mae pob pennod o'r llyfr hwn yn diweddu gyda chyfeiriad at ddychweliad Iesu, yn enwedig felly pennod 4.

## Cefndir

Pan ymadawodd Paul â Thesalonica ar frys (Actau 17:5–10), gadawodd ar ei ôl griw o bobl oedd wedi troi at Iesu ar ôl bod yn ymhél â phaganiaeth yn y gorffennol. Ychydig o gefnogaeth a disgyblion a gâi'r eglwys newydd mewn byd oedd yn prysur droi yn erbyn Cristnogaeth. Roedd erledigaeth yn gyffredin, a bwriad Paul yn y llythyr hwn oedd ceisio esbonio rhai pethau a chefnogi'r Cristnogion newydd cystal ag y gallai o bellter.

Yn anffodus, roedd eglwys Thesalonica – er ei hymroddiad – wedi troi'n sinigaidd, a'r Cristnogion heb yn wybod iddyn nhw'u hunain yn dilyn math o efengyl iechyd a chyfoeth. Roedd pobl yn anghytuno ynghylch pryd yn union y byddai Iesu'n dychwelyd, a beth fyddai ystyr hynny i'r rhai oedd eisoes wedi marw. Erbyn hyn roedd y Cristnogion yn dechrau amau bod Paul yn anghywir, ac na fyddai Iesu fyth yn dychwelyd. Ymateb Paul i hyn ydy cadarnhau nad ydy e'n cyfeiliorni, nac yn dweud unrhyw beth am resymau amhûr, ac nad ydy e chwaith yn ceisio'u twyllo; yn hytrach, mae'n dweud ei fod wedi ei '*brofi'n gymeradwy gan Dduw*' i bregethu neges yr efengyl (1 Thesaloniaid 2:4).

## Lleoliad

Clwstwr o drefi bychan oedd Thesalonica'n wreiddiol, gyda'r cyfan yn ehangu a chyfuno i greu un ddinas fawr mewn ardal a oedd ar un adeg yn dalaith Rufeinig Macedonia. Mae'r enw Thessaloniki'n para hyd heddiw, fel rhan o Gwlff Salonika.

Gan fod Paul yn teithio o Apolonia, byddai wedi cael mynediad i'r ddinas trwy borth y de-ddwyrain, sef Bwa Galerius. Mae eglwys y Rotunda – yr eglwys hynaf yn y byd, yn ôl rhai haneswyr – yn dal i sefyll yn y man hwn.

Thesalonica oedd prif borthladd

Macedonia, a'r ail ddinas fwyaf yng ngwlad Groeg. Yn 148 cc cafodd ei dyrchafu'n dalaith a phrifddinas yr ardal gyfan. Roedd enw da iddi o fewn yr ymerodraeth Rufeinig – yn rhannol oherwydd ei masnach lwyddiannus, ond hefyd oherwydd ei bod wedi cefnogi Octavia (Cesar Awgwstus yn ddiweddarach) mewn rhyfel cartref. Anrhydeddwyd y ddinas yn 42 cc â statws dinas rydd, felly doedd dim rhaid iddi bellach dalu trethi i'r ymerodraeth.

Yng nghanol dinas Thesalonica roedd y farchnad fawr; yn wahanol i farchnadoedd eraill, gyda'u siopau a'u stondinau amrywiol, roedd hon yn debycach i balas Rhufeinig a fforwm athronyddu. O gwmpas y sgwâr helaeth roedd adeiladau colofnog, hardd, cerfluniau a themlau. Nid lle i brynu bwyd yn unig oedd hwn: roedd hefyd yn ganolfan wleidyddol a chymdeithasol i'r ddinas gyfan. Dyma lle roedd y teuluoedd bonedd yn cwrdd i drafod materion y dydd, a myfyrwyr yn cyfnewid syniadau ag athronwyr lleol, adnabyddus. Yma hefyd yr eisteddai pobl i aros i fynd o flaen y llys barn. Yn Actau 17:1–9 cludir pobl yma i gael eu holi'n gyhoeddus – ac mae'n debyg mai yma hefyd y bu Paul a Silas yn annerch.

Golygfa y tu mewn i Eglwys y Rotunda; yn ôl rhai, hon yw'r eglwys hynaf yn y byd.

Mae Bwa Galerius, lle byddai Paul wedi mynd i mewn i Thesalonica, yn sefyll hyd heddiw.

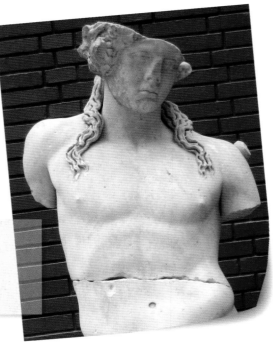

Roedd Thesalonica'n enwog am addoli Dionysius.

## Y Manylion

- Roedd Paul yn pryderu'n fawr bod y Thesaloniaid yn dechrau ymwrthod â'r efengyl roedd wedi ei dysgu iddyn nhw, felly anfonodd Timotheus i'w hannog a'u cryfhau ac i weld beth oedd y sefyllfa. Dychwelodd Timotheus at Paul yng Nghorinth (Actau 18:5) gydag adroddiad calonogol, felly anfonodd Paul ei lythyr cyntaf atyn nhw'n llawn llawenydd a chyffro wrth glywed am eu hymroddiad (1 Thesaloniaid 3:6–13).

- Mae Paul yn defnyddio'r gair Groeg *evangelion*, sef 'efengyl' – y gair a ddefnyddid am gyhoeddiad a anfonid gan Gesar at yr ymerodraeth Rufeinig. I gyd-fynd â'r cyhoeddiadau hyn, ceid seremonïau rhwysgfawr, swnllyd, chwifio baneri, a datganiad i gyhoeddi genedigaeth etifedd i'r ymerodraeth, neu i ddathlu buddugoliaeth mewn brwydr. Defnyddid y term hefyd gan y Cristnogion i sôn am efengyl Iesu i'r byd (1 Thesaloniaid 2:4).

- Mae'n debyg fod defnydd Paul o'r ddelwedd o Iesu fel 'lleidr yn y nos' wedi'i chodi o gasgliad cynnar o ddysgeidiaeth Iesu a ddefnyddiwyd yn ddiweddarach wrth lunio Efengyl Mathew.

- Roedd Thesalonica'n adnabyddus am addoli Dionysius – cwlt wedi'i seilio ar rywioldeb, gyda ffalws fel symbol o addoliad. Deuai'r ddinas dan ddylanwad elfennau rhywiol pryfoclyd, ac oherwydd hynny cyfeiriodd Paul yn ei lythyr at ryw, purdeb ac ymwrthod ag anfoesoldeb rhywiol (1 Thesaloniaid 4:3). Y gair Groegaidd am anfoesoldeb ydy *porneia*, sef gwraidd y gair 'pornograffi'. Gall hefyd olygu arferion rhywiol diraddiol neu lygredig. Mae Paul yn dweud wrth yr eglwys am osgoi *porneia*: does gan y paganiaid, yn wahanol iddyn nhw, ddim hunanreolaeth.

### Llyfrau eraill i'w darllen

*1 & 2 Thessalonians (Word Biblical Commentary)*, gan F. F. Bruce
*1 and 2 Thessalonians: A Socio-Rhetorical Commentary*, gan Ben Witherington III
*Paul for Everyone: Galatians and Thessalonians*, gan Tom Wright

# Dal ati

**Awdur:** Paul
**Dyddiad ei ysgrifennu:** 52 oc
**Math o lyfr:** Llythyr
**Prif gymeriadau:** Paul, Silas, a Timotheus
**Prif themâu:** Bydd Iesu'n dychwelyd, ond am y tro rhaid dal ati

## Teitl ac Arddull

Mae arddull 2 Thesaloniaid yn llawer mwy ffurfiol na'r llythyr cyntaf, ac fel petai'n tynnu'n ôl ran o'i neges wreiddiol, angerddol, yn awgrymu y bydd Iesu'n dychwelyd yn y dyfodol agos. Mae rhai wedi dadlau efallai mai rhywun arall luniodd y llythyr hwn, gan efelychu arddull Paul, a hynny oherwydd y ffurfioldeb a'r ffaith ei fod yn dyfynnu'n fwy helaeth nag arfer o'r Hen Destament – rhywbeth roedd Paul yn ceisio'i osgoi wrth gyfarch eglwys o Genedl-ddynion.

Mae eraill o'r farn mai Paul oedd yr awdur, ond y tro hwn rhaid iddo gyflwyno'i neges yn fwy clir a llai angerddol, gan ddewis ei eiriau'n ofalus wrth grybwyll dychweliad Iesu. Roedd yr eglwys hon wedi derbyn y neges o frys yn llythrennol, a nawr roedd Paul am iddyn nhw bwyllo ychydig. Mae arddull y llythyr yn awgrymu rhywun yn gwneud ymdrech i gyfleu ei neges yn gwbl glir rhag i neb ei chamddeall.

## Lleoliad

Erbyn i Paul ymweld â Thesalonica roedd y ddinas mewn cyflwr truenus, a 40,000 o bobl yn byw o fewn ei muriau. Doedd y Rhufeiniaid, fu'n llywodraethu yno ers 200 mlynedd, ddim wedi codi bys i'w gwella, ac roedd gwir angen trwsio'i strydoedd a'i hadeiladau. Cyn iddi ennill statws di-dreth, gwariwyd yr holl arian a gasglwyd trwy drethu'r trigolion ar gostau milwrol a gweinyddol, gydag unrhyw arian oedd dros ben yn cael ei anfon i Rufain. Roedd y ddinas mewn cyflwr mor wael nes bod hyd yn oed y llywodraethwyr Rhufeinig cyfoethog yn dewis mynd oddi yno cyn gynted â phosib. Yr unig welliant a wnaed oedd ehangu'r muriau fel cydnabyddiaeth o ymrwymiad y ddinas yn ystod y rhyfeloedd cartref; talwyd am y gwaith trwy'r statws di-dreth a roddwyd i'r ddinas gan Octavia ac Antony yn 42 cc.

Roedd y ddinas ei hun ymhell islaw safonau'r Rhufeiniaid. Pridd wedi caledu oedd wyneb y strydoedd, ac yn ystod y tymor gwlyb byddai timau o gaethweision yn taenu gwellt i geisio rhwystro'r brif stryd rhag cael ei golchi i ffwrdd yn gyfan gwbl. Gan mai ffordd bridd oedd hi, buan iawn y

Adfeilion yn Thesalonica.

byddai tyllau'n ymddangos; gwaith y caethweision oedd ceisio'i chynnal a'i chadw fel y gallai pobl ei defnyddio.

Roedd y ddinas yn cynnig popeth i blesio'r Rhufeiniaid – campfeydd, canolfannau chwaraeon, theatrau a bwytai, ac ardal benodol ar gyfer adeiladau cysegredig. Câi'r holl brif dduwiau Groegaidd eu haddoli yno, gyda theml i bob un. Byddai ymwelwyr yn gweld y templau rhwysgfawr yn codi'n uwch na phob adeilad arall o bobtu'r ffordd, a phob un yn gobeithio denu ymwelwyr i addoli yno – am bris, wrth gwrs.

Ar ochr ddeheuol y ddinas roedd cartrefi'r Groegiaid tlawd. Cyn y gwaith o ailadeiladu'r ddinas roedd eu cartrefi nhw y tu allan i'r muriau, ond bellach roedden nhw wedi symud i mewn i'r ddinas ei hun. Achosodd hyn broblemau i'r bobl gyfoethog oedd eisoes yn byw yng ngorllewin y ddinas: roedd arogl carthion dynol ac anifeiliaid yn gryf iawn, yn enwedig pan chwythai'r gwynt o gyfeiriad y môr. Roedd y lleoliad ar yr arfordir yn golygu bod digonedd o bysgod ar gael, a'r rheiny'n cael eu gwerthu yn y ddinas. Rhwng arogl y pysgod, a'r holl fudreddi yn y strydoedd, symudai'r cyfoethogion i fyw cyn belled ag y gallent ei fforddio i fyny'r llechweddau. Y tu allan i furiau'r ddinas roedd mwy a mwy o bobl yn byw mewn cychod a phebyll, ac eraill yn byw mewn trefi cyfagos ac yn teithio i'r ddinas i fasnachu. Heblaw am bysgota, roedd bywyd y Groegiaid yn galed: gweithient am oriau maith am ychydig iawn o gyflog, ac oherwydd eu hamgylchiadau gwael

Cerflun o Aristotl, yr athronydd enwog o wlad Groeg, yn Thesalonica. Roedd y Thesaloniaid yn llawer mwy cyfarwydd na llawer o'r eglwysi cynnar â syniadau athronwyr gwlad Groeg.

doedd y ddinas ddim yn lle dymunol i fyw ynddo.

## Cefndir

Roedd yr eglwys fore yn Thesalonica'n parhau mewn dryswch ynghylch pryd y byddai Iesu'n dychwelyd; gan eu bod dan yr argraff fod Iesu'n dod yn fuan, roedd rhai hyd yn oed wedi rhoi'r gorau i'w gwaith gan fwriadu mwynhau gweddill eu bywyd yn hytrach na gwastraffu'r amser mewn swyddi diddiolch. Bu'r eglwys yn dadlau ynghylch amseriad ailddyfodiad gorfoleddus Iesu, a doedd llythyr cyntaf Paul ddim wedi cynnig unrhyw help. Roedd pobl yn dal i fethu deall pam nad oedd Iesu wedi dychwelyd erbyn hyn. Credir fod yr ail lythyr hwn at y Thesaloniaid wedi'i ysgrifennu ychydig fisoedd yn unig ar ôl llythyr gwreiddiol Paul, a'i fod yn anfon eto yn y gobaith o esbonio pethau'n gliriach. Credai rhai pobl eu bod wedi colli'r dyddiad tyngedfennol, ond dywed Paul wrthyn nhw na fydd Iesu'n dychwelyd hyd nes y '[d]datguddir yr un digyfraith' (2 Thesaloniaid 2:8). Roedd aelodau'r eglwys fore hon wedi dechrau gadael i'w diwinyddiaeth ddylanwadu ar y ffordd roedden nhw'n dewis byw a marw. Dymuniad Paul oedd eu bod yn pwyllo, ac yn ystyried beth oedd ystyr bod yn rhan o eglwys Iesu. Mae'n eu herio i haeddu'r enw o fod yn bobl yr atgyfodiad, i gynnal eu ffydd, ac i fyw eu bywydau – ac nid diogi wrth aros am Iesu.

## Y Manylion

• Yn wreiddiol, roedd crefydd yn Thesalonica'n ymwneud ag addoli'r duwiau Groegaidd, ac yn ôl y gyfraith rhaid oedd addoli unrhyw dduwiau eraill y tu allan i furiau'r ddinas. Yn dilyn y gwaith adeiladu yn 42 cc, symudwyd y synagog Iddewig i safle y tu mewn i'r muriau, ac arweiniodd hynny at ddadl ynghylch crefyddau eraill y ddinas. Er bod y ddinas wedi croesawu'r Iddewon, teimlai'n ansicr ynghylch y Cristnogion. Fodd bynnag, gan nad oedd gan yr eglwys adeilad swyddogol, roedd modd i bobl addoli yn eu cartrefi, heb dynnu sylw atynt eu hunain.

- Roedd addysg y Groegiaid – yn wahanol i addysg yn Jerwsalem, oedd yn troi o gwmpas y synagog a'r Torah – yn fwy academaidd, ac yn canolbwyntio ar lenyddiaeth, mathemateg, athroniaeth a meddygaeth, o bosib. Roedd yna hefyd bwyslais cryf ar athletau, rhethreg a siarad cyhoeddus. Dyma un o'r rhesymau pam roedd trigolion Thesalonica'n awgrymu pob math o syniadau diwinyddol gwahanol: roedd pobl gyffredin, oedd wedi astudio athroniaeth, yn mwynhau trafod a dadlau.
- Credir fod Cesar yn y cyfnod hwn yn cael ei weld fel ymgorfforiad o Satan ei hun. Mae Paul yn crybwyll '*yr un digyfraith*', sy'n amlwg yn ffigur llawn drygioni (2 Thesaloniaid 2:3–12) a'r un person, mae'n debyg, â'r '*Anghrist*' (1 Ioan 2–18) a'r '*bwystfil*' (Datguddiad 11:7). Mewn llenyddiaeth Gristnogol apocalyptaidd, mae'n debygol fod yr iaith hon yn cyfeirio at y gwrthryfel presennol fel Rhufain, a'r gwrthryfel olaf fel Satan.
- Mae Paul, sy'n wneuthurwr pebyll wrth ei alwedigaeth (Actau 18:3), yn ysgrifennu amdano'i hun yn gweithio ddydd a nos

rhag bod yn fwrn ar y bobl (2 Thesaloniaid 3:7–8). Wrth deithio o ddinas i ddinas, byddai pobl yn gwersylla ar ochr y ffordd, felly mae'n debyg fod Paul yn ymuno â nhw, mewn pabell o'i waith ei hun. Roedd teithio ar droed yn araf, a'r ffyrdd yn weddol wastad – dim ond oherwydd bod y cerbydau rhyfel wedi bod yn teithio'n ôl ac ymlaen ar eu hyd.

- Roedd awduron llythyrau'r Testament Newydd yn aml yn adrodd eu neges wrth *amanuensis*, oedd yn cofnodi'r cyfan. Byddai'r rhith-awduron hyn yn mireinio'r mynegiant, ac efallai eu bod hyd yn oed yn cyfrannu at gynnwys y llythyr. Ar ddiwedd y llythyr, mae Paul yn gafael yn y pìn ysgrifennu ac yn ychwanegu ei gyfarchiad ei hun, i ddangos mai fe oedd yr awdur.

Map yn dangos lleoliadau rhai o'r eglwysi yr ysgrifennodd Paul atynt yn Galatia, gwlad Groeg a Macedonia.

### Llyfrau eraill i'w darllen

*1 & 2 Thessalonians (Word Biblical Commentary)*, gan F. F. Bruce
*1 and 2 Thessalonians: A Socio-Rhetorical Commentary*, gan Ben Witherington III
*Paul for Everyone: Galatians and Thessalonians*, gan Tom Wright

# 1 TIMOTHEUS

## Tŷ cwrdd

**Awdur:** Paul

**Dyddiad ei ysgrifennu:** 62 oc

**Math o lyfr:** Llythyr bugeiliol

**Prif gymeriadau:** Paul, Timotheus ac arweinwyr eglwysig eraill

**Prif themâu:** Mae ar eglwys Iesu angen arweinwyr addfwyn a gostyngedig, rhai sy'n fodlon i'r efengyl eu newid

### Teitl ac Arddull

Ysgrifennwyd y llythyr at Timotheus (enw sy'n golygu 'anrhydeddwyd gan Dduw') yn 62 oc, yn fuan wedi i Paul gael ei ryddhau o gaethiwed tŷ. Timotheus, ffrind i Paul yn y dyddiau cynnar, oedd bellach yn arwain yr eglwys yn Effesus. Mae Paul yn ysgrifennu arweinlyfr cryno ar sut i arwain eglwys, gyda llawer o gynghorion ymarferol a manylion am gymeriad a sancteiddrwydd. Dyn ifanc wedi cael tröedigaeth oedd Timotheus; oherwydd bod ei fam yn Iddewes a'i dad yn Roegwr, bu'n rhaid iddo ymdrechu'n galed i ennill parch ac awdurdod.

### Lleoliad

Canolfan fasnachol fawr oedd Effesus, gyda'i rhesi o siopau'n gwerthu nwyddau o bob rhan o'r byd. Artemis, duwies ffrwythlondeb, oedd canolbwynt addoliad y ddinas, gyda phobl yn cynnig aberthau iddi ac yn ymweld â phuteiniaid yn ei theml. Roedd holl economi'r ddinas yn dibynnu'n llwyr ar Artemis – gyda llawer o'r masnachwyr yn cynhyrchu a gwerthu delwau o'r dduwies – ac roedd hyd yn oed y sector bancio'n gysylltiedig â'r deml.

### Cefndir

Bellach, roedd mudiad yr atgyfodiad yn ymledu ac yn gwreiddio mewn lleoliadau pellach i ffwrdd. Bu Effesus unwaith yn leoliad heriol, ond roedd yr Ysbryd wedi galluogi'r ddinas i dderbyn neges Iesu, a'r eglwys yn tyfu a sefydlogi – er ei bod yn cynnwys rhai athrawiaethau hereticaidd. Yn ystod ei deithiau, roedd Paul wedi clywed bod rhai'n holi pwy oedd Iesu, a beth oedd e wedi'i wneud. Am fod Paul yn pryderu am arweinyddiaeth yr eglwys yn Effesus, anfonodd Timotheus, ei ffefryn, yno i arolygu'r dysgu a'r hyfforddi. Ymhen amser, dechreuodd Paul boeni am ei gynorthwyydd ifanc, felly ysgrifennodd ato o Facedonia (Actau 20:1–3) i'w annog a rhoi arweiniad iddo (1 Timotheus 3:14–15).

Yn 1 Timotheus 3:15, mae Paul yn disgrifio'r eglwys fel 'teulu Duw', sy'n ddealladwy o gofio nad adeiladwyd unrhyw eglwysi hyd tua 200 oc; byddai'r credinwyr cynnar yn cwrdd mewn cartrefi i weddïo, addoli a bwyta. Roedden nhw'n dioddef erledigaeth, ac er mwyn goroesi rhaid oedd bod yn garcus. Wrth gwrdd mewn tŷ, doedd y credinwyr ddim yn tynnu sylw'r awdurdodau

Symbol meddygol ar borth yn Effesus, lle roedd Timotheus yn arwain yr eglwys leol.

Rhufeinig, oedd yn amheus iawn o sectau crefyddol a chyfarfodydd anffurfiol. Hefyd, wrth gwrdd mewn tŷ, doedd dim modd profi pwy oedd y bobl – rhan o'r synagog, cymdeithas gymunedol, cwlt crefyddol, neu ffrindiau a theulu'r perchennog. Fel arfer, byddai rhwng 20 a 25 o bobl yn dod at ei gilydd, gyda'r tai mwyaf yn gallu croesawu 40–50 ar y tro. Oherwydd pwysigrwydd y teulu, roedd yn ddatblygiad naturiol i'r eglwys gwrdd yn rheolaidd mewn cartrefi, gyda phawb yn gofalu am ei gilydd. Byddai'r grwpiau'n cwrdd yn y *triclinium*, sef ystafell fwyta ffurfiol mewn tŷ Rhufeinig, lle gosodid 'tair soffa' o gwmpas tair ochr bwrdd sgwâr, isel. Eisteddai'r gwahoddedigion ar y tair soffa, gydag un ochr o'r bwrdd yn wag ar gyfer y rhai oedd yn gweini'r bwyd. Daeth yr arfer hwn – Cristnogion yn cwrdd i rannu pryd o fwyd cyn ymuno mewn addoliad – yn fwy cyffredin wrth i Gristnogaeth ymbellhau oddi wrth y ffydd Iddewig a'r Deml. Ond roedd yn fwy anodd i Paul a Timotheus unioni athrawiaethau hereticaidd, gan fod yn rhaid iddyn nhw gwrdd â'r arweinwyr yn unigol i weld pa neges yn union a drosglwyddid.

Ystafell mewn cartref Rhufeinig, tebyg i un lle byddai'r eglwys fore wedi cwrdd.

## Y Manylion

- Mae 1 Timotheus yn canolbwyntio ar dri pheth allweddol: sonnir ym mhennod 1 am Timotheus yn sefyll ei dir yn ei alwad i Effesus; ym mhenodau 2–3 trafodir addoliad o fewn eglwys, a bywyd a chymeriad yr arweinwyr, ac ym mhenodau 4–5 mae Paul yn rhoi anogaeth a chyngor personol i Timotheus.

- Sonnir am Timotheus fel brodor o Lystra,

a chan fod gan drigolion y ddinas '*air da*' amdano, mae Paul yn ei wahodd i ymuno ag ef ar ei daith genhadol (Actau 16:1). Maged Timotheus gan ei fam, Eunice, a'i fam-gu, a chafodd ei drwytho yn yr Ysgrythurau (1 Timotheus 1:5). Ar ôl tröedigaeth Timotheus, daeth Paul yn athro arno a'i baratoi i arwain yr eglwys – perthynas debyg i'r un rhwng rabi a'i ddisgybl. Er nad oedd yn ofynnol iddo gael ei enwaedu, cytunodd Timotheus i hynny er mwyn cael ei dderbyn gan yr Iddewon. Mewn Cristnogaeth gynnar ac Iddewiaeth Rabinaidd, roedd yn bwysig gwybod o ble roedd awdurdod person yn tarddu; deuai awdurdod Timotheus yn uniongyrchol oddi wrth Paul, gan ei alluogi i bregethu mewn eglwysi a mynegi barn gref yn erbyn heresïau'r cyfnod. Cymaint oedd ymrwymiad Timotheus nes iddo ddod i helpu Paul pan garcharwyd ef (2 Timotheus 4:13). Yn ôl traddodiad, arhosodd Timotheus yn ffyddlon i ddymuniadau Paul, gan weithio yn Effesus nes cael ei ladd yn 63 oed. Yn ôl traddodiad, dywedir ei fod wedi ceisio rhwystro gorymdaith baganaidd, ac o ganlyniad roedd y paganiaid wedi llusgo Timotheus drwy'r

Pen cerfiedig o eilun o'r ganrif gyntaf OC, o Effesus.

strydoedd, ei guro, a'i labyddio i farwolaeth.

• Dinas gyfoethog oedd Effesus, a'i phobl yn byw bywyd cysurus iawn. Er yn honni eu bod yn dilyn Iesu, roedd llawer o bobl yn dibynnu'n ormodol ar eu cyfoeth; hefyd, roedd y merched yn drwm dan ddylanwad teml Artemis a'r rhai a weithiai yno. Mae Paul yn ysgrifennu at Timotheus gan ddweud mai ei dymuniad yw fod merched *'yn gwisgo dillad gweddus, yn wylaidd a diwair, ac yn harddu eu hunain, nid â phlethiadau gwallt a thlysau aur a pherlau a gwisgoedd drud'*; yn hytrach, dylent wisgo *'gweithredoedd da, fel sy'n gweddu i wragedd sy'n honni bod yn dduwiol'* (1 Timotheus 2:9–10). Roedd yn her i'r eglwys wrthwynebu diwylliant mor gymysg ac mor llac ei foesau. Yn 1 Timotheus 6:18 mae Paul yn cloi ei lythyr trwy ddweud y dylai'r Cristnogion cyfoethog hyn fod yn dda, yn hael, ac yn barod i rannu ag eraill.

• I Paul, roedd cymeriad a galwad yn bwysig i arweinydd eglwys. Doedd dweud ei fod yn dilyn Iesu ddim yn ddigon, os nad oedd y person hefyd wedi'i ymrwymo i sancteiddrwydd. Credai Paul y dylai arweinydd arwain yn yr un ffordd â Iesu; roedd hunanddisgyblaeth yng nghyd-destun cyfoeth, rhyw, tymer ac alcohol yn hynod bwysig iddo. Mae ei lythyr yn canolbwyntio ar gymeriad arweinydd yn hytrach nag ar yr hyn y disgwylid iddo ei wneud. Roedd 'beth i'w wneud' yn llai pwysig i Paul; gwyddai, os oedd gan y person gymeriad da, y byddai bob amser yn cael ei arwain i wneud y peth cywir.

• Roedd credoau ac emynau'n bwysig i'r eglwys fore wrth gyflwyno gwirioneddau sylfaenol. Gan amlaf, roedd y rhain yn fyr, ac yn cynnwys rhwng un a phedwar datganiad. Yn 1 Timotheus 3:16 mae Paul yn dyfynnu o emyn cynnar: *'Ei amlygu ef mewn cnawd, ei gyfiawnhau yn yr ysbryd, ei weld gan angylion, ei bregethu i'r Cenhedloedd, ei gredu drwy'r byd, ei ddyrchafu mewn gogoniant'*. Mae'n debyg fod pawb oedd newydd gael tröedigaeth yn dysgu ac yn llefaru'r credoau hyn, a'u canu yn y cartrefi. Roedd yn ffordd dda o helpu'r Cenedl-ddynion i ddysgu beth roedden nhw'n ei gredu cyn i lyfrau'r Beibl gael eu hysgrifennu.

### Llyfrau eraill i'w darllen

*What is Gnosticism?* gan Karen L. King
*The Essential Bible Companion*, gan John H. Walton, Mark L. Strauss a Ted Cooper Jr
*Paul for Everyone: the Pastoral Letters: 1 and 2 Timothy and Titus*, gan Tom Wright

# Athrawon ffug

**Awdur:** Paul
**Dyddiad ei ysgrifennu:** 65 oc
**Math o lyfr:** Llythyr bugeiliol
**Prif gymeriadau:** Paul, Timotheus, Hymenaeus, Alexander a Philetus
**Prif themâu:** Bydd yr eglwys yn rhwystro arweinwyr rhag cyflwyno athrawiaethau ffug

## Teitl ac Arddull

Ysgrifennwyd y llythyr hwn, yr ail o ddau lythyr oddi wrth Paul at Timotheus, mewn arddull debyg i'w lythyrau eraill: yn glir a chryno, ac yn llawn brawddegau byr a datganiadau bachog. 'Llythyrau bugeiliol' ydy'r ddau lythyr at Timotheus, a'r llythyr at Titus; ysgrifennwyd nhw at unigolion yn hytrach nag at eglwys neu grŵp o bobl, a'u bwriad oedd annog a herio Timotheus a Titus yn eu rôl fel arweinwyr. Mae Paul bellach wedi'i garcharu, a does ganddo ddim ffug-obeithion ynghylch ei ddyfodol, felly mae'n awyddus i gyfleu'r cyfan a ddysgodd cyn ei bod yn rhy hwyr. Gan fod Paul yn ymwybodol bod yr erledigaeth yn erbyn y Cristnogion ar gynnydd, a Nero'n troi fwyfwy yn erbyn yr eglwys, mae'r llythyr hefyd yn trafod yr eglwys a'i dyfodol.

## Lleoliad

Mae'r llythyr, a osodir yn Effesus – dinas hardd teml Artemis – yn cyrraedd yn ystod cyfnod o elyniaeth tuag at yr eglwys o du Rhufain, yn enwedig Cesar Nero. Roedd Effesus mewn cyfyng-gyngor ynghylch sut i ddelio â chrefyddau newydd, gan fod ei masnach a'i chyfoeth wedi'u seilio ar addoli duwiau a duwiesau, yn enwedig Artemis. Pe bai pobl yn dewis dilyn crefydd wahanol, byddai hynny'n niweidio economi ardal gyfan.

## Cefndir

Ar ôl marwolaeth Iesu, roedd ei ddilynwyr bellach yn lledaenu'r neges hyd eithaf y ddaear. Roedd yn waith cwbl arloesol, felly roedd problemau newydd yn codi bron yn ddyddiol. Roedd trefnu mudiad oedd yn tyfu'n gyflym yn dasg anodd, ac yn aml iawn byddai athrawiaethau od a rhyfedd yn ymddangos mewn gwahanol lefydd. Yn 1 Timotheus 1:20 roedd Paul eisoes wedi enwi

Llyfrgell Celsus yn Effesus, a adeiladwyd lai na chan mlynedd ar ôl ymweliad Paul.

Hymenaeus ac Alexander fel hereticiaid, a nawr mae'n ychwanegu Philetus (2 Timotheus 2:17). Roedd Paul wedi penodi Hymenaeus ar ôl iddo gael tröedigaeth ar un o'r teithiau cenhadol cynharach; credir mai gof copr oedd Alexander, ac iddo golli ei fusnes yn sgil Cristnogaeth. Dywed Paul wrth Timotheus y dylai osgoi Alexander am iddo wneud cam mawr ag e (2 Timotheus 4:14). Mae'n bosib ei fod yn un o'r dynion sbardunodd y terfysg yn Actau 19. Roedd pobl yn ceisio dinistrio

Bedd gladiator yn Effesus; yn y ddinas hon yr oedd un o'r mynwentydd mwyaf yn yr hen fyd i'r gladiatoriaid.

Cristnogaeth – yn enwedig ei harweinwyr, fel Paul – neu wyrdroi ei hathrawiaeth i atal twf y grefydd.

Prif heresi'r cyfnod oedd datgan bod yr atgyfodiad wedi digwydd, ond na fyddai Iesu'n dychwelyd, ac na fyddai ei ddilynwyr yn cael eu hatgyfodi. Math o heresi Gristnogol dan ddylanwad Gnostigiaeth oedd hon, yn cael ei dysgu gan grwpiau teithiol ac weithiau gan arweinwyr eglwys megis Hymenaeus. Er ei fod bellach yn Gristion roedd yn dal i bechu, a thrwy ei addysgu cableddus roedd wedi suddo'n ddyfnach i ymddygiad annuwiol. Yn ôl Paul, roedd Hymenaeus wedi rhoi ei ffydd a'i gydwybod o'r neilltu. Mae'n

dweud bod dysgeidiaeth yr hereticiaid 'yn ymledu fel cancr . . . y maent wedi gwyro oddi wrth y gwirionedd' (2 Timotheus 2:17). Roedd yn rhaid i Paul ymladd yn barhaus yn erbyn y ddysgeidiaeth hereticaidd, oedd yn deillio o Gnostigiaeth – hen gred yn ymwneud yn bennaf ag ennill dysg a arweiniai at ddoethineb; dysgai mai eneidiau dwyfol ydy bodau dynol, wedi'u carcharu mewn byd materol a grëwyd gan dduw amherffaith. Ar ddiwedd ei lythyr cyntaf, mae Paul yn rhybuddio Timotheus i droi ei gefn ar 'y gwag siarad bydol, a'r gwrthddywediadau a gamenwir yn wybodaeth' (1 Timotheus 6:20).

## Y Manylion

• Yn y cyfnod hwn roedd y rabiniaid yn galw'u disgyblion yn feibion, yn eu croesawu i mewn i'w cartrefi ac yn aml yn eu trin fel meibion mabwysiedig. Roedd Timotheus yn ddisgybl da i Rabi Paul, sy'n cyfeirio ato fel ei 'blentyn annwyl', gan ddangos pa mor gryf oedd y berthynas rhwng y ddau (2 Timotheus 1:2).

• Mae Paul yn cyfeirio at ddau ddyn, Jannes a Jambres, a ymddangosodd mewn stori Iddewig am Moses (2 Timotheus 3:8). Yn ôl yr hanes, consurwyr yn llys Pharo oedd y ddau, a safodd yn erbyn Moses a dynwared ei waith. Dywed traddodiad rabinaidd eu bod wedi rhagfynegi genedigaeth Moses, gan ei alw'n 'ddinistriwr yr Aifft'.

• Mae Paul, wrth ysgrifennu at Timotheus, yn dweud bod ei ddisgybl yn gyfarwydd â'r Ysgrythurau sanctaidd o'i enedigaeth

(2 Timotheus 3:15). Yn sicr, byddai Timotheus wedi cael ei gyflwyno i'r Torah yn bump oed, gyda'r rabi'n gollwng diferyn o fêl ar ei fwrdd du a dyfynnu Salm 119:103 trwy ddweud wrth y bechgyn bod y Torah fel mêl ar eu gwefusau. Roedd yr Ysgrythurau'n llawer mwy na llyfr i ddynion ifanc fel Timotheus: roedden nhw'n bwydo a dyrchafu'r enaid.

- Dywed Paul wrth Timotheus bod y cyfan o'r Ysgrythur 'wedi ei hysbrydoli gan Dduw, ac yn fuddiol i hyfforddi, a cheryddu' (2 Timotheus 3:16). Mae'r geiriau'n adlais bwriadol o stori Genesis, lle daeth Adda'n fyw oherwydd i'r Arglwydd anadlu i mewn iddo. I Paul, roedd yr un peth yn wir am yr Ysgrythur: fe ddaeth yn fyw trwy anadl Duw.

- Câi sgroliau eu cynhyrchu o wahanol ddeunyddiau, â gwahanol briodoleddau. Gwnaed rhai o fywyn papurfrwynen: tynnid yr haen allanol cyn torri'r rhan fewnol ffibrog yn stribedi tua 16 modfedd (40 cm) o hyd. Gosodid y stribedi ochr yn ochr ar wyneb caled gyda'r ymylon yn gorgyffwrdd, yna gosodid ail haen ar ongl sgwâr ar ben yr haen gyntaf. Gwnaed math arall o sgrôl o grwyn anifeiliaid wedi'u sychu. Roedd dyfeisio'r 'codecs' – math o lyfr a wnaed o bapurfrwynen – yn gam pwysig yn hanes yr eglwys fore. Câi'r codecs ei wnïo ar hyd un ochr, fel llyfr, a'r Cristnogion oedd y bobl gyntaf i wneud defnydd eang o'r ddyfais. Ar y pryd, os câi rhywun ei ddal yn cario testun Cristnogol, byddai'n cael ei guro – os nad ei ladd. Sylweddolodd aelodau'r eglwys gynnar y gellid cario copïau o lythyrau – a hyd yn oed efengylau cyfan – yn ddidrafferth ar ffurf llyfr codecs trwy eu

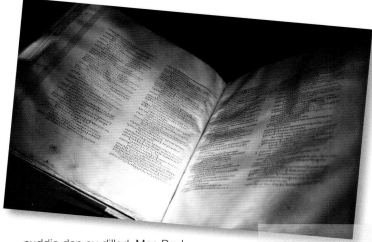

cuddio dan eu dillad. Mae Paul yn ysgrifennu at Timotheus yn gofyn am ei sgroliau a'i femrynau a oedd, mae'n debyg, yn ffurf gynnar ar lythyrau codecs (2 Timotheus 4:13)

Y *Codex Sinaiticus*, enghraifft o godecs cynnar. Cedwir hwn, y Beibl hynaf yn y byd, yn y Llyfrgell Brydeinig.

### Llyfrau eraill i'w darllen

*What is Gnosticism?* gan Karen L. King
*The Essential Bible Companion*, gan John H. Walton, Mark L. Strauss a Ted Cooper Jr
*Paul for Everyone: the Pastoral Letters: 1 and 2 Timothy and Titus*, gan Tom Wright

# Llythyr gan hen fentor

**Awdur:** Paul

**Dyddiad ei ysgrifennu:** 65 oc

**Math o lyfr:** Llythyr

**Prif gymeriadau:** Paul a Titus

**Prif themâu:** Mae Paul yn ysgrifennu at Titus i'w annog i ddal ati, ac i chwilio am bersonau addas fel arweinwyr eglwysig i gydweithio â hwy

## Teitl ac Arddull

Enwir y llyfr ar ôl y person mae Paul yn ysgrifennu ato, sef Titus. Mae dau ystyr i'r enw Groegaidd hwn, sef 'yn perthyn i'r cewri' ac 'amddiffynnwr'. Roedd yn enw cyffredin yng ngwlad Groeg, ac yn enw ar yr ymherodr Rhufeinig Titus Vespasianus Augustus.

Titus oedd un o hoff gynorthwywyr Paul; Cenedl-ddyn oedd e, ac yn Titus 1:4 mae Paul yn ei alw yn '*fy mhlentyn diledryw*'. Ceir cyfeiriad at Titus hefyd yn y llythyr at y Galatiaid, lle mae Paul yn ei enwi fel enghraiifft o'r ffaith fod Cenedl-ddynion yn cael eu hachub trwy ffydd, ac nid trwy eu gweithredoedd (Galatiaid 2:3). Mae arddull y llythyr yn nodweddiadol o waith Paul, gan agor gyda'i

gyfarchiad arferol a diweddu gyda'r geiriau '*Gras fyddo gyda chwi oll!*'

## Lleoliad

Titus oedd arweinydd yr eglwys yng Nghreta byth er pan ymwelodd Paul ac yntau â'r ynys ar eu ffordd i Rufain. Ynys werdd, brydferth oedd Creta, ac oherwydd yr hinsawdd fwyn a'r digonedd o ddŵr roedd y tir yn ddelfrydol i'w amaethu drwy gydol y flwyddyn. Prif gynnyrch yr ynys oedd gwin; dywedir fod ymerawdwyr Rhufain yn hoff iawn o'r gwin melys a allforid oddi yno i sawl gwlad, yn cynnwys yr Eidal.

## Cefndir

Roedd Titus yn cael amser caled gan drigolion Creta, a doedd hynny ddim yn syndod o gofio bod yr ynyswyr yn enwog am eu hymddygiad gwael a'u diffyg parch at awdurdod. Bu'n rhaid i'r Rhufeiniaid ddefnyddio grym eu byddinoedd i'w cadw dan reolaeth. Yn ei lythyr mae Paul yn atgoffa'r bobl y dylen nhw fod yn ddinasyddion Rhufeinig da, ac yn Titus 3:1 mae'n galw arnynt i fod yn ufudd. Mae'n dweud bod y Cretiaid yn anonest, yn farus ac yn ddiog, ond serch hynny maen nhw'n ymfalchïo yn eu diwylliant ac yn fodlon sefyll yn gadarn drosto. Disgrifiwyd hwy hefyd fel pobl benboeth, ddadleugar – nodweddion oedd yn amlwg yn yr

Titus oedd arweinydd yr eglwys ar ynys Creta.

arweinwyr eglwysig newydd.

Wrth ddisgrifio'r Cretiaid yn Titus 1:12, mae Paul yn dyfynnu o waith Epimenides, athronydd a phroffwyd Groegaidd o'r chweched ganrif cc. Dywedir iddo gwympo i gysgu am 57 mlynedd mewn ogof wedi'i chysegru i Zeus, a phan ddeffrodd roedd ganddo ddawn broffwydo. Yn y rhan o'i waith a ddyfynnir gan Paul, mae Minos yn cyfarch Zeus fel hyn:

> *"Celwyddgwn fu'r Cretiaid erioed, anifeiliaid anwar, bolrwth a diog'*
> (Titus 1:12)

Yn ei lythyr, roedd Paul yn ceisio cefnogi Titus yn ei ymdrech i wella ymddygiad gwarthus y Cretiaid, a'u galw i gofleidio sancteiddrwydd. Roedd y Cretiaid yn adnabyddus am hel clecs a mân gecru ymysg ei gilydd, ac mae Paul yn ceisio'u perswadio i gefnu ar y fath ffolineb dwl.

## Y Manylion

- Credir fod y Philistiaid y bu Dafydd a'r Israeliaid yn ymladd yn eu herbyn (gweler 1 a 2 Samuel) yn hanu o ynys Creta.

- Roedd pobl Creta ymysg y rhai cyntaf i gredu mai Iesu oedd y Meseia. Yn Actau 2:9–11 rhestrir y Cretiaid ymhlith y rhai oedd yn bresennol adeg y Pentecost.

- Sonnir yn Titus 1:10 am *'y credinwyr Iddewig'*, sef pobl oedd yn dal i gredu bod yn rhaid enwaedu dynion cyn y gallent fod yn rhan o waith Duw ar y ddaear. Cafodd y mater hwn ei setlo unwaith ac am byth yn Actau 15, ac mae'r cyfeiriad at chwedlau Iddewig yn awgrymu bod rhyw ddryswch ymhlith aelodau'r eglwys newydd ynghylch faint o 'Iddew' roedd yn rhaid i rywun fod cyn dod yn Gristion. Roedd y syniadau hyn yn cynnwys enwaediad, a rheolau ynghylch bwyd a dillad.

- Dydy'r ffaith fod Paul yn dyfynnu o waith meddyliwr o bagan yn Titus 1:12 ddim yn anghyffredin: mae'n aml yn dyfynnu o ffynonellau pwrpasol yn ei lythyrau. Yn 1 Corinthiaid mae'n dyfynnu o waith Menander, dramodydd o wlad Groeg: *'Y mae cwmni drwg yn llygru cymeriad da'* (1 Corinthiaid 15:33), ac yn llyfr yr Actau mae'n dyfynnu'r bardd Aratur, a ddywedodd: *'Canys ei hiliogaeth ef hefyd ydym ni'* (Actau 17:28).

- Sonnir yn aml am Titus yn y llythyrau at y Galatiaid a'r Corinthiaid, ond nid yn llyfr yr Actau. Mae'n od nad oes cyfeiriad o gwbl at Titus yn yr Actau, gan fod Paul â meddwl mor uchel ohono. Un esboniad posibl ydy mai Titus ei hun oedd prif ffynhonnell testunau Paul, a'i fod yn syml wedi dewis peidio â sôn amdano'i hun. Yn Galatiaid 2:1 mae Paul yn crybwyll bod Barnabas a Titus gydag e, ac esboniad arall ydy fod Titus yng nghysgod Barnabas, y sonnir amdano'n aml yn llyfr yr Actau.

Zeus, un o'r duwiau Groegaidd a addolid ar ynys Creta.

## Llyfr arall i'w ddarllen

*The Essential Bible Companion*, gan John H. Walton, Mark L. Strauss a Ted Cooper Jr

# Gweniaith sanctaidd

**Awdur:** Paul
**Dyddiad ei ysgrifennu:** 60 oc
**Math o lyfr:** Llythyr
**Prif gymeriadau:** Paul, Philemon ac Onesimus
**Prif themâu:** Cais am faddeuant i Onesimus, y caethwas ar ffo

### Teitl ac Arddull

Enwir y llyfr hwn ar ôl y person y cyfeirir y llythyr ato, sef Philemon, oedd yn arweinydd eglwysig yn Colosae. 'Cariadus' ydy ystyr yr enw, sy'n addas iawn gan fod Paul yn gofyn i Philemon faddau i gyn-gaethwas. Mae'r arddull yn wahanol i lythyrau eraill Paul ac yn debycach i nodyn at ffrind na llythyr ffurfiol. Hwn ydy llythyr byrraf Paul; yn y fersiwn gwreiddiol does ynddo ond 335 gair, a 25 adnod yn ein cyfieithiad ni o'r Beibl.

### Lleoliad

Roedd diwydiant gwlân a brethyn llewyrchus iawn yn Colosae; dynion busnes llwyddiannus oedd llawer o'r trigolion, yn byw'n fras trwy werthu'r gwlân anghyffredin o liw coch tywyll. Cludwyd llawer o gaethweision i'r ardal i weithio fel labrwyr, yn y diwydiant brethyn, fel glanhawyr, neu hyd yn oed fel athrawon i ddysgu plant yn eu cartrefi. Credir mai caethweision oedd tua thraean o boblogaeth Colosae ar y pryd, gan fod cynifer o bobl gyfoethog yn byw yno. Roedd llawer o'r caethweision yn bobl ddysgedig, a llwyddodd amryw i ddringo i swyddi gweinyddol mewn busnes. Caniatawyd i rai weithio'u ffordd i ryddid, a llwyddodd eraill i brynu eu rhyddid ar ôl cynilo digon o arian. Mewn gwirionedd, roedden nhw'n debycach i weithwyr cyffredin nag i gaethweision.

Llifo gwlân – proses oedd yn rhan o ddiwydiant gwlân ffyniannus Colosae.

### Cefndir

O'r carchar yr ysgrifennodd Paul ei lythyr, ac mae'n arwyddocaol o ran ei ymdriniaeth o faddeuant. Roedd Philemon yn ddyn cyfoethog, ac yn arweinydd eglwysig a groesawai'r eglwys i'w gartref ei hun. Testun llythyr Paul ydy Onesimus, caethwas Philemon, oedd wedi dwyn arian oddi ar ei feistr a dianc; mae Paul yn ceisio datrys y mater ac yn gofyn i Philemon ystyried maddau i'r caethwas. Mae'n bur debyg fod Philemon yn adnabod Paul yn bersonol, ac wedi cael tröedigaeth ar ôl ei glywed yn pregethu yn ystod ei ymweliad cynharach. Beth amser ar ôl i Paul adael Colosae cafodd ei garcharu yn Rhufain, ac yno y cwrddodd ag Onesimus – enw sy'n golygu 'defnyddiol' neu 'buddiol'. Roedd Onesimus wedi dwyn cryn dipyn o arian oddi ar ei feistr, Philemon, ac wedi dianc i Rufain. Ar ôl cwrdd â Paul, cyflwynodd Onesimus ei fywyd i Iesu ac roedd Paul yn awyddus iddo ddychwelyd i Colosae ac wynebu ei hen feistr. Cytunodd i wneud hynny, gan fynd â llythyr Paul gydag e.

### Y Manylion

• Roedd llywodraeth Rhufain yn effeithiol

iawn yn dal caethweision ar ffo a'u dychwelyd at eu meistri – wedi cael eu cosbi, neu hyd yn oed yn farw. Pryderai'r caethweision na fydden nhw byth yn gwbl rydd, ac yn aml iawn byddent yn treulio blynyddoedd ar ffo. Roedd Onesimus yn ymwybodol o hyn, ac ar ôl ei dröedigaeth gwyddai nad oedd ganddo ddewis ond mynd yn ôl i wynebu'r canlyniadau.

- Sylwch ar y mwysair yn Philemon 20. Fel y crybwyllwyd eisoes, ystyr Onesimus ydy '*defnyddiol*' neu '*buddiol*'. Yn Philemon 11 mae Paul yn dweud, '*Bu ef gynt yn ddi-fudd i ti, ond yn awr y mae'n fuddiol iawn i ti ac i minnau*'. Yna, yn adnod 20, dywed Paul, '*Ie, frawd, mi fynnwn gael ffafr* [o'r Groeg, onaimen] *gennyt ti yn yr Arglwydd*'. Mae Paul, felly, yn creu mwysair ysgafn o enw Onesimus, o bosib er mwyn ychwanegu ychydig o ysgafnder at y llythyr.

- Ysgrifennodd Paul at Philemon yn y gobaith y câi Onesimus ei ryddhau o'i gaethwasiaeth i'w alluogi i weithio'n llawn amser gyda Paul ar ei deithiau cenhadol. Wyddon ni ddim sut dderbyniad gafodd y llythyr, ond mae'n rhaid bod Philemon wedi ymateb yn ffafriol; fel arall, ni fyddai'r llythyr wedi'i gynnwys yn yr Ysgrythurau. Mae'n ddiddorol nodi bod gŵr o'r enw Onesimus wedi cael ei benodi'n esgob eglwys Effesus ar ddiwedd y ganrif gyntaf, ac mae llawer o'r farn mai'r un Onesimus oedd e. Credir fod Onesimus – y lleidr a'r esgob – wedi casglu holl lythyrau Paul at ei gilydd, ac wedi dewis cynnwys y llythyr personol hwn ymhlith y casgliad.

- Roedd caethwasiaeth yn gyffredin iawn o fewn y byd Rhufeinig, a chredir mai caethweision oedd tua 80% o boblogaeth

Athen yn y cyfnod hwn. Ond roedd agweddau pobl yn newid; er bod Paul yn dychwelyd Onesimus at ei feistr, mae'n gwneud hynny yn y gobaith o ennill ei ryddid. Roedd yr eglwys fore'n derbyn caethwasiaeth, ac yn dysgu caethweision y dylen nhw fod yn ufudd i'w meistri, ond credai hefyd y dylai'r meistri eu trin '*yn gyfiawn a theg*' (Colosiaid 4:1) a'u rhyddhau os oedd yr amgylchiadau'n caniatáu. Arweinwyr Cristnogol y cyfnod ddechreuodd ddysgu athrawiaeth fwy radical a chwyldroadol ynghylch caethwasiaeth, ac i Paul doedd dim gwahaniaeth rhwng caethwas a dyn rhydd (Galatiaid 3:28). Roedden nhw hyd yn oed yn dysgu bod Iesu wedi mabwysiadu statws caethwas, a bod hyn mewn gwirionedd yn un o nodweddion dilynwyr Iesu.

- Mae Paul yn defnyddio ychydig o weniaith sanctaidd wrth ysgrifennu y byddai'n cael ei fendithio pe bai Philemon yn rhyddhau ei gaethwas. Gan ddewis ei eiriau'n ofalus, meddai Paul wrth Philemon, '*Yr wyf yn ysgrifennu atat mewn sicrwydd y byddi'n ufuddhau: gwn y byddi'n gwneud mwy nag yr wyf yn ei ofyn*' (Philemon 21). Yn ei ffordd ddihafal ei hun, mae Paul yn dweud wrth Philemon beth i'w wneud!

Cell yn Philipi, lle credir i Paul gael ei garcharu am gyfnod.

### Llyfrau eraill i'w darllen

*Colossians and Philemon (Word Biblical Commentary)*, gan Peter T. O'Brien
*Paul for Everyone: The Prison Letters*, gan Tom Wright

# HEBREAID

## Yr eglwys ar ffo

**Awdur:** Paul, o bosib, ond does dim sicrwydd o hynny

**Dyddiad ei ysgrifennu:** 67–70 oc

**Math o lyfr:** Llythyr, traethawd neu bregeth

**Prif gymeriadau:** Moses, Melchisedec, a'r archoffeiriaid newydd

**Prif themâu:** Atgoffa pobl bod Iesu'n cyflawni proffwydoliaethau'r Hen Destament

### Teitl ac Arddull

Ysgrifennwyd y llythyr hwn at grŵp o Iddewon oedd yn dilyn Iesu ac yn credu mai fe oedd y Meseia. Y teitl gwreiddiol oedd *Pros Ebraious*, sef 'i'r Hebreaid'; roedd Hebreaid yn enw arall, llai cyfarwydd i ni heddiw, ar yr Iddewon.

### Lleoliad

Cefndir y llyfr hwn oedd y casineb cynyddol rhwng yr Iddewon a'r Rhufeiniaid. Roedd Rhufain ar fin dinistrio Jerwsalem, a hynny chwe blynedd yn unig ar ôl cwblhau'r Deml. Ysgrifennwyd at yr Hebreaid ychydig cyn diwedd ymgyrch dair-blynedd Rhufain i ddinistrio Jerwsalem, ac mae'r awdur yn dal i sôn amdani fel dinas gref, bwerus na ellir ei chipio.

Ail-greu defod yn y Deml, gydag archoffeiriaid yn arwain yr addoliad.

Fodd bynnag, yn 70 oc cododd y Rhufeiniaid ragfuriau ac ymosod ar y ddinas; ar ddiwedd y gwarchae dywedir fod dros 10,000 o bobl wedi'u croeshoelio o amgylch muriau Jerwsalem. Llwyr ddinistriwyd y Deml a adeiladwyd gan Herod Fawr; ni fyddai Jerwsalem byth yr un fath eto.

Cesar Nero oedd yn llywodraethu ar y pryd – gŵr a ddisgrifiwyd gan ei bobl ei hun fel teyrn milain oedd yn troi pobl yn erbyn y Cristnogion. Credir mai fe oedd yr arweinydd Rhufeinig cyntaf i arteithio a lladd Cristnogion ar raddfa eang. Roedd yn ymosod ar unrhyw un oedd yn amau ei rym a'i awdurdod fel 'mab duw', sef yr enw a roddai arno'i hun. Roedd datganiadau megis 'Iesu yw'r Arglwydd', 'Mae Iesu'n achub', a 'Iesu, Mab y Duw byw', yn corddi'r dyfroedd ac yn gwneud i bobl ofni'r grefydd newydd hon.

### Cefndir

Bellach, roedd Cristnogion Iddewig yn cael eu herlid gan y sefydliad Iddewig a hefyd yn cael eu harteithio a'u lladd gan y Rhufeiniaid – er nad oedd y Rhufeiniaid wedi cymryd llawer o sylw ohonyn nhw yn y gorffennol. Ymateb Paul i'r artaith ydy atgoffa'r credinwyr o'u ffydd yn yr atgyfodiad (Hebreaid 11:35). Oherwydd yr erledigaeth, roedd dilynwyr Iesu'n rhoi mwy a mwy o bwyslais ar y gobaith o ymuno ag ef yn ei ailddyfodiad. Teimlai'r fintai fechan hon fod popeth yn milwrio yn eu herbyn, a dechreuodd rhai feddwl am ddychwelyd i ddinas gref Jerwsalem gan fod y sefyllfa wleidyddol yn gwaethygu yn Rhufain, gyda rhai carfanau'n awyddus i weld Nero'n cael ei ddisodli.

Yn Jerwsalem ei hun, ac yn y byd Iddewig ehangach, roedd pobl yn dechrau troi at Grist. Gwelodd yr eglwys gynnydd mawr yn y nifer oedd yn cael tröedigaeth, ond o ganlyniad i'r erledigaeth a diffyg ffydd roedd rhai'n dewis dychwelyd at Iddewiaeth (Hebreaid 6:4–6). Digon bregus oedd yr eglwys ifanc hon, yn llawn o ddilynwyr ail-genhedlaeth oedd yn dechrau simsanu ac amau a oedden nhw wedi gwneud y dewis cywir wrth ddilyn Iesu. Roedd y dilynwyr yn mynychu llai a llai o wasanaethau eglwysig – efallai er mwyn osgoi cael eu dal – ac yn dod i'r casgliad y gallen nhw fod yn Gristnogion ymroddedig heb gwrdd â dilynwyr eraill. Ymateb yr awdur ydy eu hannog i gefnogi'i gilydd ac i beidio â rhoi'r gorau i gwrdd (Hebreaid 10:25).

## Y Manylion

- Yn Hebreaid 13:22 mae'r awdur yn cyfeirio at y testun fel '*y gair hwn o anogaeth*', gan awgrymu mai pregeth oedd hon yn wreiddiol, cyn cael ei hysgrifennu ar ffurf llythyr.

- Mae rhai o'r farn fod y testun wedi'i anelu'n wreiddiol at offeiriaid Iddewig, ac mai dyna pam y gwneir defnydd helaeth o iaith briodol, a geiriau megis tabernacl, Teml a Jerwsalem. Yn Actau 6:7 dywedir fod '*gair Duw'n mynd ar gynnydd . . . a thyrfa fawr o'r offeiriaid hefyd yn ufuddhau i'r ffydd*'.

- Gan mai ar gyfer Iddewon meseianaidd y lluniwyd y testun, daw'r rhan fwyaf o gymariaethau'r awdur o'r byd Iddewig. Yn iaith yr Hen Destament, mae'r awdur yn arwain y darllenydd drwy destun sy'n ei atgoffa o fywyd y tabernacl, ac yn esbonio aberth Crist o'r persbectif hwn. Yn Hebreaid 10:12 mae'r awdur yn atgoffa'r darllenydd o ddyletswydd yr offeiriaid i aberthu dros bechodau, ac yna'n cymhwyso'r ddelwedd hon i bortreadu Crist fel yr archoffeiriad mawr.

- I'r awdur, doedd dychwelyd at y ffydd Iddewig ddim yn opsiwn, ac mae'n ceisio dangos bod Iesu'n llawer mwy

nag agweddau creiddiol, mwyaf gwerthfawr, y ffydd Iddewig. Moses oedd ffigur canolog y ffydd Iddewig; yn Hebreaid 3:1–6 dengys yr awdur mai Moses newydd, mwy, ydy Iesu, a'i fod yn arwain exodus newydd. Y cyfamod rhwng Duw a'r bobl oedd sail y ffydd Iddewig, ond yn Hebreaid 12:18–24 mae'r awdur yn dangos bod marwolaeth Iesu'n gyfamod newydd, gwell. Seiliwyd yr holl ffydd ar systemau cymhleth o addoli, ac yn Hebreaid 9:11–28 dangosir mai Iesu oedd yr aberth fwyaf o'r cyfan; yn olaf, yn Hebreaid 4–7, dangosir fod Iesu'n uwch na'r archoffeiriad.

Cerflun o Marsyas, yn dangos arferiad y Rhufeiniaid o gosbi trwy grogi.

- Yn Hebreaid 4:14 mae'r awdur yn disgrifio Iesu fel '*yr archoffeiriad mawr*' – delwedd lawer mwy arwyddocaol i'r Iddewon meseianaidd 2,000 o flynyddoedd yn ôl nag i ni heddiw. Roedd Duw yn anweledig, ond yr archoffeiriad oedd yn cynrychioli Duw i'r bobl a'r bobl i Dduw, ac ef oedd uchaf o fewn yr offeiriadaeth, yn gwasanaethu'r offeiriaid eraill yn ogystal â'r bobl. Pwrpas y rôl hon oedd dod o hyd i ffyrdd o gysylltu'r Arglwydd â'i bobl. Câi'r cysylltiad rhwng Duw a'r bobl ei ystyried mor ganolog fel mai'r rôl yma oedd y peth pwysicaf y gallai unrhyw berson ei gyflawni. Byddai'r offeiriad yn cynnig aberthau ar ran y bobl i faddau eu pechodau, yn ymgynghori â Duw ar fater cyfeiriad Israel, ac yn cynnig cyngor ar faterion yn ymwneud â phurdeb a sancteiddrwydd defodol. Y peth pwysicaf oll oedd y ddwyfronneg ar wisg yr offeiriad, ac arni ddeuddeg o emau gwerthfawr – pob un yn cario enw un o lwythau Israel. Ar bob ysgwydd roedd chwe gem gwerthfawr gwahanol, oedd hefyd yn cynrychioli'r deuddeg llwyth. Pan

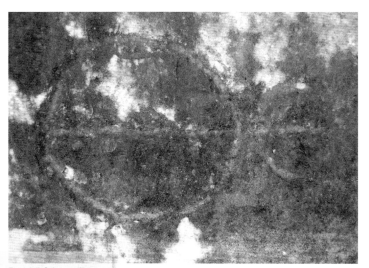

Byddai Cristnogion cynnar yn defnyddio delwedd pysgodyn yn y gobaith o osgoi erledigaeth.

eneinid yr offeiriad ag olew, diferai hwnnw dros ei ben a'i ysgwyddau, fel symbol o ras Duw yn llifo dros Israel. Roedd y gemau'n arwydd o'r llwythau roedd yr offeiriad wedi'u hysgrifennu ar ei galon er mwyn eu cynrychioli mewn addoliad i'r Arglwydd. Y broblem gyda'r archoffeiriaid oedd eu bod wedi ymbellhau oddi wrth y bobl gyffredin ers amser maith; bellach doedden nhw ddim ar yr un donfedd â phawb arall, nac yn 'cyd-ddioddef â'n gwendidau' (Hebreaid 4:15). Mae'r awdur yn disgrifio Iesu fel yr archoffeiriad mawr sy'n gallu uniaethu â gwendidau'r bobl.

• Disgrifir Iesu fel 'archoffeiriad yn ôl urdd Melchisedec' (Hebreaid 5:10). Yn y traddodiad Iddewig, credid fod Melchisedec yn offeiriad ar lefel uwch na'r rhai o urdd Aaron a weithiai yn y Deml. Roedd bod yn aelod o urdd Melchisedec yn gosod Iesu ar frig y rhestr o archoffeiriaid; oherwydd ei aberth ef, doedd dim diben bellach i'r Deml Iddewig gan mai Iesu ei hun oedd yr aberth derfynol.

• Bu llawer o ddadlau ai Paul oedd awdur llyfr yr Hebreaid. Os felly, mae'r ffaith fod Paul wedi'i ferthyru yn 67 oc yn golygu bod y rhain ymhlith ei eiriau olaf. Mae gwahaniaethau rhwng y testun hwn a llythyrau eraill Paul: er enghraifft, dydy e ddim yn agor gyda'r cyfarchiad 'Gras a thangnefedd'. Fel arfer, mae Paul yn ofalus iawn wrth ddyfynnu o'r Hen Destament, ond mae llyfr yr Hebreaid yn llawn o ddyfyniadau anghywir neu anghyflawn (e.e. Hebreaid 1:5–14). Yn ôl rhai ysgolheigion, mae'n bosibl mai'r awdur oedd Apolos (Actau 18:24) neu Barnabas (Actau 4:36) – ond mae'r ddadl yn parhau!

## Llyfrau eraill i'w darllen

*The Complete Chronicle of the Emperors of Rome*, gan Roger Michael Kean ac Oliver Frey
*Jewish New Testament Commentary*, gan David H. Stern
*Hebrews for Everyone*, gan Tom Wright

# Dal ati ar waetha'r gormeswr

**Awdur:** Iago, brawd Iesu
**Dyddiad ei ysgrifennu:** 60 oc
**Math o lyfr:** Llythyr
**Prif gymeriadau:** Iago a'r deuddeg llwyth
**Prif themâu:** Gall y tafod gynnau tanau mawr, felly dylid ei warchod a dyfalbarhau, hyd yn oed wrth ddioddef

## Teitl ac Arddull

Yn y fersiwn Groeg, mae'r awdur yn cyfeirio ato'i hun fel *Iakobos* – enw a gyfieithir bellach fel Iago neu Jacob. Credir fod yr enw Iago'n dod o'r Eidaleg *Giacomo*, ffurf ar yr enw Hebraeg Jacob, sef 'y disodlwr'. Brawd Iesu oedd Iago; yn wreiddiol credai mai eithafwr crefyddol oedd Iesu, ac oherwydd hynny roedd wedi bod yn ei osgoi. Trodd yn Gristion ar ôl gweld yr Iesu atgyfodedig (1 Corinthiaid 15:7). Daeth Iago'n un o brif arweinwyr yr eglwys yn Jerwsalem, a chrybwyllir ef sawl gwaith yn llyfr yr Actau. Cymerodd ran mewn nifer o ddadleuon yn ymwneud â Christnogaeth a'r Cenedl-ddynion, yn cynnwys y drafodaeth ar enwaediad. Ysgrifennwyd y llythyr mewn arddull ymarferol, yn canolbwyntio ar agweddau sylfaenol y ffydd.

## Lleoliad

Ysgrifennai Iago o Jerwsalem oedd wedi newid yn ddramatig ers croeshoeliad Iesu yn 27 oc. Roedd y berthynas rhwng y sefydliad Iddewig a Rhufain wedi chwalu'n llwyr, a'r sefyllfa'n ymfflamychol. Sefydlwyd Herod fel brenin dibynnol i gynrychioli Rhufain, ond ar ôl iddo farw yn 4 oc daeth y ddinas a'r ardal gyfagos dan reolaeth uniongyrchol y Rhufeiniaid. Yn y flwyddyn 6 oc dilewyd statws Jwdea fel teyrnas ddibynnol; gwnaed hi'n dalaith Rufeinig ac yn ganolfan i gorfflu o filwyr oedd yn fwy na pharod i ddefnyddio'u pwerau cyfreithiol.

## Cefndir

Er bod yr holl orthrwm yn dân ar groen y grwpiau chwyldroadol roedd trethi Rhufain, a'r gaer a godwyd ar furiau allanol y Deml, yn achosi llawer mwy o loes iddyn nhw. Roedd y Selotiaid yn ymladd ymysg ei gilydd heb arweiniad clir, disgyblaeth na hyfforddiant i'w paratoi ar gyfer y brwydrau oedd yn eu hwynebu. Doedd ganddyn nhw ddim gobaith yn erbyn eu gwrthwynebwyr cryf.

Dros amser, dechreuodd y Rhufeiniaid hawlio mwy a mwy o rym oddi ar yr archoffeiriad. Gosodwyd ei urddwisgoedd dan ofal y Rhufeiniaid, a throsglwyddid pawb oedd i'w cosbi i'r Rhufeiniaid. Yn y diwedd, roedd y sefyllfa mor ormesol nes i'r archoffeiriaid fynnu codi mur uchel i rwystro'r Rhufeiniaid rhag gallu gweld i mewn i dir y Deml. Yn 66 oc cipiwyd caer Antonia gan griw o chwyldroadwyr Iddewig ac ildiodd gweddill y milwyr, ond yn 70 oc ymosododd y

Y synagog yn Korazin. Byddai'r eglwys fore wedi rhannu'r adeilad gyda'r Iddewon i bwrpas addoliad.

Model o Jerwsalem yn nyddiau Iesu. Gwelir caer Antonia – a adeiladwyd gan y Rhufeiniaid ar bwys y Deml – ar ochr dde'r llun.

Rhufeiniaid ar Jerwsalem a dinistrio'r Deml.

Roedd Iago'n gweinidogaethu dan amgylchiadau ansefydlog iawn, gyda'r Rhufeiniaid yn benderfynol o ffrwyno'r Iddewon, a hwythau yn eu tro yn ceisio cael gwared o'r goresgynwyr Rhufeinig, a'r Cristnogion yn ceisio cadw allan o'r golwg. Roedd rhai Cristnogion yn ymuno â'r gwrthryfelwyr, ac eraill yn cadw'n dawel yn y gobaith y byddai pethau'n gwella. Mae Iago'n ysgrifennu at y Cristnogion gwasgaredig gan alw arnyn nhw i ddyfalbarhau yn erbyn yr erledigaeth a gwneud popeth posib i dawelu'r dyfroedd. Gobaith Iago ydy y bydd yr eglwys yn parhau'n sanctaidd ac amyneddgar drwy'r treialon sydd o'u blaenau.

## Y Manylion

- Yn Iago 2.2 mae'r awdur yn defnyddio'r gair Groeg *sunagoge*, sef 'pobl yn dod at ei gilydd', wrth ddisgrifio man cwrdd y Cristnogion. Gan mai mewn synagogau roedd yr eglwys fore'n addoli'n wreiddiol, rhaid bod y llythyr wedi'i lunio cyn i'r eglwys adael Jerwsalem. Mae'n bosib, felly, mai dyma'r testun Cristnogol cynharaf, wedi'i lunio i gynghori'r dilynwyr ynghylch eu hymddygiad.

- Mae Iago'n defnyddio delweddau sy'n berthnasol i gefn gwlad Palesteina, gan sôn am roi '*ffrwyn yng ngenau'r march*', fel y gwneid wrth ffermio, ac am lyw llong sy'n cludo nwyddau. Sonnir hefyd am bob math o anifeiliaid, adar, ymlusgiaid a chreaduriaid y môr yn cael eu dofi gan ddynion.

- Yn Iago 3:8 disgrifir y tafod fel '*Drwg diorffwys . . . yn llawn o wenwyn marwol*'. Yng nghyd-destun Iddewiaeth, ystyr hyn ydy cario clecs, enllibio, adrodd straeon celwyddog a chamddefnyddio iaith.

- Mae llythyr Iago'n gryf o blaid y tlodion; gweithredoedd oedd yn bwysig iddo ef, ac roedd ffydd ar ei phen ei hun, '*os nad oes ganddi weithredoedd, yn farw*' (Iago 2:17). Ym mhennod 5 mae Iago'n rhybuddio'r cyfoethogion y bydd yr aur a'r arian yn '*rhydu*', a bod eu ffordd warthus o drin eu gweision yn digio Duw yn fawr. Sylweddolai Iago fod angen i'r eglwys ymddwyn yn wahanol; pwysodd ar ddynion busnes i drin eu gweithwyr yn gyfiawn, a thalu cyflog teg iddyn nhw – gan eu rhybuddio nad ydy eu moethusrwydd yn ddim ond '*pesgi'ch hunain ar gyfer dydd y lladdfa*' (Iago 5:5).

- Trwy gydol y llyfr mae Iago'n cyfeirio'r darllenydd at gymeriadau'r Hen Destament. Yn Iago 2:20–24 cyfeirir at aberth Abraham ac Isaac; yn Iago 2:25 dywedir fod Rahab y butain yn fodlon cuddio'r ysbïwyr yn ei chartref; cawn ein hatgoffa yn Iago 5:10–11 o ddyfalbarhad a dioddefaint Job, ac yn Iago 5:17–18 sonnir am y proffwyd Elias.

- Yn Iago 3:6 mae'r awdur yn defnyddio'r ddelwedd o uffern. Y term a ddefnyddir ydy Gehenna; yn nyddiau Iesu, tomen sbwriel oedd Gehenna, i'r de o Jerwsalem. Ar un adeg aberthid plant i'r duw Molech yn y llecyn hwn, a enwid bryd hynny'n Ben-hinnom (2 Brenhinoedd 23:10). Wrth sôn am Gehenna, mae Iago'n cyfeirio at fan lle llosgid sbwriel, a lle byddai cŵn yn ymladd dros sbarion bwyd. Yn efengyl Mathew mae Iesu'n cyfeirio sawl gwaith at Gehenna, er mwyn i bawb ddeall sut le ydy uffern (Mathew 5:22, 29; 10:28; 18:9; 23:15, 33).

Dim ond wrth drafod â phobl grefyddol roedd Iesu'n defnyddio'r gair 'uffern'; roedd am ddangos iddyn nhw beth oedd canlyniad peidio ag ufuddhau i ewyllys Duw – sef creu uffern ar y ddaear.

- Yn ôl yr hanesydd Josephus, lladdwyd Iago yn 62 OC gan yr archoffeiriad Ananus. Merthyrwyd ef yn Jerwsalem trwy ei daro â phastwn a ddefnyddid i guro brethyn budr.

**Llyfrau eraill i'w darllen**

*Tortures and Torments of the Christian Martyrs: The Classic Martyrology*, gan Antonio Gallonio
*Rome and Jerusalem: The Clash of Ancient Civilizations*, gan Martin Goodman
*James (Word Biblical Commentary)*, gan Ralph P. Martin

Gehenna, y tu allan i Jerwsalem, hen domen sbwriel y ddinas. Mae Iago'n defnyddio'r enw i gyfleu uffern.

# Gair o Fabilon

**Awdur:** Pedr
**Dyddiad ei ysgrifennu:** 60–64 oc
**Math o lyfr:** Llythyr
**Prif gymeriadau:** Pedr, Silas/Silfanus
**Prif themâu:** Mae cyfnod anodd o'ch blaen; safwch yn gadarn ac ymroi i sancteiddrwydd

## Teitl ac Arddull

Cafodd Pedr ei ferthyru yn Rhufain yn 64 oc – trwy dorri ei ben i ffwrdd, mae'n fwyaf tebyg – a hynny, fel yn achos Paul, trwy orchymyn Cesar Nero. Mae'n rhaid, felly, fod y llythyr wedi'i ysgrifennu rhwng 60 a 64 oc. Cymerir y teitl o enw'r awdur, a hwn ydy ei lythyr cyntaf at nifer o eglwysi yn Asia Leiaf oedd yn dioddef erledigaeth. Daw'r enw Pedr o'r gair Groeg *Petros*, sef 'carreg' neu 'craig', a defnyddir ef gan Iesu yn Mathew 16:18.

Doedd Pedr ddim yn ddyn dysgedig; bu'n bysgotwr yng Ngalilea, a phan ymddangosodd gerbron y Sanhedrin yn Actau 4:13 disgrifir ef fel '*lleygwr annysgedig*' – sy'n peri dryswch wrth ystyried arddull ffurfiol y llythyr. Yn 1 Pedr 1:1 honna'r awdur mai fe ydy '*Pedr, apostol Iesu Grist*', ond credir fod safon ieithyddol y llythyr Groeg y tu hwnt i'w allu. Mae'n bur debyg fod ysgrifennydd wedi llunio'r llythyr ar ei ran, ac yn 1 Pedr 5:12 dywed ei fod '*yn ysgrifennu'r ychydig hyn trwy law Silfanus*'. Gallai'r geiriau hyn olygu bod Silas, neu Silfanus, wedi caboli geiriau Pedr i ffurfio testun mwy dealladwy.

Mae'r synagog yng Nghapernaum yn dyddio o'r cyfnod rhwng yr ail a'r bedwaredd ganrif oc; mae'n bosibl fod synagog o gyfnod Iesu wedi sefyll ar yr un safle.

Hanai Pedr o Gapernaum, ar lan ogleddol Môr Galilea – cartref llawer o bysgotwyr annibynnol eu meddwl oedd yn casáu'r ymerodraeth Rufeinig â chas perffaith. Roedd Capernaum yn ganolfan i filwyr yr ymerodraeth Rufeinig, gan mai yno y cesglid trethi. Siaradai trigolion Capernaum yn ddiflewyn-ar-dafod yn erbyn y Rhufeiniaid, gan ddangos eu hanfodlonrwydd mewn gair a gweithred. Roedd Pedr yn nodweddiadol o'r Galileaid – yn ddi-lol a phenboeth, ac yn gweld popeth yn ddu a gwyn. Siaradai pysgotwyr Galilea mewn acen unigryw, yddfol, ac yn Marc 14 gwelwn fod dull Pedr o siarad wedi bradychu'r ffaith ei fod yn un o ddilynwyr Iesu.

## Cefndir

Roedd Pedr wedi cael profiad personol o lywodraethu milain y Rhufeiniaid, yn enwedig eu trethi afresymol o uchel. Teimlai'r Galileaid eu bod dan orthrwm, yn alltudion yn eu gwlad eu hunain, heb unman i droi. Dechreuon nhw roi'r llysenw 'Babilon' ar yr ymerodraeth Rufeinig, gan gyfeirio at yr adeg pan oedd yr Iddewon yn alltudion; dros amser, daeth 'Babilon' yn derm dirmygus am Rufain, yr archbŵer milwrol. Wrth sôn am Fabilon ar ddiwedd ei lythyr cyntaf, mae'n sicr mai cyfeirio at Rufain mae Pedr; ni allai fod ym Mabilon ar y pryd gan fod y ddinas wedi'i dinistrio ers blynyddoedd lawer. Bellach mae Pedr, brodor o bentref bach ar lan Môr

Galilea, yn byw ac yn gweinidogaethu yn Rhufain – canolfan yr ymerodraeth anfad a fyddai, maes o law, yn dinistrio Jerwsalem.

## Lleoliad

Ysgrifennwyd llythyr cyntaf Pedr at y Cristnogion ar hyd a lled Asia Leiaf oedd yn cael eu herlid yn barhaus. Lleolir Asia Leiaf yn Nhwrci ein dyddiau ni – rhwng y Môr Du yn y gogledd, Caucasus yn y gogledd-ddwyrain, y Môr Canoldir i'r de a'r Môr Egeaidd i'r gorllewin. Pan ddaeth y Cristnogion cyntaf i'r ardal hon roedd llawer o bobl wedi'u croesawu â breichiau agored, ac wedi gwrando ar yr efengyl. Oherwydd eu hymrwymiad i Iesu, troesant eu cefn ar dduwiau eraill a newid eu hymddygiad. Roedd y newid mor ddramatig fel bod y credinwyr newydd yn cael eu gweld fel pobl oedd yn annheyrngar i'w dinas, yr ymerodraeth a'r ymherodr ei hun.

Yn Asia Leiaf byddai pawb yn cwrdd yn y temlau paganaidd, nid yn y farchnad, i drafod busnes ac i gymdeithasu, a doedd dim modd i'r Cristnogion fynychu cyfarfodydd o'r fath. Câi'r trigolion lleol drafferth i ddeall y sefyllfa; yn aml iawn doedden nhw ddim yn credu yn y duwiau lleol, ond yn fodlon dilyn y drefn fel arwydd o deyrngarwch i'w cymuned. Craidd y drafodaeth oedd pam nad oedd dilynwyr Iesu yn fodlon cynnig rhyw arwydd o addoliad yn y temlau i'w galluogi i gymryd rhan yn y cyfarfodydd hyn. Dechreuodd trigolion Asia Leiaf feddwl am y Cristnogion fel pobl ystyfnig am eu bod yn gwrthod cadw'r ddysgl yn wastad trwy wneud eu dyletswydd. Roedd y Cristnogion hefyd yn ofalus iawn yn eu hymwneud ag alcohol, bwyd a moesoldeb rhywiol, ac roedden nhw wedi dechrau delio mewn masnach deg. O ganlyniad, roedd ffrindiau gynt – oedd yn dal i fwynhau bywyd gwyllt yn llawn partïon meddw, anfoesol – wedi ymbellhau; yn waeth fyth, câi'r Cristnogion eu cam-drin, eu gwrthod a'u cywilyddio, a'u herlid yn econ-omaidd. Nid sôn am erledigaeth swyddogol ar ran yr ymerodraeth y mae Pedr, ond am feirniadaeth teulu a ffrindiau oedd yn methu'n lân â deall y foesoldeb Gristnogol newydd. Roedd yn ymwneud â chael eu gwrthod a'u cam-drin, eu curo gan aelodau o'r teulu, a hyd yn oed ddioddef ymosodiadau gan gangiau treisgar. Credai trigolion Asia Leiaf nad oedd lle i'r Cristnogion hyn yn eu cymdeithas hwy – ac roedd y sefyllfa'n dechrau cael effaith ddinistriol ar yr eglwys.

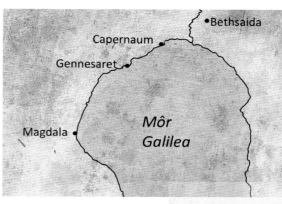

Map yn dangos lleoliad pentref Pedr.

## Y Manylion

- Byddai llythyrau'n agor â chyfarchiad ffurfiol. Yma, fel yn llythyrau Paul, mae Pedr yn agor â'r geiriau *charis kai eirene*, sef 'Gras a thangnefedd' (1 Pedr 1:2). Mae dyfnder ac arwyddocâd yn perthyn i'r geiriau, gan gyfleu'r syniad o Dduw yn rhoi ffafr heb ofyn am ddim byd yn ei le; gellir hefyd ei gyfieithu fel 'llawenydd'. Daw'r gair 'eirene' o'r Hebraeg *shalom*, sef 'cyfan', 'unedig', 'achubwyd' a 'bendithiwyd'. Mae'r geiriau agoriadol yn dangos agwedd yr awduron tuag at gariad Duw: roedd yn rhad ac am ddim, ac yn llawn derbyniad a heddwch. Trwy ddefnyddio'r gair roedden nhw'n ymestyn cariad Duw at y rhai fyddai'n derbyn y llythyr.

- Yng Nghapernaum ein dyddiau ni mae tŷ sy'n cael ei adnabod fel cartref Pedr; ar waliau un o'r ystafelloedd mae graffiti hynafol yn dweud yn glir 'Iesu yw'r

Tŷ y credir iddo fod yn gartref i Pedr.

*Arglwydd'*. Wyddon ni ddim i sicrwydd ai hwn oedd cartref Pedr, ond serch hynny gallwn ddychmygu sut deimlad oedd bod yn un o ddilynwyr Iesu, ac mor llawn o frwdfrydedd a chyffro nes ysgrifennu'r geiriau i bawb eu gweld.

- Yn 1 Pedr 3:18–20 mae Pedr yn sôn am yr hyn ddigwyddodd rhwng marwolaeth Iesu a'r atgyfodiad. Yn ôl Pedr, aeth Iesu i bregethu i'r '*ysbrydion yng ngharchar*' oedd wedi pechu yn nyddiau Noa. I'r Iddewon, mae stori Noa'n ymwneud â Duw yn barnu'r pechaduriaid, a Noa'n cynrychioli ffigur y Meseia sy'n achub y rhai oedd yn fodlon ei ddilyn. Gellir dehongli hanes Pedr mewn sawl ffordd. Un ffordd resymegol o safbwynt Iddewig fyddai gweld hyn fel Pedr yn defnyddio stori Noa fel trosiad: mae Iesu'n mynd i uffern i bregethu i'r rhai sydd heb glywed yr efengyl, boed hynny yn nyddiau Noa neu heddiw.

- Cymdeithas gymysg oedd un Asia Leiaf, gyda ffermwyr cyfoethog a thlawd yn byw'n bur agos at ei gilydd. Dywed Pedr y bydd y 'Pen Bugail' yn ymddangos eto (1 Pedr 5:4). Daw'r ddelwedd hon o Iesu o Salm 23, lle mae Duw yn fugail dros yr addolwyr – delwedd gref i ddarllenwyr yn Asia Leiaf. Câi bugeiliaid eu hystyried fel dynion cwbl ymroddedig oedd yn gwarchod eu preiddiau ac yn gofalu'n dyner amdanynt. Er bod bugeiliaid yn dlawd, roedd y ddelwedd ohonyn nhw'n un gadarnhaol iawn.

- Yn 1 Pedr 5:14 mae'r awdur yn dweud wrth y bobl am gyfarch ei gilydd '*â chusan cariad*' – cyfarchiad oedd yn gyffredin ymhlith swyddogion, cleientiaid ac aelodau'r teulu. Roedd yr eglwys yn fwy na chymdeithas o bobl – roedd hi hefyd yn deulu. Mae'n debyg mai dyma oedd sail y sibrydion fod Cristnogion yn dangos cariad annormal at ei gilydd, a byddai pobl wrth sôn am yr eglwys fore yn aml yn gwneud ensyniadau annifyr am losgach.

### Llyfrau eraill i'w darllen

*Travels and Researches in Asia Minor*, gan Charles Fellows
*1 Peter (Tyndale New Testament Commentaries)*, gan Wayne Grudem

# Gair o Fabilon eto

**Awdur:** Pedr
**Dyddiad ei ysgrifennu:** 64–65 oc
**Math o lyfr:** Llythyr
**Prif gymeriadau:** Pedr, ac athrawon ffug
**Prif themâu:** Mae Pedr yn herio'r eglwys i fod yn sanctaidd ac i blesio Duw

## Teitl ac Arddull

Mae arddull 2 Pedr yn wahanol iawn i'r llythyr cyntaf, gan arwain rhai i gredu nad Pedr oedd yr awdur. Dyfais a ddefnyddid yn aml mewn llenyddiaeth Iddewig oedd ysgrifennu araith olaf arwr megis Moses, Job neu Enoch. Mae'r traddodiad hwn o 'destament gwely angau' yn deillio o gofnodi geiriau olaf

Jacob i'w feibion (Genesis 48:8–49:27), a defnyddiai ysgolheigion y ddyfais i atgoffa pobl o athrawiaethau'r arwr. Gallai gynnwys dysgeidiaeth, rhybuddion a geiriau proffwydol yr arwr fel bod cenedlaethau'r dyfodol yn cael cyfle i'w darllen. Gwyddom fod Pedr yn tynnu at ddiwedd ei oes (2 Pedr 1:14), ac mai dyma fyddai ei eiriau olaf at yr eglwys, felly gellid galw'r llyfr yn 'Destament Pedr'. Posibilrwydd

Mae Pedr yn defnyddio'r ddelwedd o Fenws fel seren y bore yn symbol o ddychweliad Iesu.

arall ydy fod 1 Pedr wedi'i lunio gan ei ysgrifennydd, ac mai ef ei hun a luniodd y llythyr hwn (2 Pedr 1:1). Byddai hynny'n gwneud gwell synnwyr, gan fod arddull y llythyr cyntaf yn gaboledig iawn a'r ail wedi'i lunio mewn iaith fwy cyffredin.

## Cefndir

Bu grŵp o Gristnogion teithiol yn ymweld â'r eglwys fore, ac yn dysgu diwinyddiaeth wahanol i un Pedr a Paul. Byrdwn yr athrawiaeth hereticaidd hon oedd na fyddai Iesu'n dychwelyd, ac mai trosiad oedd y cyfan; hefyd, bod iachawdwriaeth lawn i'w chael yn y byd hwn, ac nad oedd y fath beth yn bod â Dydd y Farn na bywyd tragwyddol. Bwriad Pedr yn ei lythyr oedd mynegi pryder ynghylch yr athrawiaethau ffug hyn, a cheisio gwrthweithio'u hawdurdod cyn i bethau fynd yn rhy bell.

## Lleoliad

Roedd Pedr yn parhau i fyw yn Rhufain, ac ysgrifennodd ei ail lythyr yn ystod teyrnasiad Nero. Cefndir y llyfr ydy'r erledigaeth gynyddol roedd yr eglwys yn ei dioddef, a hynny fwyfwy o du'r sefydliad. Doedd yr ymerodraeth na'r Cristnogion ddim yn hoff o'r Ymherodr Nero; disgrifiwyd ef gan Suetonius, yr hanesydd Rhufeinig, fel person gordew, drewllyd, ei lygaid yn bŵl a'i groen yn llawn plorod. Roedd yr ymerodraeth wedi colli pob ffydd yn ei harweinydd, a Nero ar fwy nag un achlysur wedi beio pobl eraill – Cristnogion gan amlaf – am ei ffaeleddau ei hun.

Ar 18 Gorffennaf 64 oc, ychydig cyn i Pedr farw, dinistriwyd rhannau helaeth o ddinas Rhufain mewn tân trychinebus, a rhoddodd Nero'r bai ar y Cristnogion. Honnai'r awdurdodau fod rhai Cristnogion wedi cyfaddef mai nhw gyneuodd y tân, a defnyddiwyd hyn i fygwth bywydau aelodau o'r gymuned Gristnogol. Gan fod Nero'n chwilio am rywun i'w feio, roedd y Cristnogion yn fwch dihangol cyfleus iawn.

Adroddodd Tacitus, seneddwr a hanesydd, fod trigolion Rhufain yn benderfynol o feio Nero am y tân; yn ei orffwylltra, gorchmynnodd daflu'r Cristnogion oedd dan amheuaeth i'r cŵn, a châi eraill eu croeshoelio a'u llosgi.

## Y Manylion

- Yn 2 Pedr 1:13 dywedir, '*Tra bydd y cnawd hwn yn babell imi, yr wyf yn ystyried ei bod hi'n iawn imi eich deffro trwy eich atgoffa amdanynt*'. Dydy'r gair 'cnawd' ddim yn ymddangos yn y Roeg wreiddiol, felly mae'r cyfieithwyr wedi ychwanegu'r gair i'n helpu i ddeall geiriau Pedr.

- Sylwodd astrolegwyr yr hen fyd fod y blaned Fenws yn aml yn y golwg ychydig cyn y wawr, felly rhoddwyd yr enw Groeg *phosphoros* arni. Yn 2 Pedr 1:19 cyfieithir hyn fel 'seren y bore', gyda Pedr yn defnyddio'r ddelwedd i gynrychioli ailddyfodiad Iesu. Mae Pedr, fel Paul, yn aml yn defnyddio delweddau o'r diwylliant cyfoes yn ei neges efengylaidd.

- Yn 2 Pedr 2:4 defnyddir y gair *tartarosas*, a gyfieithir fel 'uffern'. Ym mytholeg gwlad Groeg, pydew a ddefnyddid fel dwnsiwn i arteithio pobl oedd Tartarus, a chysylltid ef â'r isfyd. Yma, mae Pedr yn benthyg gair o fytholeg gwlad Groeg a'i ddefnyddio i gyfeirio at le a gysylltid â chosb.

- Dywedir yn 2 Pedr 3:10 y caiff popeth ei ddinistrio â thân, '*a'r ddaear a phopeth sydd ynddi yn peidio â bod*'. Yn ôl cyfieithiad arall, diwedd y frawddeg ydy '*yn cael ei dinoethi*'. Y gair a gyfieithwyd fel '*dinoethi*' ydy *heurethesetai*, sy'n awgrymu 'gweld rhywbeth oedd yna drwy'r amser', neu agor rhywbeth i weld beth oedd yn guddiedig.

- Roedd syniadau pobl am fywyd tragwyddol yn gymhleth a dryslyd i'r eglwys, gan fod diwinyddiaeth Iddewig yn gwrthdaro yn erbyn un Groeg a Rhufain. Syniadau 'dewis a dethol' oedd gan y Groegiaid am y bywyd tragwyddol, gyda rhai'n meddwl mai dyna pryd y câi'r enaid ei ryddhau o'r corff i fwynhau bywyd tragwyddol, ac eraill yn credu y byddai rhyw ran o'r bod dynol – enaid neu isymwybod – yn parhau i 'fyw' ar y ddaear. Un gred gyffredin oedd y byddai pobl yn bodoli fel ysbrydion yn Hades, heb unrhyw natur ddynol nac ymwybyddiaeth yn perthyn iddyn nhw. Roedd safbwynt y Cristnogion yn gwbl wahanol: credai Pedr yn atgyfodiad y corff, gyda phobl a achubwyd trwy aberth Iesu'n byw am byth gyda'r Tad. Ym marn y Groegiaid a'r Rhufeiniaid roedd hwn yn gysyniad od iawn, gyda rhai o'r farn fod Cristnogion yn credu mewn ailymgnawdoliad; dyna pam roedd llythyr Pedr mor bwysig.

Adfeilion yr hen Rufain.

- Yn 2 Pedr 3:13 dywed Pedr ei fod yn edrych ymlaen '*am nefoedd newydd a daear newydd*'. Y gair rydyn ni'n ei gyfieithu fel 'newydd' ydy *puroumenoi*, sydd hefyd yn golygu 'wedi'i buro' neu 'wedi'i drawsnewid'. Ni fydd y ddaear newydd mae Pedr yn sôn amdani'n gwbl newydd, ond yn hytrach yn ddaear wedi'i hatgyfodi, ei thrawsnewid a'i hadnewyddu. Nid dechrau o'r newydd ydy bwriad Duw, ond ailgylchu'r hen i greu'r newydd.

**Llyfrau eraill i'w darllen**

*Travels and Researches in Asia Minor*, gan Charles Fellows
*2 Peter and Jude (Tyndale New Testament Commentaries)*, gan Michael Green

# Rhwystrwch yr Anghrist

**Awdur:** Ioan, mab Sebedeus
**Dyddiad ei ysgrifennu:** 85–95 OC
**Math o lyfr:** Llythyr
**Prif gymeriadau:** Yr arglwyddes etholedig, Gaius, Diotreffes a Demetrius
**Prif themâu:** Rydym i gyd yn bechaduriaid, ond fe'n gelwir i rodio yn y goleuni gan mai Duw ydy'r goleuni

## Teitl ac Arddull

Defnyddir enw'r awdur fel teitl i'r tri llythyr; yn yr Hebraeg ei ystyr ydy 'Mae Duw yn rasol'. Roedd Ioan, mab Sebedeus, a'i frawd Iago ill dau'n ddisgyblion i Iesu. Er na chrybwyllir Ioan yn y testun, credid o'r cychwyn mai ef oedd awdur gwreiddiol y llyfr cyntaf, ac mae'n bur debyg mai ef oedd awdur y ddau lyfr arall hefyd. Ysgrifennwyd y llythyr cyntaf, fel Efengyl Ioan, mewn Groeg caboledig, ac mae termau a syniadau tebyg yn y ddau.

Enghraifft o lythyr yn perthyn i'r byd Groegaidd–Rhufeinig.

## Lleoliad

Wyddon ni ddim ymhle yn union yr ysgrifennodd Ioan y llythyrau hyn, ond awgrymwyd Effesus, Rhufain a dinasoedd eraill rhwng y ddau le. Dydy'r lleoliad dim yn bwysig, ond mae'r syniadau oedd yn cylchredeg ar y pryd yn awgrymu bod y llythyrau wedi'u hysgrifennu tua diwedd y ganrif gyntaf OC.

## Cefndir

Roedd yr eglwys fore'n brwydro yn erbyn rhaniadau difrifol, a'r dasg o'i chyfarwyddo mewn diwinyddiaeth yn gynyddol anodd, gyda gwahanol syniadau a heresïau'n milwrio yn erbyn ei gilydd. Y prif gwestiwn oedd a allai Iesu fod yn ddynol ac yn ddwyfol ar yr un pryd ai peidio; credai'r Groegiaid fod y byd yn un cwbl ffisegol a bod teyrnas ysbrydol yn bodoli ar wahân. Credid fod yr elfennau ffisegol ac ysbrydol yn anghydnaws â'i gilydd, nad oedd modd i'r ddau gydfodoli, ac na allai Iesu fod yn rhan o'r ddau fyd. Un heresi ar led oedd mai dim ond *ymddangos* fel bod dynol roedd Iesu, ond bod yr ysbryd wedi dod i mewn i'w gorff pan fedyddiwyd ef, a'i adael ychydig cyn y croeshoelio. Datblygodd mudiad Docetiaeth – cangen o'r Gnostigiaid – y syniad na allai Duw fod yn ddynol a dioddef poen, ac mai dyna pam y cymerodd Duw ffurf ddynol Iesu o Nasareth. Dadl y mudiad, felly, oedd mai elfen ysbrydol Iesu oedd bwysicaf, ac nid yr elfen gorfforol. Credent hefyd na ellid cyfathrebu â'r Duw ysbrydol ond trwy brofiadau cyfriniol a gwybodaeth ddwfn, ac nad oedd angen poeni am ddangos cariad a gofalu am y tlodion.

Gwyddai Ioan nad oedd y syniadau hyn yn gywir; roedd wedi gweld Iesu'n wylo ger bedd ei ffrind, ac yn marw ar y groes. Roedd hefyd wedi'i weld yn atgyfodi, felly doedd ganddo ddim amheuaeth o gwbl ynghylch ei natur ddynol a dwyfol. Mae Ioan yn herio'r Docetiaid trwy ddadlau bod yn rhaid gwreiddio'r ffydd Gristnogol yn gadarn yn y ddealltwriaeth mai bod dynol ydy Iesu, a'i fod ar yr un pryd yn gwbl ddwyfol.

# Y Manylion

- Mae rhan agoriadol 1 Ioan yn debyg o ran cynnwys i'w Efengyl, ac yn defnyddio'r un geiriau, sef 'dechreuad', 'Gair', 'bywyd' a 'gyda'; o'r cychwyn cyntaf mae'n gwrth-ddweud athrawiaeth y Gnostigiaid. Does gan Ioan ddim amheuaeth o gwbl mai Iesu oedd y gair a wnaed 'yn gnawd a phreswylio yn ein plith' (Ioan 1:14).

- Yn 1 Ioan 2:12–14 mae'r awdur yn torri ar draws ei neges i ddyfynnu cerdd a gyfansoddodd i'r tadau, y gwŷr ifanc a'r plant sydd angen clywed neges Iesu am achubiaeth. Dewiswyd y tri chategori hyn i gynrychioli doethineb, egni'r ifanc a diniweidrwydd.

- Mae ail a thrydydd llythyr Ioan yn fyrrach o lawer, ac yn canolbwyntio ar faterion penodol sy'n berthnasol i bobl benodol. Yn 3 Ioan mae'n sôn am Diotreffes – arweinydd eglwys uchelgeisiol a balch sy'n cario clecs ac yn herio awdurdod yr apostolion. Dywed Ioan fod Diotreffes wedi ceisio rhwystro credinwyr rhag croesawu eraill atyn nhw, 'ac yn eu bwrw allan o'r eglwys' am geisio gwneud hynny (3 Ioan: 10). Mae'r ail a'r trydydd llythyr yn debycach i air at ffrindiau nag i lythyrau at yr eglwys ehangach.

- Yn 3 Ioan 1:7 dywedir fod pobl yn mynd i efengylu 'er mwyn yr Enw' – term anghyffredin na ellir mo'i ddeall ond yng nghyd-destun Iddewiaeth. Byddai Iddewon uniongred yn cyfarch yr Arglwydd â'r teitl *Ha-shem*, sef 'yr Enw', er mwyn lleihau'r siawns o gamddefnyddio enw Duw a thrwy hynny dorri'r gyfraith (Exodus 20:7). Wrth weddïo defnyddiai'r Iddewon y gair *Adoni*, ond mewn sgwrs bob-dydd byddent yn galw Duw'n *Ha-shem*, yr Enw a ddefnyddir yn Lefiticus 24:11.

- Gan fod Docetiaeth, fel ffurf ar Gnostigiaeth, yn pwysleisio'r ysbrydol dros y ffisegol, roedd yr arweinwyr eglwysig yn defnyddio hyn fel esgus dros beidio â datblygu sancteiddrwydd personol. Dywed Ioan eu bod yn dilyn ôl troed yr anghrist (1 Ioan 2:18) ac yn ymddwyn fel paganiaid anfoesol – yn dafodrydd a llac eu moesau.

- Mae'r gair 'cariad' yn ymddangos 30 o weithiau yn y tri llythyr – nifer uchel o gofio pa mor fyr ydy'r testunau. Trwy ailadrodd y gair pwysleisir mai cariad ydy elfen bwysicaf bod yn ddisgybl i Grist.

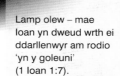

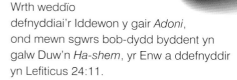

Lamp olew – mae Ioan yn dweud wrth ei ddarllenwyr am rodio 'yn y goleuni' (1 Ioan 1:7).

**Llyfrau eraill i'w darllen**

*Doctrine and Practice in the Early Church*, gan Stuart George Hall

*The Essential Bible Companion*, gan John H. Walton, Mark L. Strauss a Ted Cooper Jr

# Adeiladwch eich hun yn y ffydd

**Awdur:** Jwdas, brawd Iesu
**Dyddiad ei ysgrifennu:** 60–80 OC
**Math o lyfr:** Llythyr
**Prif gymeriadau:** Iesu, Sodom a Gomorra, Mihangel a Moses, Cain a Balaam, Enoch ac Adda
**Prif themâu:** Gwrthodwch athrawiaethau peryglus a ffyrdd anfoesol yr athrawon hereticaidd, ffug

## Teitl ac Arddull

Mae awdur y llythyr yn ei gyflwyno'i hun fel 'Jwdas, gwas Iesu Grist, a brawd Iago' (Jwdas 1:1). Y gair Groeg ydy *loudas* – amrywiad ar yr enw Judah neu Judas, sef 'un a ganmolir'. Os oedd Jwdas yn frawd i Iago, yr arweinydd eglwysig o Jerwsalem, ef hefyd oedd brawd Iesu a grybwyllir yn Mathew 13:55. Ychydig iawn a wyddom am Jwdas, ond fel ei frawd Iago doedd e ddim yn un o ddilynwyr Iesu yn ystod ei weinidogaeth; mae'n debyg ei fod wedi dechrau credu wrth weld Iesu ar ôl yr atgyfodiad, yng nghwmni'r credinwyr eraill (Actau 1:14). Mae'r llythyr yn fyr ac yn symud yn gyflym o un frawddeg i'r nesaf, gan roi'r argraff o gyflwyno cyfres o syniadau yn hytrach na llythyr wedi'i saernïo'n ofalus.

Y Bema yn y farchnad yng Nghorinth, lle cynhelid achosion cyfreithiol. Mae Jwdas yn defnyddio rhethreg Roegaidd debyg i'r un a ddefnyddid mewn llysoedd yng ngwlad Groeg a Rhufain.

## Lleoliad

Gan nad ydy'r llythyr wedi'i gyfeirio at unrhyw eglwys neu berson penodol, mae'n amhosibl gwybod ble roedd Jwdas pan luniwyd ef. Yn Asia Leiaf ar y pryd roedd yr eglwys fore'n wynebu problemau dyrys oherwydd bod y Cristnogion Gnostigaidd yn dysgu syniadau hereticaidd ynghylch person Iesu, beth wnaeth e ar y groes, a sut y gellid achub ei ddilynwyr. Bwriad Jwdas oedd ysbrydoli'r eglwys i wrthryfela yn erbyn syniadau'r arweinwyr eglwysig ffug. Gobeithiai y byddai'r eglwys yn dod i ddeall peryglon yr athrawiaethau hereticaidd a ledaenid, ac yn codi llais yn eu herbyn. Roedd yn awyddus hefyd i'r eglwys arwain y rhai a dwyllwyd eisoes yn ôl at y gwir efengyl.

## Cefndir

Roedd yr Iddewon wedi dioddef yn yr Aifft a Babilon, ac wedi disgwyl am amser maith am eu Meseia. Roedden nhw wedi gwneud eu siâr o wylo a disgwyl, ac o'r diwedd gwelsant y proffwydoliaethau meseianaidd yn cael eu gwireddu yn Iesu. Byth oddi ar ei farwolaeth a'i atgyfodiad, fodd bynnag, roedden nhw wedi bod yn aros iddo ddychwelyd, ac wrth i amser fynd heibio dechreuodd pobl feddwl na fyddai hynny byth yn digwydd. Mae Jwdas yn eu hatgoffa bod yr Arglwydd wedi '[g]waredu'r bobl o dir yr Aifft' (Jwdas 5–6), ac yn yr un modd ni fyddai chwaith yn cefnu arnyn nhw'n awr.

Teimlai rhai pobl, fodd bynnag, eu bod wedi aros yn rhy hir, a chlywodd Jwdas am arweinwyr eglwysi'n twyllo pobl gan ddweud celwyddau a lledaenu geiriau cas am yr apostolion. Yn adnod 10 dywedir *'y mae'r bobl hyn y sarhau'r pethau nad ydynt yn eu deall, a'r pethau y maent yn eu deall wrth reddf fel anifeiliaid direswm yw'r pethau sydd yn eu dinistrio'*. Roedd yr arweinwyr hyn yn ymddwyn yn debycach i anifeiliaid nag i fodau dynol, gan roi pwyslais ar fyw bywyd anfoesol a llurgunio'r athrawiaeth er eu lles eu hunain. Mae llythyr Jwdas yn gosod achos clir dros benodi arweinwyr priodol i ddysgu'r gwir efengyl, ac osgoi'r rhai sy'n pregethu Cristnogaeth Gnostigaidd.

## Y Manylion

- Fel Iago, dydy Jwdas chwaith ddim yn dangos yn glir yn ei lythyr ei fod yn frawd i Iesu. Doedd yr un o'r ddau o'r farn fod y berthynas deuluol yn sail gadarn i'w ffydd nac i'w hawdurdod fel arweinydd eglwys. Siaradant ag awdurdod nid oherwydd pwy ydyn nhw, ond oherwydd yr un a'u galwodd.

- Mae rhai wedi dadlau na ddylid cynnwys llyfr Jwdas yn y Beibl Cristnogol oherwydd ei fod yn dyfynnu o'r *Pseudepigrapha*, sef casgliad o 65 o destunau a ddefnyddiai'r Iddewon ochr yn ochr â'r Ysgrythurau Hebraeg traddodiadol. Defnyddid y testunau hyn fel ysbrydoliaeth a sail i drafodaeth, ond ni chredid eu bod yn dod oddi wrth Dduw. Mae Jwdas yn dyfynnu o 1 Enoch yn Jwdas 14–15, a daw dan ddylanwad y testun mewn mannau eraill hefyd. Testun apocalyptaidd ydy hwn, y credid fod Enoch wedi'i dderbyn oddi wrth Dduw, ynghylch teyrnas yr ysbryd. Mewn gwirionedd, casgliad o adrannau amrywiol eu cynnwys a luniwyd ar wahanol adegau oedd y testun. Dydy Jwdas ddim yn honni

Ogofâu'r Qumran, lle daethpwyd o hyd i Sgroliau'r Môr Marw. Mae'r testunau yn y sgroliau hyn yn cynnwys copïau o 1 Enoch, y cyfeirir ato yn Jwdas 14–15.

Delwedd o'r claddgelloedd yn Rhufain, yn darlunio un o 'gariad-wleddoedd' yr eglwys fore.

Ysgrythurau Hebraeg, a defnyddid y gair yn aml yn y Testament Newydd wrth grybwyll dilynwyr Iesu.

- Roedd y dilynwyr yn trefnu 'cariad-wleddoedd', hynny yw, yn gwahodd pobl at ei gilydd i gryfhau a dyfnhau'r cyfeillgarwch rhyngddyn nhw wrth greu ysbryd o gytgord ac ewyllys da o fewn yr eglwys. Roedd yr achlysuron hyn hefyd yn gyfle i greu awyrgylch addas i setlo hen anghydfod neu faddau i rywun; yno gallai pobl dyfu mewn cariad tuag at ei gilydd. Dywed Jwdas yn adnod 12 fod rhai arweinwyr, yn ystod y gwleddoedd hyn, yn rhoi'r argraff eu bod yn sanctaidd a chyfiawn, ond mewn gwirionedd eu bod yn debycach i '[f]ugeiliaid sy'n eu pesgi eu hunain'.

- Mae Jwdas yn cloi ei lythyr â datganiad diffiniol o ffydd gan ddweud yn glir wrth y byd Gnostaidd nad oes ond un Duw – a hwnnw'n gwbl ogoneddus, yn ddi-fai ac yn berffaith. Ei eiriau olaf, yn adnod 25, ydy: 'iddo ef, yr unig Dduw, ein Gwaredwr, trwy Iesu Grist ein Harglwydd, y byddo gogoniant a mawrhydi, gallu ac awdurdod, cyn yr oesoedd ac yn awr, a byth bythoedd! Amen.' Does dim rhagor o ddadlau i fod: mae Jwdas wedi cyflwyno'i achos ac yn cloi trwy ddatgan mai Iesu Grist ydy'r Arglwydd, nid fel bod dynol ond fel un oedd yma o'r dechrau ac a fydd yma am byth bythoedd.

bod y straeon a gynhwysir yn hanesyddol gywir, ond mae'n defnyddio chwedlau mewn ffordd fyddai'n haws i ddarllenwyr Iddewig eu deall.

- I gyflwyno'i achos, mae Jwdas yn defnyddio rhethreg debyg i'r un a ddefnyddid mewn llysoedd yng ngwlad Groeg a Rhufain. Mae'n agor trwy gyflwyno'i achos, yna'n codi pryderon y siaradwr cyn ceisio perswadio'r rheithgor; wrth gloi, mae'n apelio at emosiynau'r gynulleidfa.

- Cyfeiria Jwdas ei lythyr at y rhai a dderbyniodd alwad, gan ddefnyddio'r gair Groeg *kletois*, sef 'galwyd'. Mae Duw wedi galw pobl ato, yn hytrach nag estyn gwahoddiad agored i bawb. Dyna sut y gwelai pobl Dduw eu hunain yn yr

### Llyfrau eraill i'w darllen

*Jude, 2 Peter (Word Biblical Commentary)*, gan Richard Bauckham
*James, 1, 2 Peter, Jude (The Preacher's Commentary)*, gan Paul A. Cedar

# Rhyddid ac achubiaeth

**Awdur:** Ioan
**Dyddiad ei ysgrifennu:** 90–96 OC
**Math o lyfr:** Apocalyptaidd
**Prif gymeriadau:** Effesus, Smyrna, Pergamus, Thyatira, Sardis, Philadelffia, Laodicea, y Ddraig, y Bwystfil, a'r Oen
**Prif themâu:** Bydd y frwydr yn fawr, ond y Duw hollalluog fydd yn fuddugol

## Teitl ac Arddull

Testun cyfrin, apocalytaidd, ydy llyfr y Datguddiad, a'i deitl yn golygu 'datguddio'r hyn a guddiwyd'. Credir mai pysgotwr pymtheg oed oedd Ioan, mab Sebedeus a brawd Iago, pan gwrddodd â Iesu a derbyn yr alwad i'w ddilyn – bu'n ddisgybl i ddechrau, ac yna'n sylfaenydd eglwysi. Flynyddoedd lawer yn ddiweddarach, ac yntau'n 75 oed, roedd Ioan yn garcharor ar ynys Patmos lle derbyniodd y datguddiad gan Iesu. Mae'r arddull yn wahanol i unrhyw beth arall yn y Beibl, a hwn ydy'r unig lyfr cwbl apocalyptaidd ynddo. Mae sawl damcaniaeth ynghylch pryd y lluniwyd llyfr y Datguddiad, ond credir ei fod yn dyddio o flynyddoedd olaf teyrnasiad yr Ymherodr Domitian (81–96 OC).

Mae'r defnydd a wneir yn y Datguddiad o symbolau ac iaith ffigurol yn ei gyplysu'n uniongyrchol â thestunau proffwydol eraill yn yr Hen Destament, megis llyfrau Daniel a Sechareia. Mae arddull y testun yn ffigurol ac yn drosiadol, gan ei gwneud yn anodd gwahaniaethu rhwng yr hyn sy'n ffaith a'r hyn sy'n symbolaidd. Roedd iaith ffigurol yn gyffredin mewn llenyddiaeth apocalyptaidd, ac yn aml defnyddid siapiau, cyffelybiaeth a delweddau symbolaidd i esbonio rhywbeth. Mae llyfr y Datguddiad yn debycach i bortread artistig o'r hyn fydd yn digwydd yn y dyfodol – lle mae anifeiliaid yn aml yn cynrychioli bodau dynol – yn hytrach na dyfodol go iawn. Mae Ioan yn defnyddio llawer o drosiadau, lle rhoddir ystyr amgen i air neu gymal. Er enghraifft, roedd Rhufain yn drosiad a gynrychioliai awdurdod milwrol milain, cyfoeth materol, a dealltwriaeth fas o ryw a pherthynas rhwng pobl a'i gilydd. Mae Ioan yn defnyddio cymariaethau fel hyn i bortreadu brwydr yn erbyn pŵer tebyg i Rufain a fydd, yn y pen draw, yn cael ei ddymchwel.

Ynys Patmos, lle derbyniodd Ioan ei ddatguddiad.

Yr ymherodr Rhufeinig Domitian (81–96 oc), y credir iddo fod mewn grym pan oedd Ioan yn ysgrifennu'r Datguddiad.

## Lleoliad

Roedd Ioan yn arweinydd mudiad ymylol, di-rym mewn cymdeithas oedd yn gweld dilynwyr Iesu fel troseddwyr yn erbyn y wladwriaeth. Lluniwyd testun apocalyptaidd Ioan i helpu'r gymuned Gristnogol i ganolbwyntio ar yr agwedd ysbrydol ac i ddeall pwy oedden nhw o fewn y naratif. Alltudiwyd Ioan i ynys Patmos fel cosb am fod yn Gristion ymroddedig.

Roedd yr ymerodraeth Rufeinig wedi cael llond bol ar y Cristnogion oherwydd eu bod yn gwrthod addoli eu hymherodr ac yn sefyll yn gadarn yn erbyn yr ymgyrchoedd milwrol imperialaidd. Anfonwyd nifer fawr o Gristnogion ac eraill i ynys Patmos, o bosib i lafurio yn y chwareli marmor, gyda'r môr o'i hamgylch yn ei gwneud yn amhosib i neb ddianc oddi yno. Ynys fechan o ryw 2,000 o drigolion oedd Patmos, wedi'i lleoli rhwng Twrci a gwlad Groeg: lle creigiog, anial a diflas i fyw ynddo.

Dyfeisiodd yr Ymherodr Domitian wahanol ddulliau i rwystro'r Cristnogion rhag trafod eu ffydd yn gyhoeddus, a bu'n lledaenu propaganda yn eu herbyn ar hyd a lled yr ymerodraeth. Dechreuodd gyfeirio ato'i hun fel 'meistr a duw', ac ymfalchïai mewn dangos ei rym a'i awdurdod trwy ddwyn gwarth ar bobl yn y strydoedd a rhoi gorchymyn i ladd unrhyw 'fradwyr' oedd yn gwrthod ei addoli'n gyhoeddus. Roedd yn fodlon goddef crefyddau estron ar yr amod nad oedden nhw'n ymyrryd â'r drefn gyhoeddus a bod y dilynwyr yn parhau i'w addoli yntau hefyd. Gwrthodai'r Iddewon a'r Cristnogion ei addoli fel duw, felly tua diwedd teyrnasiad Domitian cawsant eu herlid a'u trethu'n drwm fel cosb am eu hanufudd-dod.

## Cefndir

Câi Ioan ei gosbi am ddilyn rabi o wrthgiliwr a bod yn rhan o fudiad bychan oedd yn herio gwladwriaeth Rhufain. Tra oedd e ar ynys Patmos, derbyniodd Ioan gyfres o weledigaethau rhyfedd yn esbonio rhywfaint ar y dryswch a'r ansicrwydd a deimlid ynghylch pam fod drygioni'n gorchfygu daioni, ac ai dyma'r diwedd i ddilynwyr Iesu. Er bod llawer o'r gweledigaethau bron yn amhosib eu deall, mae'n amlwg fod Ioan yn credu mai'r Arglwydd oedd yn ben, ac y byddai daioni'n gorchfygu drygioni.

Yn ail a thrydedd bennod y Datguddiad canolbwyntir ar saith eglwys yn nhalaith Asia Leiaf: Effesus, Smyrna, Pergamus, Thyatira, Sardis, Philadelffia a Laodicea. Bwriad Ioan yn ei lythyr at y saith eglwys oedd eu cysuro a chyflwyno gobaith yn Iesu fel y gwir Arglwydd. Rhoddodd Duw y datguddiad i Ioan oherwydd bod angen i'r eglwys wybod y byddai popeth yn iawn yn y diwedd, pa mor erchyll bynnag oedd yr amgylchiadau a'i hwynebai. Stori ac iddi neges syml ydy sail y delweddau a'r anifeiliaid rhyfedd ac ofnadwy: yr Arglwydd a greodd, nid oes modd ei reoli, bydd yn creu eto, a bydd yn ennill y dydd.

## Y Manylion

- Mae rhai'n honni bod y Datguddiad wedi'i ysgrifennu mor gynnar â'r 60au canol oc; roedd Nero – un o blith sawl ymherodr a erlidiai'r eglwys – yn llywodraethu rhwng 54 a 68. Gan na allai'r eglwys fynegi barn yn agored ar faterion oedd yn ei phoeni heb gael ei herlid, roedd yn rhaid iddi siarad ac ysgrifennu mewn cod. Sillefir yr enw Nero Cesar mewn Aramaeg fel *NRON KSR*. Yn draddodiadol, mae gwerth rhifiadol yn gysylltiedig â llythrennau Aramaeg: N = 50, R = 200, O = 6, N = 50, K = 100, S = 60, R = 200, cyfanswm o

666. Mae nifer o ysgolheigion o'r farn fod '666' yn cyfeirio at Nero, yr ymherodr Rhufeinig, a'r rhif yn cael ei ddefnyddio fel dull o siarad yn ei erbyn y tu ôl i gefn yr awdurdodau. Fodd bynnag, mae eraill o'r farn fod y llyfr wedi'i ysgrifennu'n ddiweddarach, yn nyddiau Cesar Domitian, a bod y term '666' yn cyfeirio at yr ymerodraeth Rufeinig gyfan. Yn Datguddiad 13:18 dywed Ioan mai dyn ydy'r *bwystfil* – gan gyfeirio, o bosib, at y Cesariaid. Defnyddir y gair 'Babilon' nifer o weithiau hefyd yn y testun, fel cod am yr ymerodraeth Rufeinig (Datguddiad 18).

- Yn ei lythyrau agoriadol at y saith eglwys, mae Ioan yn defnyddio daearyddiaeth a digwyddiadau lleol i gyflwyno syniadau i'r eglwysi. Er enghraifft, mae'n ysgrifennu fel hyn at yr eglwys yn Laodicea: '*Gwn am dy weithredoedd; nid wyt nac yn boeth nac yn oer. Gwyn fyd na fyddit yn oer neu yn boeth! . . . claear ydwyt*' (Datguddiad 3:15). Roedd dwy ffynnon enwog yn Laodicea, gyda'r ffynnon boeth yn enwog am ei gallu i iacháu, a'r ffynnon oer yn enwog am ei dŵr adfywiol. Roedd pobl Laodicea hefyd yn adnabyddus am ddweud wrth y Cesariaid eu bod nhw'n gyfoethog, ac nad oedd arnyn nhw angen help gan yr ymerodraeth. Yn Datguddiad 3:17 mae Ioan yn taflu hyn yn ôl atynt trwy ddweud eu bod yn '*wrthrych trueni a thosturi . . . yn dlawd, yn ddall ac yn noeth*'.
- Yn Datguddiad 7:9–17 ceir darlun gwych nid yn unig o grŵp cymysg o bobl yn gwisgo '*mentyll gwyn*' ond hefyd o eglwys Iesu: chi a minnau'n gwisgo dillad gwyn ac yn canu mewn llais uchel, '*I'n Duw ni . . . y perthyn y waredigaeth*' (Datguddiad 7:10).
- Dywedir yn Datguddiad 9:11 fod gan y bobl '*angel y dyfnder*' yn frenin arnyn nhw;

Map yn dangos Patmos a safleoedd y saith eglwys a grybwyllir yn llyfr y Datguddiad.

ei enw mewn Hebraeg oedd Abadon, sef 'y dinistriwr'. Yn gynnar yn Genesis 4 cawn ein cyflwyno i'r gair Hebraeg *chatta't*, sef 'pechod', gair sy'n golygu dinistrio popeth sy'n dda ac yn gyfiawn. Os ydy'r Arglwydd yn ymgorfforiad o gariad, yna mae Satan yn ymgorfforiad o *chatta't* – sy'n cyfiawnhau ei enw fel 'y dinistriwr'.

- Asgwrn cefn Datguddiad ydy'r cwestiwn pwy y dylid ei addoli – Satan ynteu Duw. Yn Datguddiad 13:4 darllenwn fod rhai'n addoli'r ddraig, ac eraill yn addoli'r bwystfil; y cwestiwn pwysicaf oll ydy – ydych chi'n fodlon addoli'r Arglwydd?
- Mae'r Beibl yn llawn o rifau ac iddynt arwyddocâd arbennig, ond yn llyfr y Datguddiad daw'r rhifau hyn yn ganolog i'r neges mae'r llyfr am ei chyfleu. Mae'r rhif 7 yn cynrychioli perffeithrwydd, gan atgoffa'r

Yr acropolis yn Pergamus. Roedd yr eglwys yno ymhlith y rhai a dderbyniodd neges yn llyfr y Datguddiad.

Safle'r ffynhonnau poeth ac oer enwog yn Laodicea.

luosi â 10, a'i luosi â 10 eto, gan gynrychioli cyflawnder amser. Mae'r rhif 12 yn ein hatgoffa am ddeuddeg llwyth Israel, ac mae'r 24 o henuriaid yn cyfateb i un person i bob llwyth, ynghyd â'r 12 apostol. Wrth ddefnyddio rhifau, mae Ioan yn cyfeirio'n ôl at straeon sy'n atgoffa'r darllenwyr o ble y daethon nhw.

• Yn Datguddiad 16:16 sonnir am frwydr fawr fydd yn digwydd yn Armagedon, lleoliad un o'r brwydrau mwyaf gwaedlyd yn hanes Israel, a gofnodwyd yn Barnwyr 5:19. Wrth ddefnyddio'r ddelwedd hon mae Ioan yn mynd â'r darllenydd yn ôl i gyfnod pan ymleddid brwydrau, pan gâi llwythau cyfan eu difa'n llwyr, a phan gollid pobl o ganlyniad i ffyrnigrwydd y brwydro.

• Byrdwn llyfr y Datguddiad ydy nad rhyw deyrnas bell i ffwrdd yn yr awyr ydy'r nefoedd, ond rhywbeth fydd i'w gael yma ar y ddaear. Yn Datguddiad 11:15 dywedir 'Aeth brenhiniaeth y byd yn eiddo ein Harglwydd ni a'i Grist ef, a bydd yn teyrnasu byth bythoedd.' Yna, yn Datguddiad 21–22, mae'r nefoedd yn disgyn i'r ddaear a cheir dinas newydd, a'i strydoedd wedi'u palmentu ag aur, lle mae Duw yn byw gyda'i bobl. Roedd hwn yn gysyniad hollol arloesol ar y pryd, ac mae hynny'n dal yn wir heddiw. Fel arfer câi'r nefoedd ei gweld fel rhywle i fyny yn yr awyr, ond yma mae Ioan yn cyflwyno syniad newydd i ddilynwyr Iesu – tragwyddoldeb mewn Eden newydd sydd bellach wedi tyfu'n ddinas fawr.

darllenydd o stori'r creu a'r seithfed dydd o berffeithrwydd a gorffwys. Er bod y rhif 6 yn agos at berffeithrwydd, dydy e ddim yn cyrraedd y nod yn llwyr. Mae'r rhif tri a hanner yn hanner y rhif perffaith 7, ac felly'n anghyflawn. Yn Datguddiad 20:8 sonnir am '[b]edwar ban y byd'; mae'r rhif 4 yn cynrychioli'r byd a'r holl greaduriaid byw. Mae'r rhif 10 yn cynrychioli cyflawnrwydd, gan fynd â ni'n ôl at y Deg Gorchymyn, ond y mae hefyd yn arwydd o nerth. Yn Datguddiad 20:4 cawn ein cyflwyno i'r syniad o fil o flynyddoedd, sef deg wedi'i

### Llyfrau eraill i'w darllen

*Revelation 17–22 (Word Biblical Commentary)*, gan David E. Aune
*The Book of Revelation for Dummies*, gan Richard Wagner a Larry R. Helyer

# Cydnabyddiaethau

**Ffotograffau**

**Alamy:** t. 25 Art Directors and TRIP; tt. 32(gwaelod), 50 PhotoStock-Israel; t. 33 David Robertson; tt. 51, 122, 182 Design Pics Inc.; tt. 56, 91 imagebroker; tt. 59(top dde), 71 Israel images; t. 74 Eddie Gerald; t. 78 blickwinkel; tt. 86, 181 Imagestate Media Partners Ltd. – Impact Photos; t. 92 World History Archive; t. 96 Dennis Cox; t. 97(gwaelod) Photoshot Holdings Ltd.; t. 100 Eitan Simanor; t. 145 Erin Babnik; t. 150 The Art Gallery Collection; t. 152 Independent Picture Service; t. 167(gwaelod) Kuttig Travel; (top). 170 Stefano Paterna; t. 183 Peter Horree; t. 198 North Wind Picture Archives.

**Corbis:** t. 13(top dde) Michael S. Yamashita; tt. 19, 34, 47 Hanan Isachar; tt. 49, 59(chwith) Fred de Noyelle; t. 87 Nico Tondini/Robert Harding World Imagery; t. 108 Tetra Images; t. 177 Reuters; t. 191 Kennan Ward.

**Getty:** t. 196 Manuel Cohen.

**David Alexander:** tt. 27, 144, 149, 194.

**Lion Hudson:** t. 113.

**iStock:** t. 14 Prill Mediendesign & Fotografie; t. 69 Olga Lipatova; t. 70 Noam Armonn; t. 72 Marco Maccarini; t. 73 lilly3; t. 77 Mike Rogal; t. 80 Heiko Grossman; t. 85 Loretta Hostettler; t. 102 David Kerkhoff; t. 114 Patricia Hofmeester; t. 118 Olga Mirenska; t. 123 Arkady Mazor; t. 143 David Pullicino; t. 146(top) Jose Carlos Pires Pereira; t. 146(gwaelod) Phooey; t. 153 khd86; t. 160 Karel Gallas; t. 167(top) Blade Kostas; t.169 Snezana Negovanovic; t. 178 Timur Arbaev; t. 193 Luke Daniek.

Ffotograff ar dudalen 98 trwy garedigrwydd Oak Hall, gyda chaniatâd www.oakhall.co.uk

Pob llun arall gan Cris Rogers

**Darluniau**
Jonathan Adams: t. 52
Norbert Sipos (Beehive Illustrations): t. 119
Pob darlun arall: Cris Rogers
Pob map: Cris Rogers

**Lion Hudson**
Golygydd comisiynu: Tony Collins
Golygydd prosiect: Jenny Ward
Dylunydd: Roger Chouler
Ymchwil lluniau: Jenny Ward
Rheolwr cynhyrchu: Kylie Ord